基于损失厌恶的多渠道供应链管理优化研究

Research on Optimization of Multi-channel Supply Chain Management Based on Loss Aversion

邱国斌◎著

本专著得到国家自然科学基金项目『基于损失厌恶消费者的供应链决策优化与激励契约研究』（项目号：71561019）和南昌航空大学资助。

學術文庫

经济管理出版社
ECONOMY & MANAGEMENT PUBLISHING HOUSE

图书在版编目（CIP）数据

基于损失厌恶的多渠道供应链管理优化研究/邱国斌著．—北京：经济管理出版社，2022.6
ISBN 978-7-5096-8512-9

Ⅰ.①基…　Ⅱ.①邱…　Ⅲ.①供应链管理—研究　Ⅳ.①F252.1

中国版本图书馆 CIP 数据核字（2022）第 099597 号

组稿编辑：王　洋
责任编辑：王　洋
责任印制：黄章平
责任校对：董杉珊

出版发行：经济管理出版社
（北京市海淀区北蜂窝 8 号中雅大厦 A 座 11 层　100038）
网　　址：www.E-mp.com.cn
电　　话：（010）51915602
印　　刷：唐山玺诚印务有限公司
经　　销：新华书店
开　　本：720mm×1000mm/16
印　　张：15.75
字　　数：300 千字
版　　次：2022 年 8 月第 1 版　　2022 年 8 月第 1 次印刷
书　　号：ISBN 978-7-5096-8512-9
定　　价：88.00 元

前　言

多渠道供应链管理研究是现代社会经济发展中比较热门的问题。传统供应链管理研究主要以单渠道供应链作为研究对象，但随着线上线下企业的不断深度融合，多渠道供应链已经成为新时代的主流发展方向。与此同时，行为研究者发现，在当今的供应链环境下，人们在决策过程中可能存在某些心理偏好，很多情形下，消费者和企业决策者都可能具有损失厌恶的心理特征。所谓损失厌恶是指人们对待相同数量大小的收益和损失时，对损失的厌恶程度高于对收益的满意程度。已有研究多数集中在基于损失厌恶的单渠道供应链管理优化研究，而基于损失厌恶的多渠道供应链管理优化研究并不多见。由于损失厌恶心理可能导致消费者和企业的效用产生变化，从而影响消费者和企业的决策判断，进而促使多渠道供应链线上线下企业之间的关系发生位移，相互之间的竞争环境和博弈行为可能出现较大反差，供应链的契约激励效果可能产生很大差异。所以，消费者和企业的损失厌恶心理对于消费需求、企业决策优化与多渠道供应链契约产生的影响研究得到了学术界和企业界的广泛重视。

本书主要从多渠道供应链、博弈理论、激励契约等基本理论出发，以消费者和企业具有损失厌恶心理作为研究背景，基于前景理论的核心思想，运用损失厌恶基本模型描述消费者和企业的损失厌恶心理特点，在定量分析方法基础上结合定性分析方法，从不同竞争环境、消费者损失厌恶、企业损失厌恶、参照点和公平关切等不同角度对企业定价决策和多渠道供应链契约进行了系统研究。较全面地阐述了损失厌恶型消费者主导的需求环境下电商平台、制造商和线下实体店决策优化与供应链契约问题，并运用算例分析和案例分析对相关推导进行了检验。

本书的研究内容主要涉及损失厌恶与多渠道供应链管理的各个领域，并且依据不同理论在全书中的重要性程度，有侧重点地开展叙述，对一些研究内容则仅仅开展了初步讨论，有兴趣的读者可以参照本书的参考文献进行阅读并深入研究。本书共分为七章：第一章绪论，第二章基于损失厌恶的不同竞争环境下双渠道供应链管理优化研究，第三章基于损失厌恶企业的双渠道供应链管理优化研究，第四章基于损失厌恶参照点的双渠道供应链管理优化研究，第五章基于公平关切的损失厌恶双渠道供应链管理优化研究，第六章基于损失厌恶的多渠道线上线下企业管理优化研究，第七章研究结论与研究展望。

本书得到国家自然科学基金项目“基于损失厌恶消费者的供应链决策优化与激励契约研究”（项目号：71561019）和南昌航空大学的资助。本书的编写和出版得到柳键教授、徐兵教授的精心指导和经济管理出版社的大力支持，在此表示衷心感谢。此外，本书在写作过程中参考了大量学术文献和网络资源，其中难免存在遗漏，特向被漏列作者表示深深歉意，并向所有参考文献作者表示诚挚的谢意。

由于编写时间比较仓促，作者水平也非常有限，难免存在一些缺点和错误，敬请广大专家和读者批评指正。

邱国斌

2022 年 7 月 1 日

目 录

第一章 绪论 …… 1

一、研究背景与研究意义 …… 1

（一）研究背景 …… 1

（二）研究意义 …… 4

二、基本理论与研究现状 …… 5

（一）基本理论 …… 5

（二）研究现状 …… 7

（三）相关研究的总结和评述 …… 17

三、研究目标和研究思路 …… 19

（一）研究目标 …… 19

（二）研究思路 …… 19

四、研究方法和研究内容 …… 22

（一）研究方法 …… 22

（二）研究内容 …… 23

五、研究特色和创新之处 …… 31

（一）研究特色 …… 31

（二）创新之处 …… 31

六、本章小结 …… 32

第二章 基于损失厌恶的不同竞争环境下双渠道供应链管理优化研究 …… 33

一、引言 …… 33

二、损失厌恶与网络销售效率对不同竞争环境下双渠道供应链的影响 …… 34

（一）基本模型 …… 34

（二）不同竞争环境下的决策优化模型 …… 36

（三）算例分析 …… 42

三、损失厌恶和参照点对不同竞争环境下双渠道供应链的影响 …… 45
（一）基本模型 …… 46
（二）不同竞争环境下的决策优化模型 …… 48
（三）算例分析 …… 54
四、本章小结 …… 57
（一）损失厌恶与网络销售效率对不同竞争环境下双渠道供应链的影响 …… 57
（二）损失厌恶和参照点对不同竞争环境下双渠道供应链的影响 …… 58

第三章 基于损失厌恶企业的双渠道供应链管理优化研究 …… 60

一、引言 …… 60
二、基于损失厌恶电商平台的双渠道供应链管理优化研究 …… 60
（一）补偿契约模型分析 …… 61
（二）退货契约模型分析 …… 64
（三）算例分析 …… 68
三、基于损失厌恶制造商的双渠道供应链管理优化研究 …… 75
（一）补偿契约模型分析 …… 76
（二）退货契约模型分析 …… 80
（三）算例分析 …… 83
四、本章小结 …… 91
（一）基于损失厌恶电商平台的双渠道供应链管理优化研究 …… 91
（二）基于损失厌恶制造商的双渠道供应链管理优化研究 …… 92

第四章 基于损失厌恶参照点的双渠道供应链管理优化研究 …… 93

一、引言 …… 93
二、基于消费者损失厌恶参照点的双渠道供应链管理优化研究 …… 94
（一）基本模型 …… 94
（二）补偿契约模型分析 …… 97
（三）算例分析 …… 100
三、基于企业损失厌恶参照点的双渠道供应链管理优化研究 …… 110
（一）补偿契约模型分析 …… 111
（二）退货契约模型分析 …… 115
（三）算例分析 …… 118

四、本章小结 …………………………………………………………………… 128
（一）基于消费者损失厌恶参照点的双渠道供应链管理优化研究 …………………………………………………………………… 128
（二）基于企业损失厌恶参照点的双渠道供应链管理优化研究 …… 129

第五章 基于公平关切的损失厌恶双渠道供应链管理优化研究 …………… 131

一、引言 …………………………………………………………………… 131
二、基于公平关切电商平台的损失厌恶双渠道供应链管理优化研究 …… 132
（一）基本模型 …………………………………………………………… 132
（二）补偿契约模型分析 ………………………………………………… 135
（三）算例分析 …………………………………………………………… 139
三、基于公平关切制造商的损失厌恶双渠道供应链管理优化研究 ……… 148
（一）基本模型 …………………………………………………………… 148
（二）补偿契约模型分析 ………………………………………………… 151
（三）算例分析 …………………………………………………………… 155
四、本章小结 …………………………………………………………………… 163
（一）基于公平关切电商平台的损失厌恶双渠道供应链管理优化研究 …………………………………………………………………… 163
（二）基于公平关切制造商的损失厌恶双渠道供应链管理优化研究 …………………………………………………………………… 164

第六章 基于损失厌恶的多渠道线上线下企业管理优化研究 ……………… 166

一、引言 …………………………………………………………………… 166
二、基于损失厌恶消费者的多渠道线上线下企业管理优化研究 ………… 167
（一）基本模型 …………………………………………………………… 167
（二）补偿契约模型分析 ………………………………………………… 170
（三）算例分析 …………………………………………………………… 173
三、基于损失厌恶企业的多渠道线上线下企业管理优化研究 …………… 186
（一）补偿契约模型分析 ………………………………………………… 186
（二）退货契约模型分析 ………………………………………………… 191
（三）算例分析 …………………………………………………………… 195
四、本章小结 …………………………………………………………………… 211
（一）基于损失厌恶消费者的多渠道线上线下企业管理优化研究 …………………………………………………………………… 211

（二）基于损失厌恶企业的多渠道线上线下企业管理优化研究…… 212

第七章 研究结论与研究展望 …… 215

一、研究结论 …… 215

（一）基于损失厌恶的不同竞争环境下双渠道供应链管理优化研究 …… 216

（二）基于损失厌恶企业的双渠道供应链管理优化研究…… 218

（三）基于损失厌恶参照点的双渠道供应链管理优化研究…… 220

（四）基于公平关切的损失厌恶双渠道供应链管理优化研究…… 223

（五）基于损失厌恶的多渠道线上线下企业管理优化研究…… 225

二、研究展望 …… 230

参考文献 …… 231

附录 …… 239

致谢 …… 243

第一章　绪论

本章内容主要介绍了相关的研究背景及研究意义，并对研究对象所涉及的基本理论和研究现状进行了阐述。同时，对本书的研究目标、研究思路、研究方法、研究内容、研究特色和创新之处等内容分别进行了论述。

一、研究背景与研究意义

（一）研究背景

2021 年，各地区认真贯彻党中央、国务院决策部署，统筹疫情防控和经济社会发展，市场销售规模持续扩大，社会消费品零售总额 44.1 万亿元，比上年增长 12.5%，扣除价格因素，社会消费品零售总额实际增长 10.7%。分季度看，第四季度在国庆假期、“双十一”促销等因素助推下，当季社会消费品零售总额达到 12.3 万亿元。消费结构优化升级，市场总体保持恢复趋势。2021 年各季度社会消费品零售总额及增速如图 1.1 所示。

（1）线上消费增长较快。受到疫情的影响，居民减少了外出，线上消费需求增长明显。2021 年，全国网上零售额比上年增长 14.1%，其中，实物商品网上零售额增长 12%，两年平均增长 13.4%，其增速高于线下消费。在线上消费增长的拉动下，邮政快递业发展迅猛，与 2020 年相比较，2021 年快递业务量与业务收入均保持两位数增长。

（2）实体零售店经营好转。2021 年，在限额以上有店铺零售中，便利店、超市、专业店和专卖店零售额比 2020 年分别增长了 16.9%、14.1%、12.8%和 12%，两年平均分别增长了 7.5%、11.2%、3.3%和 5.1%。

2022 年，随着疫情常态化防控更加精准，居民收入水平不断提高，促进消费的政策落地显效，消费升级不断延续，线上线下多渠道消费市场规模将会持续扩大。

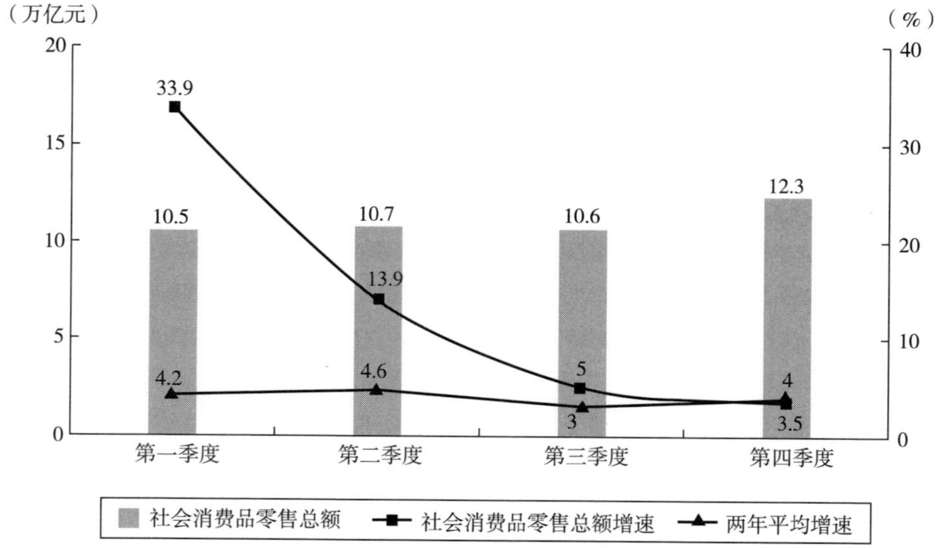

图 1.1 2021 年各季度社会消费品零售总额及增速

与此同时，统计显示，2021 年上半年全国消协组织共受理消费者投诉约 52 万件，解决约 41 万件，投诉解决率 79%。其中，经营者欺诈行为得到加倍赔偿的投诉 3725 件，加倍赔偿金额 346 万元。家用电子电器、日用商品、食品、服装鞋帽、交通工具投诉量位居商品大类投诉量前五；生活社会服务、互联网服务、教育培训服务、文化娱乐体育服务、销售服务位居服务类投诉量前五。食品安全、汽车消费、跨境网购、美容消费、旅游消费、线上金融、预付式消费等均为投诉热点。因此，消费者的消费心理是普遍存在的，特别是消费者的损失厌恶心理对于消费需求产生重要影响，对此值得深入研究。

然而，不仅消费者存在损失厌恶心理，而且企业在生产经营过程中，也同样存在损失厌恶心理特征。以小家电为例，随着电子商务的进一步发展，小家电产品的销售渠道不断向线上倾斜，2020 年，受到疫情影响，许多线下商城被迫停止运营，小家电的线下企业损失较大，而小家电产品线上销售占比却有所提高。国际家电企业和国内家电综合生产企业占据明显优势，市场占有率稳定增长，互联网厂商则依托于互联网技术优势在智慧家居领域实现“弯道超车”。竞争加剧导致企业的损失厌恶心理不断增强。

损失厌恶是一个重要的心理学概念，1979 年，Kahneman 和 Tversky[1] 在前景理论的框架下最早提出损失厌恶的概念。如果一个人不喜欢对称的 50-50 赌注，那么他（她）就是损失厌恶者，而且，对这种赌注的厌恶程度随着赌注的绝对值增大而增加。这显然是一个完全根据偏好定义的行为概念。在前景理论的框架下，损失厌恶的定义相当于一个效用函数，它对损失的影响比对收益的影响更大。由于概率权重在这一结果的推导中不起作用，因此损失厌恶的影响仅由效用函数来描述。几乎所有关于损失厌恶的研究都将效用作为损失厌恶的载体。损失厌恶普遍存在的原因在于，它可以解释许多传统理论无法解释的现象。众所周知的例子是禀赋效应（Thaler，1980）[2]，股权溢价之谜（Benartzi 和 Thaler，1995）[3]，现状偏见（Samuelson 和 Zeckhauser，1988）[4]。近年来，损失厌恶也经常应用于行为金融学（Barberis 和 Huang，2001）[5]。21 世纪初，为了能够准确反映决策者的决策行为，人们的心理因素被国内外学者引入供应链管理研究中。2008 年，Gino 等首次提出“行为运作”的概念[6]。2009 年，刘作仪等率先提出“行为运作管理”的概念[7]。2011 年，刘咏梅等第一次提出“行为供应链管理”的概念[8]。近年来，行为供应链管理研究领域得到了较快发展，作为行为供应链管理的重要组成部分，基于损失厌恶的多渠道供应链管理优化问题成为学术界的研究热点。

2021 年 3 月 30 日，商务部、工业和信息化部、生态环境部、农业农村部、人民银行、市场监管总局、银保监会、中国物流与采购联合会联合印发《商务部等 8 单位关于开展全国供应链创新与应用示范创建工作的通知》，指出：“以习近平新时代中国特色社会主义思想为指导，全面贯彻党的十九大和十九届二中、三中、四中、五中全会精神，贯彻新发展理念，以供给侧结构性改革为主线，将供应链思维融入经济发展全局，推动政府治理机制创新，促进供应链协同化、标准化、数字化、绿色化、全球化发展，着力构建产供销有机衔接和内外贸有效贯通的现代供应链体系，巩固提升全球供应链地位。通过供应链创新与应用示范创建，力争用 5 年时间培育一批全国供应链创新与应用示范城市和示范企业，实现我国供应链发展新目标：一是供应链优势培育取得新成效，现代信息技术深入供应链各环节；二是供应链效率效益得到新提高，各产业供应链组织方式和流程优化；三是供应链安全稳定达到新水平，供应链弹性韧性有效提升；四是供应链治理效能得到新提升，以供应链思维融入政府治理理念。”

2022 年，为了进一步挖掘和释放消费增长的潜力和动力，一方面，要创新方式、开拓思路，推出更多新招实招，增强消费信心、激发消费活力；另一方面，要培育消费新业态新模式，促进消费升级。特别是要通过提升城市商业能级、组织开展系列促销活动等来推动消费提质升级。从中长期看，我国居民消费能力和结构已经达到一定水平，物质消费有保障，精神消费快速增长，人们开始将收入用于个性化、多样化消费。要满足这些变化，需要进一步提升商品的供给质量和水平，夯实消费这个经济增长的重要基础。

在此背景下，本书以多渠道供应链、损失厌恶消费者和企业为主要研究对象，运用前景理论、损失厌恶理论、博弈理论、供应链管理理论、契约理论和决策优化理论等，建立多渠道供应链契约与企业决策优化模型，通过算例分析验证管理策略，进一步丰富完善多渠道供应链管理理论。

（二）研究意义

1. 理论意义

习近平总书记指出，面向未来，我们要把满足国内需求作为发展的出发点和落脚点，加快构建完整的内需体系，加快推进数字经济、智能制造、生命健康、新材料等战略性新兴产业，形成更多新的增长点、增长极，着力打通生产、分配、流通、消费各个环节，逐步形成以国内大循环为主体、国内国际双循环相互促进的新发展格局。2020 年以来，我国新消费场景、新业态不断涌现，线上线下融合不断加快，消费方式正经历着新变革，经济运行效率不断提升，经济潜力正在逐步释放，为构建新发展格局提供强大支撑。

基于损失厌恶的多渠道供应链是一个比较复杂的管理系统，系统中各个主体之间的博弈关系决定了企业决策优化的结果和供应链契约的效果，系统发展中存在的下列问题需要运用科学方法和创新思维开展研究。

（1）损失厌恶消费者模型不能有效构建限制多渠道行为供应链管理的发展。

多渠道行为供应链是依据人们的心理特征而建立的复杂系统。目前研究主要通过供应链决策优化模型缓解了人们的损失厌恶心理给企业绩效造成的负面影响，推动了行为供应链管理的持续发展。但是目前还未在多渠道供应链环境下有效构建损失厌恶消费者模型，而多渠道供应链线上线下企业的决策受到消费者损失厌恶心理的影响，从而给多渠道供应链绩效带来重大深远的影响。

（2）多渠道损失厌恶供应链管理的优化效果需要通过数值案例分析检验。

运用数理模型推导获得的优化结果，需要通过数值案例分析检验结果是否有效，不断完善和总结新的管理策略。例如，假定损失厌恶心理给多渠道供应链带来了负面影响，则需要制定契约模式缓解此负面影响，通过不同契约模式的对比分析，从而判断哪种契约模式能够更好地实现互利共赢。假设制定补偿契约和退货契约模式，可以将这两种契约模式进行数值案例分析，定量研究两种契约模式在多大程度上缓解了损失厌恶心理给供应链各个主体造成的不利影响，是否有利于市场需求增长，对比各个契约的优劣势。为多渠道供应链企业的决策优化提供理论依据。所以，本书研究具有比较重要的理论意义。

2. 实践意义

目前，受到疫情等多种因素的影响，居民消费预期尚不稳定，消费回升迹象还不明朗，实体商业特别是中小微企业的经营出现困难。在线上线下消费分级特征突出的情况下，要坚持以问题为导向，从夯实消费增长基础、提升居民消费意愿等方面着手，关注消费引领性较强的重点商品，充分发挥促消费政策的引导作用，多措并举形成政策合力。同时，通过加快推进服务消费升级、优化消费环境等措施，进一步推动消费平稳增长。

在现实生活中，消费者普遍存在损失厌恶心理，该心理不仅对市场消费潜力产生重要影响，而且也对多渠道供应链企业决策策略及绩效带来深刻影响。新形势下，如何充分提升消费者的消费信心，实现线上线下消费的可持续发展，需要更多的实践经验和效果好的政策进行指导。

（1）消费者的损失厌恶心理对市场消费潜力和信心产生重要影响。

线上线下企业的产品质量存在差异，消费者在购买产品过程中，可能由于产品质量、产品功能、产品价值等指标与这些企业发生争执，给自身带来损失。另外，不同类型消费者的损失厌恶程度也会有明显区别。在现实生活中，经常可以见到消费者的各种消费场景，若消费者的损失厌恶程度较低，即使消费者遭遇损失，也可能购买该产品，但消费信心或许会受到影响。若消费者的损失厌恶程度较高，则消费者在遭遇损失之后，可能拒绝购买该产品，并决定购买其他商家的产品。所以，无论是线上还是线下消费，未来市场消费潜力和信心均会受到消费者损失厌恶心理的重要影响。

（2）损失厌恶心理对多渠道供应链企业决策和绩效带来深刻影响。

由于市场需求受到损失厌恶心理的影响，使线上线下企业可能采取提高产品质量、降低销售价格的策略，从而缓解损失厌恶给线上线下企业带来的不利影响。而线上线下企业的决策也可能给多渠道供应链上下游企业带来不利影响，企业为了化解此不利影响，可能采取相应的契约模式。所以，损失厌恶心理促使多渠道供应链企业决策发生变化，进而对整个供应链绩效产生影响。学术界应当对人们的损失厌恶机理开展深入研究，分析损失厌恶心理是如何对企业决策、市场需求和多渠道供应链绩效产生影响的，为政府和企业提供科学有效的政策实施建议。所以，本书研究具有重要的实践意义。

二、基本理论与研究现状

（一）基本理论

1. 前景理论

前景理论是分析人们在面临风险决策过程中表现与传统期望效用理论不一致

的行为的理论。发现人们在面对得与失时的风险偏好是存在差异的，在面对“失”时展现出风险追求，而在面对“得”时却展现出风险规避；参照点的变化将会影响人们的得失感受，从而改变人们的决策行为。

前景理论是一个描述性范式的决策模型，假设决策过程分为编辑和评价两个阶段。在编辑阶段，个体凭借“框架”“参照点”等收集处理信息，在评价阶段，通过价值函数和主观概率的权重函数对信息进行判断。通常情况下，价值函数具有三个特征：一是面对收益多数人是风险厌恶的；二是面对损失多数人是风险偏爱的；三是多数人对损失比对收益更加敏感。所以，人们在面对收益时往往小心谨慎，在面对损失时往往敢于冒险，人们遭受损失时的痛苦程度要超过获得收益时的愉悦程度。得失感受将影响人们的决策。

2. 损失厌恶理论

前景理论中提及了损失厌恶理论，从数学模型的视角，损失厌恶是价值函数在损失区间的斜率比在收益区间的斜率更加陡峭。从心理学的视角，损失厌恶是指人们在面对相同数量大小的收益和损失时，损失使人们更加难以接受。也就是说，同等数量大小的损失给人们造成的痛苦高于同等数量大小的收益给人们带来的愉悦。通常情况下，损失厌恶心理展现了人们在面对风险时，其偏好程度是不完全相同的，人们在得到收益时，呈现出风险规避偏好；在遭遇损失时，呈现出风险追求偏好。正是由于损失厌恶心理可以较好地解释传统理论无法解释的异常行为，因此，损失厌恶理论在金融投资、股票市场和多渠道供应链等领域得到广泛应用。

3. 多渠道供应链理论

多渠道供应链是指为了满足客户需求，企业同时运用直销和零售渠道在内的多个销售渠道或者多个服务形式来服务客户而构成的供应链。双渠道供应链是指分销系统中存在供应商直销渠道和独立零售商的传统渠道的供应链，双渠道供应链是多渠道供应链的一种特殊形式。目前，传统经销商仍是主要的营销渠道，多数消费者会通过传统市场购买商品，相对于网络销售渠道，传统渠道可以为消费者提供面对面与售货员进行沟通交流的机会，能够让消费者目睹和接触到商品，尽管网络渠道非常先进和高效，但它无法代替线下的体验感，也不能代替直观的服务，与网页上销售的商品图片相比较，不少消费者偏向于购买实实在在感受到的商品。传统渠道的最大优势在于即时性，当消费者急需某个商品时，希望当天就可以收到货物，而当前的网络销售渠道还很难满足此要求。因此，多渠道可以相互合作，彼此发挥各自优势，线上线下相互融合，为消费者提供更加便利、可靠、快速的购物体验。

4. 博弈理论

“博弈理论”也称为“对策理论”，它是现代数学理论的重要分支，也是运筹学理论的主要学科。博弈理论是基于数理模型研究具有竞争性质的不同主体之间决策的理论与方法。它考虑博弈中各个主体的预期行为和实际行为，分析它们各自的决策优化策略。生物学家运用演化博弈理论来分析和推导进化论中的一些结论。博弈论也早已经成为经济学领域中常用的分析工具。且在国际关系、计算机、供应链、军事理论和其他多个领域得到广泛应用。博弈理论的基本概念包括：局中人、行动、信息、策略、收益、均衡和结果等内容。其中基本要素是局中人、策略和收益。博弈规则是局中人、行动和结果。通常情况下，博弈理论可以分为非合作博弈理论和合作博弈理论。非合作博弈理论与合作博弈理论的根本区别是：相互发生作用的局中人之间是否存在一个具有约束力的协议，没有则是非合作博弈，有就是合作博弈。

5. 激励契约理论

激励是指在没有契约模式的情形下，通过制定和实施某个契约模式可以促使所有相关主体的收益都能够获得增长。契约是指通过对相关主体开展约束和激励，明确各个相关主体的责任、权利和义务等内容，共同面对和承担可能发生的各种风险，并进行公平合理的利益分配，提高所有相关主体的收益水平。在多渠道供应链管理优化研究中，制定科学的激励契约将会对提出优化政策建议发挥重要作用，这是因为对于多渠道供应链线上线下的每一个企业而言，通常情况下，它们会以自身企业利益最大化为目标进行决策优化，然而，类似于“囚徒困境”所产生结果，企业之间各自独立分散决策获得的收益通常远远小于多渠道供应链集中决策获得的收益，进而导致供应链的经营效率和效果下降。目前，多数文献主要研究激励企业采取最大化供应链整体绩效的各类不同契约模式，从而消除分散决策带来的负面影响。

（二）研究现状

早在 20 世纪 90 年代，学术界开始广泛关注供应链管理方面的研究，当时的研究主要以供应链企业利润最大化为目标，分析企业的决策优化问题，并假设决策者对于损失没有任何偏好。2000 年以来，学者们将人们的损失厌恶心理应用于供应链管理研究之中，发现很多结论可以较好地解释传统理论无法解释的现象。近年来，随着人们对损失厌恶心理的深入了解，以及时代的不断进步发展，供应链管理方面的研究逐渐延伸到多渠道供应链、公平关切心理、参照点、竞争因素等各个层面。下面分别就基于损失厌恶的供应链管理研究、基于多渠道供应链管理研究、基于公平关切的供应链管理研究、基于参照点的供应链管理研究、基于竞争的供应链管理研究等方面对国内外文献进行阐述。

1. 基于损失厌恶的供应链管理研究现状

2000年，Schweitzer等学者假设不存在缺货损失情况下，第一次研究了损失厌恶企业的决策优化问题，研究表明，损失厌恶企业的最优订货量小于风险中性企业的最优订货量[9]。从此，损失厌恶供应链管理研究开始受到国内外学者的极大关注。已有研究进展主要表现在：

（1）损失厌恶企业决策优化方面的研究。如Wang（2010）对多个相互竞争的损失厌恶企业订货问题进行了研究，发现最佳订货量存在唯一的纳什均衡解[10]。Liu等（2013）在销售产品具有可替代性的基础上，研究了两个不同损失厌恶偏好报童的决策优化问题[11]。Baron等（2015）假设市场消费者普遍具有损失厌恶心理，在随机参考点的基础上分析了报童的最优订货问题[12]。Ma等（2016）假设损失厌恶存在于消费者心中，分析了消费者预期估值和损失厌恶心理对贴现价格以及利润的综合影响[13]。Vipin和Amit（2017）在追索权可以选择的情况下，假设决策者对模型选择偏好具有损失厌恶心理，通过数理模型推导得到损失厌恶可以估计报童具体的订货量[14]。Wu等（2018）在前景理论的基础上，分析了激烈竞争情形下基于锚定损失厌恶企业的决策优化问题[15]。Liu等（2019）假设市场需求可以更新，构建了四类模型，通过比较研究了企业采购行为是如何受到损失厌恶心理影响的[16]。马利军等（2015）在允许提前支付的情形下，分析了损失厌恶企业的决策行为，研究表明若资金成本大于某个临界值时，企业不会采取提前支付[17]。胡劲松等（2016）针对损失厌恶供应链的网络均衡问题开展了研究，发现若损失概率敏感性越低，最大盈利的重视程度越高时，均衡订购量也将越多[18]。李新军等（2016）在多个基于期望的损失厌恶报童环境下研究了订货问题，通过模型推导找到了总订货量与损失厌恶和期望水平之间的定量关系[19]。王利华（2016）假设报童存在损失风险偏好，发现其最优订货量应当满足的条件是残值损失与缺货成本之和最小，以及损失条件风险最小[20]。黄文生等（2017）发现随着预期利润和损失厌恶的增大，预期损失厌恶报童的最优订货量将会递减[21]。马德青等（2017）考虑了存在缺货成本的情形，研究了报童的最优订货问题，发现其订货量随着非极端获利和损失结果敏感度的提高而提高[22]。陈俊霖等（2018）分析了心理因素对决策者与建议者决策系统的影响，发现损失厌恶心理可以平衡由于丰富经验导致的偏差评估[23]。王宣涛等（2019）假设消费者存在策略型损失厌恶心理，研究了企业的预售行为和退货决策问题，发现在退货策略下企业可以制定最优的退货价格使得自身的利润最大[24]。陈芝等（2019）考虑了损失厌恶心理，以及锚定不充分调整启发式，研究了企业的最佳订货问题，发现在低利润情形下企业对先验知识的锚定行为可以平衡由于损失厌恶心理导致的企业订货偏离[25]。曹兵兵等（2019）在温度敏感需求情形下，构建了损失规避企业的效用模型，得到损失厌恶、平均温度和温度敏感都将在一定程度上影响企业的决策行为[26]。余建军等（2019）在供应可靠、供应不可靠和双源供应情形下，分别研究了损失厌恶企业的最佳订货决策问题，发现在双源供应情形下的企业期望效用最大[27]。燕汝贞等（2021）在资金约束条件下，考虑零售商具有损失厌恶心理，研究零售商的订货决策问题。研究表明，若需求满足一定条件，则订货量与债权融资利率、债权融资比例和损失厌恶呈反比例关系[28]。

（2）损失厌恶供应链契约方面的研究。如 Wang 和 Webster（2007）认为损失分担契约、收益共享契约在缓解损失厌恶心理给供应链带来负面影响方面能够发挥积极作用[29]。Chen 等（2014）对期权合约进行了研究，发现该合约能够实现损失厌恶供应链的帕累托改进，并找到最佳订货量与期权价格之间的定量关系[30]。Zhang 等（2015）假设供应商存在损失厌恶心理，研究了供应链的契约问题，发现若临界比低，则回购契约好于收益共享契约，反之，则收益共享契约好于回购契约[31]。刘咏梅等（2012）假定零售商存在损失厌恶心理，研究了弹性数量契约对零售商订货决策的影响[32]。刚号等（2013）在延期支付的情形下，对回购契约在损失厌恶供应链中发挥的协调作用进行了敏感性分析[33]。付红等（2013）考虑了某供应链由组装商和损失厌恶供应商组成，研究了供应商制定的价格补贴契约是否可以发挥协调供应链的作用[34]。张鹏等（2015）通过比较研究，发现在批发价契约、回购契约以及收入共享契约下，企业的期望损失厌恶心理并不会对协调供应链产生影响[35]。申成霖等（2016）在消费者存在策略行为的情形下，对能否协调损失厌恶供应链开展了研究，发现收益共享契约可以有效实现供应链协调[36]。张新等（2017）在商业信用背景下，研究了损失厌恶供应链的协调问题，发现企业订货量与商业信用期限成正比，收益共享契约可以协调供应链[37]。张红等（2018）假设零售商存在损失厌恶心理，发现成本共担的期权契约可以对该供应链实现协调[38]。杜文意等（2019）在损失厌恶供应链背景下，研究了融资成本共担的协调问题，发现融资利率水平对企业决策行为和供应链协调产生重要影响[39]。黄帅等（2019）研究了第三方物流公司与损失厌恶企业之间的协调问题，发现当满足特定条件时转移支付契约能够对该供应链进行协调[40]。王道平等（2019）在损失厌恶和质量控制的背景下，研究了供应链网络的平衡问题，得到企业可以通过提升产品合格率方式来缓解由于损失厌恶给企业造成的损失[41]。单汨源等（2019）以损失厌恶供应链作为研究对象，得到成本共担契约能够实现企业之间的帕累托改善[42]。马超等（2019）对比研究了损失规避供应链的协调问题，发现在一定条件下风险分散契约比回购契约、销售返利契约的效果更好[43]。谭春桥等（2019）考虑了参考点因素，研究了双渠道供应链的决策问题，发现随着线上偏好系数逐渐递增，线下价格与线上价格分别呈现递减和递增的趋势[44]。陈芝等（2021）考虑由具备锚定与损失厌恶心理的零售商和风险中性供应商组成的供应链，在集中和分散决策下分析了订货量与回购价格、批发价格之间的关系，得到供应链协调的基本条件[45]。

综上所述，以上文献为基于损失厌恶的供应链管理提供了可行的研究方法和研究思路，为损失厌恶供应链管理研究总结出许多重要的研究结论。但是，这些文献仅讨论了损失厌恶心理对企业决策和供应链协调的影响，没有考虑线上线下的多渠道供应链成员企业遭受损失厌恶心理的影响，而基于损失厌恶的多渠道供应链管理研究更加符合新时代的消费需求市场，损失厌恶不仅对线上线下需求产生深刻影响，也对多渠道供应链企业的博弈关系产生重要影响，进而对多渠道供应链企业决策优化和契约产生深刻影响。

2. 基于多渠道供应链管理研究现状

随着互联网技术的飞跃发展和人们生活水平的不断提高，人们获得产品的渠道发生深刻变化，企业也纷纷将销售市场转移到互联网，传统销售渠道与网络销售渠道并存的新型消费模式已经成为常态，关于多渠道供应链管理研究引发了诸多学者关注。如胡好等（2017）针对传统渠道中处于随从地位的零售商开展双渠道销售时存在的价格冲突问题，考虑了产品品牌差异属性对渠道销售的影响，构建了零售商传统渠道和制造商网络直销渠道组成的双渠道和零售商引入网络渠道的多渠道两种情形下的定价决策优化模型，通过比较分析两种定价决策下产品品牌差异对最优定价的影响，运用数值分析描述了均衡状态下不同渠道的价格变化趋势[46]。刘昊等（2019）研究了一个线上直销渠道制造商和一个双渠道零售商构成的供应链，假定存在线下渠道促销努力和消费者“搭便车”行为，在零售商主导 Stackelberg 博弈情形下，关于线上价格是否一致的问题，分析了不同渠道的价格决策优化策略[47]。罗美玲等（2019）针对某个多渠道供应链，零售商拥有实体店和网店，制造商开设网店，并通过双渠道零售商销售产品；考虑消费者没有产品质量退货现象，研究了双渠道零售商为消费者提供跨渠道退货服务的多渠道融合问题。得到了零售商提供跨渠道退货服务的主要条件，分析了跨渠道退货服务对市场均衡的影响，构建了制造商和零售商基于横向合作处理消费者退货的供应链机制，以实现双方共赢[48]。汪旻等（2019）在消费者跨渠道行为影响下，针对传统零售商与制造商电子直销渠道之间的合作问题，基于传统零售商视角，研究了消费者跨渠道行为、渠道合作与合作绩效之间的作用机制，渠道合作的复杂性对合作绩效的调节效应等问题[49]。陈书扬等（2020）梳理了近年来多渠道供应链定价策略的相关文献，总结了多渠道供应链定价策略的主要特征、研究方法和影响因子，并对多渠道供应链定价策略的结论进行了归纳，针对当前研究中的不足对今后研究方向进行了展望[50]。梁喜等（2020）考虑了消费者的“搭便车”行为，针对一个拥有直销渠道的制造商和一个拥有双渠道的零售商组成的多渠道供应链，在零售商主导的Stackelberg博弈情形下，关于零售商双渠道价格是否一致的问题，研究同价或异价两种定价策略下供应链企业的最优定价和促销决策[51]。易海燕等（2021）基于多渠道的易逝品供应链，考虑短视型和策略型消费者并存的情形，构建了多渠道两阶段的易逝品供应链结构，基于两类消费者购买决策得到不同渠道的需求函数；建立了分散和集中供应链决策下制造商与零售商的定价优化模型，通过逆向归纳法得到了不同渠道的最优价格和利润，并进行了数值模拟和敏感分析，提出了具体的政策建议[52]。

综上所述，以上文献为基于多渠道供应链管理研究提供了较好的研究方法和思路，为多渠道供应链管理研究带来了重要的研究成果。但是，这些文献仅讨论了供应链成员企业在多渠道情形下的决策优化和促销策略问题，没有考虑决策者的损失厌恶心理对企业决策和供应链绩效的影响，而损失厌恶决策者的行为不仅对市场需求产生深刻影响，也对企业的博弈关系、决策优化和契约模式产生了重要影响。

3. 基于公平关切的供应链管理研究

在现实的供应链环境中，不少企业对于内外部环境的公平性非常关注，特别是对于企业之间的竞争是否公平的问题，企业决策者们往往非常敏感，为了维护市场公平，很多企业会采取一些“令人不可思议”的行动，网络媒体对此也会经常报道。通过大量相关的调查研究，行为研究者已经确认，人们在制订和实施某个方案的过程中，对于获得的收益往往会与其他主体进行比较，体现出较强的公平关切特征[53]。正是因为公平关切对于人们的决策行为和期望效用产生了重要影响。所以，在假设决策者存在公平关切心理的背景下，学者们结合现实问题对企业决策优化与供应链协调开展了系列研究。如王磊等（2012）对公平关切企业的定价问题进行了比较研究[54]。李波等（2015）构建了公平关切企业的最优订货模型，分析了公平关切心理对订货产生的影响，并对各个参数进行了敏感性分析[55]。何丽红等（2017）假设生产商占主导地位，分析了公平关切零售商与生产商之间开展广告合作的可能性及其满足的基本条件[56]。聂腾飞等（2017）假定企业存在公平关切行为，基于此，研究了谈判破裂点是如何对企业决策以及供应链协调产生影响的[57]。周义廷等（2017）考虑企业具备公平关切心理，分析了公平关切与渠道竞争对企业决策和双渠道闭环供应链协调产生的影响[58]。陈建新等（2017）以供应商利润作为零售商的公平关切参照基准，在各类需求模型下，研究了公平关切心理对供应链绩效的影响[59]。张旭等（2017）基于Nash

讨价还价模型，在分散与集中决策模式下，以生鲜农产品公平关切供应链效用最大化为目标，对契约组合进行了创新[60]。陈志松等（2018）考虑企业实施联合库存策略，基于此，分析了公平关切对于协调供应链上下游企业所发挥的重要影响[61]。邹清明等（2018）考虑企业存在公平关切心理，基于 Nash 均衡理论，通过模型推导得到双向双渠道闭环供应链的最优定价表达式，并分析了公平关切影响企业定价和绩效的变化趋势[62]。王玉燕等（2018）在"互联网+"背景下，考虑网络平台决策者具有公平关切特征，研究了 E-闭环供应链在不同模式情形下的销售和回收决策优化[63]。周艳菊等（2018）以低碳供应链为背景，当制造商是公平关切和公平中性时，对两种决策优化结果进行了比较分析[64]。许芳等（2018）在对农户特征和市场需求等因素进行分析的基础上，从分配和互动的视角对公平关切农户决策开展了研究，并基于退出倾向和忠诚度深入剖析了公平关切对于农户合作所发挥的重要作用[65]。王超胜等（2018）在网络服务质量标准下限情形下建立了供应链网络模型，研究了公平关切与网络服务质量对于该网络决策优化产生的影响[66]。姚正等（2018）在决策者存在公平关切心理的基础上，增加了过度自信心理，研究了这两种心理的叠加因素对企业决策和低碳供应链绩效产生的综合影响[67]。刘京等（2018）在公平关切、风险厌恶、公平关切与风险厌恶三种不同心理因素下，构建了企业博弈竞争模型，分析了这些不同心理对于零售商决策与供应链效用的影响[68]。姚锋敏等（2018）假设制造商具有公平关切行为，当零售商与制造商分别实施广告计划时，研究了广告效应与公平关切对闭环供应链决策的影响[69]。邱国斌等（2019）假设消费者具有损失厌恶特征，零售商具有公平关切特点，在四种博弈竞争情形下，分析了这两种心理特征对企业定价和供应链效用产生的综合作用[70]。邱国斌等（2019）基于非合作博弈理论，构建了公平关切双渠道供应链模型，研究了制造商的网络销售效率对于三种不同竞争结构模式下企业决策与供应链绩效的影响[71]。窦晓乐等（2020）基于公平关切心理，研究了网络零售商推介策略问题。以无公平关切为基准，发现两零售商均采取推介策略。考虑跟随者（零售商 2）公平关切，当信息不对称时，随着公平关切的增大，均衡推介策略为：都不推介、仅跟随者（零售商 2）推介和都推介，信息不对称导致公平关切促使跟随者采取推介策略；当信息对称时，随着公平关切的增大，均衡推介策略为：仅领导者（零售商 1）推介和都推介，信息对称促使领导型零售商采取推介策略[72]。周永务等（2021）考虑供应链由两个竞争零售商和一个供应商组成，供应商通过批量折扣契约向两家零售商销售产品，零售商具有纵向公平关切心理（即当获得利润小于供应商利润时，其获得负效用）；两个零售商为了获得较低的批发价格更偏好团购，且选择最佳订货量最大化其自身效用；将纳什议价解决方案作为参考点，研究竞争与公平关切心理对零售商购买策略的影响[73]。张涛等（2021）考虑了双回收渠道闭环供应链，构建了具有零售商公平关切心理的三种决策模型，运用博弈理论分析纳什均衡解；研究了公平关切心理对不同模型中各渠道成员的最优决策和绩效的影响，通过算例仿真对研究结论进行了验证[74]。杜建国等（2021）考虑制造商具有公平关切心理，通过两级供应链对比研究了零售商单、双渠道各决策者的定价和减排决策，运用主从博弈方法分析了公平关切和产品碳系数对整个供应链绩效的影响。研究表明，零售商的双渠道不一定能够获得更多收益；在公平关切程度和产品碳系数下的最优定价、减排量存在不同的变化趋势[75]。黄凌晨等（2021）考虑了消费者具有公平关切心理，研究了零售商的最优定价、订货和退款保证策略。在退款保证和没有退款保证情形下，讨论了零售商的最优定价和订货策略，推导出零售商提供退款保证的基本条件。研究表明，仅在退货产品残值高于一定阈值时，零售商的退款保证才是有利的；消费者的公平关切促使产品价格和零售商利润下降[76]。王玉燕等（2021）考虑政府采取奖励机制，构建了公平中性的分散决策、零售商公平关切的分散决策和集中决策三种决策情形，得到三种决策情形下的最优决策，研究了新动能创新投入成本、公平关切系数对闭环供应链定价、新动能创新投入以及回收率和各方主体收益的影响。同时设计了“收益共享联合固定费用—成本共担”契约模式解决了分散决策的协调问题[77]。卢超等（2021）在公平关切行为下考虑了由制造商主导的供应链，研究零售商对产品促销时的决策和供应链协调问题，分别运用收益共享、成本分担、两部定价契约对供应链进行协调。研究表明，收益共享契约和成本分担契约都无法实现供应链整体协调，而两部定价契约可以实现供应链整体协调；双公平关切对利润的综合影响与单一公平关切时的不同[78]。徐鹏等（2022）以农产品电子订单质押融资为例，基于委托—代理理论，研究了线上农产品供应链金融业务中公平关切心理在银行和 B2B 平台之间的激励契约制定中的效应问题[79]。

综上所述，以上文献为基于公平关切的供应链管理提供了较好的分析视角，研究结论能够很好地反映社会现实，提出了具有指导意义的政策建议。但是，这些文献主要都是基于企业存在公平关切心理，研究公平关切心理对企业决策和供应链绩效产生的影响。没有考虑在公平关切心理因素下，对损失厌恶多渠道供应链企业决策和绩效产生的综合影响。

4. 基于参照点的供应链管理研究

在前景理论中，参照点是一个非常重要的概念，人们在经历损失或者收益时，其实是相对于某一个具体的参照点而形成的。很显然，一旦参照点发生了改变，那么人们的损失或者收益大小也可能随之产生相应的变化。对于决策者而言，参照点的选择方式和具体大小是其决策的关键要素。目前，多数文献主要假设参照点是静态不变的，一般情形下，决策者通常将自己拥有的财富数量作为损失或收益的参照点。同时，为了方便讨论，也有学者将参照点的数值设置为零。另一些学者则认为，参照点的数值大小不可能是静态不变的，它会随着时间和状态的改变，呈现波动变化的特征，并基于动态参照点开展了一系列的相关研究。Shalev（2000）认为在决策的过程中，决策者心中的参照点是一个特别关键的内生变量，该变量的变化使得决策结果可能产生较大偏差[80]。Sugden（2003）通过反复的实验观察，总结出参照点不是一个相对固定的常数，随着时间的推移，它的数值大小将是一个任意的随机变量[81]。Koszegi 和 Rabin（2006）通过大量的研究发现，参照点的属性主要体现在两个方面：一是内生性；二是随机性[82]。Schmidt 等（2008）针对参照点的属性开展了系统研究，认为参照点作为随机变量具有非常强的不确定性，并在此理念基础上对前景理论的数学模型进行了改进[83]。Hess 等（2008）、Masiero 与 Hensher（2010）对参照点依赖进行了说明，优化了离散选择模型，并对前景理论中涉及的假设前提进行了充分论证[84,85]。Rose 等（2008）认为在一定条件下，参照点是完全可以替代的，并通过一些现实场景，对参照中心设计方法进行了实践运用[86]。Rozen（2010）根据具体的实际案例，认为参照点存在动态特性，并对该结论进行了公理化论证和实证分析[87]。

近年来，也有一些学者在假设参照点存在动态变化特征的基础上，对研究对象的效用函数开展了针对性分析。如 Arkes 等（2008）以跌宕起伏的股票市场作为研究对象，通过实证分析，研究了股民在获得收益和遭受损失之后所经历的不断调整和逐渐适应的全过程[88]。Schwartz 等（2008）以庞大的医疗系统作为特定研究对象，分析了参照点变化对于整个医疗系统的影响，研究表明动态调整参照点可以辨别和改变人们决策之后所获得的实际效用[89]。Jofre 等（2011）将动态参照点因素与损失厌恶心理和道德风险相结合，在信息不对称情形下，构建了动态委托—代理模型[90]。邹燕（2007）认为损失厌恶是一个动态的随机变量，并将参照点与损失厌恶因素相结合，基于此，对投资者的决策行为开展了系统研究，得到了融合投资者的更多行为特征的不同类型参照点[91]。邱国斌（2018）以随机市场需求环境为背景，假设损失厌恶零售商以某个参照点作为基准来评估自身收益与损失，运用前景理论的核心思想构建了零售商的效用函数，得到了零售商的最优订货量表达式，分析了订货量与损失厌恶系数、零售价格、批发价格、单位缺货损失等参数之间的内在逻辑关系[92]。曹志强等（2019）在前景理论框架下，考虑了折中决策值为心理参考点，对报童实验进行了充分解释；同时，将回购和缺货惩罚因子融入报童模型。通过模型推导和算例分析，得到报童的最优订货量随着缺货惩罚和回购价格的递增而增加，随着损失厌恶系数的递增而减少[93]。许燕红等（2020）考虑了属性框架和目标框架效应参考点情形，构建了消费者购买模型，研究了冲动型消费者对在线冲动性购买行为的影响，因为存在正负面的框架效应，所以消费者发生冲动性购买行为的概率大幅度增加，在此基础上，提出相应的政策建议[94]。魏莹等（2020）将多参照点引入报童模型，分析了底线和现状利润双重参照点对报童决策优化的影响。假定底线导致决策者产生失败规避，现状导致损失规避。考虑底线利润为外生变量，现状利润可能为外生变量或者内生变量。研究表明，外生底线点与外生现状点均产生负向偏差，此时双参照点为合作关系；当底线为外生变量、现状利润为内生变量时，此时双参照点为竞争关系或合作关系。通过数值分析，发现订货量与批发价格、底线点、失败规避系数和乐观程度等呈现负相关，在一定条件下，随着零售价格和损失规避系数的增大而递减[95]。

综上所述，以上文献为基于参照点的供应链管理进行了各个角度的理论与实践研究。这些文献主要是以参照点为基础，分析参照点对人们在决策优化和效用绩效等方面产生的显著影响。尽管这些文献对参照点的供应链管理作了深入研究，但没有考虑参照点对于多渠道供应链企业的决策与绩效可能产生的不同影响。

5. 基于竞争的供应链管理研究

竞争是供应链管理研究中始终绕不开的话题，在竞争日益激烈的市场环境里，如何提高决策效率和效果，从众多企业之中脱颖而出，实现企业可持续发展，不少学者开展了相关研究。如刘古权等（2009）认为现代企业之间的竞争是供应链之间的竞争，企业需要整套供应链的顺利运作才能在竞争中占得先机。随着企业信息化的深入，财务软件、库存软件、CRM、OA 和 ERP 系统的应用大幅度提高了企业内部管理效率[96]。雷星晖等（2009）基于交通均衡原理，分析了供应链之间的竞争行为，构建了供应链竞争模型，认为供应链竞争一定存在某个均衡和一条竞争力最强的供应链[97]。王莺（2009）针对由一个供应商和两个零售商组成的易逝品供应链系统，假定需求与库存和价格密切相关，两个零售商存在竞争关系，零售商的决策变量为定价和补货周期，建立了相应的最优定价模型，并进行了数值分析[98]。杨利军（2010）认为供应链系统不仅有关系租金，而且其他三个基本租金通过关系媒介以系统内生租金的方式呈现，关系租金具有基础性作用，价值链重构、知识流动与共享为获取异质性资源提供了支撑，进而创造可持续的竞争优势[99]。胡引霞等（2010）对供应链经济、市场链、协调边、运作边等概念进行了重新定义，运用变分不等式理论和空间价格理论，建立了基于电子商务的供应链模型，发现当市场需求较大时，生产规模大的企业更加能够展示其规模优势[100]。李朝敏（2010）认为各类供应链均存在不同程度的跳链壁垒，节点企业针对跳链壁垒与自身情况进行利益权衡，积极主动和消极被动的跳链行为都会给经济发展带来一定程度的负面影响，通过实施公共和私人规制，可以降低跳链行为造成的损失[101]。陈远高等（2010）构建了服务与价格敏感的双渠道供应链竞争模型，在分散与集中情形下分析了存在服务差异的零售商和制造商的最优决策，比较研究了双渠道和单渠道的差异，通过数值算例分析了网络渠道接受程度对企业利润分配的影响。研究表明，Stackelberg 均衡下传统渠道的最优决策将导致网络渠道需求为零，渠道之间的服务竞争使双渠道优于单一渠道[102]。张超等（2011）在竞争背景下，以生产和销售同质产品的供应链为研究对象，运用变分不等式、空间价格均衡和纳什均衡等理论，构建了成本干扰前后的均衡模型，推导出完成重组的基本条件，建立了重组后的均衡模型，并通过数值分析证明了该模型的有效性[103]。陈兆波等（2013）在供应链竞争环境下，构建了多个异质供应链组成的模型，假设供应链以自身利润最大化为目标，对生产工序和内部资源进行整合。通过定义市场链分析了供应链之间的竞争方式，基于博弈理论和变分不等式方法，构建了供应链之间竞争的均衡模型，证明模型解的存在性和唯一性[104]。郭捷（2013）建立了顾客选择偏好的供应链竞争均衡模型，基于随机均衡理论和 Logit 模型，利用变分不等式，得出在竞争中胜出供应链的市场占有率和价格等参数。该模型从供应链竞争角度刻画了顾客的选择偏好，并给出了研究思路和经济解释[105]。杨晓艳等（2014）认为供应链竞争表现在价格、质量、知识共享等方面，针对两条竞争二级供应链，构建了 Stackelberg 博弈模型，根据竞争机制得到了企业在知识流无协调、混合协调和协调三种情形下知识共享量的均衡解。研究表明，知识流协调对每条供应链都是占优策略，并进行了参数灵敏度分析，得到共享成本优势越大，实施协调策略后的绩效更大[106]。高尚等（2015）考虑了消费者的消费行为特征，基于 Stackelberg 博弈理论，构建了具有潜在型客户和分析型客户的多供应链竞争模型，讨论了在线性需求下的均衡解。研究表明，当每个供应链市场份额小于平均市场份额时，竞争有利于提升供应链利润，但是，随着供应链竞争强度的增加，供应链的总体利润呈现递减趋势[107]。王志亮等（2016）构建了一维与多维扩展 Hotelling 模型，证明了在一维产品族定制规划下各制造商的价格与性能定位均衡；证实质量可以驱动均衡性能定位向高端转移，并通过价格博弈、促使制造商生产高质量产品，故从质量角度诠释了市场向高端进化的机理；证实了多维产品族定制规划博弈仅存在均衡价格解、没有全局精确解[108]。高攀等（2017）以二手产品专利保护为研究对象，分析了二手商与原制造商的竞争策略。构建了无专利许可和专利许可的闭环供应链竞争模型，得到了最优竞争策略。通过比较研究和实验仿真，对销量及供应链利润进行了参数敏感性分析[109]。蔡建湖等（2017）研究了产出不确定对供应链造成的影响，并对产出不确定背景下供应链竞争模型与协调机制进行了文献综述。涉及需求确定、需求不确定时的供应链竞争模型，以及契约设计等方面内容。提出承诺契约、消费者战略选择、中国案例研究等未来研究方向[110]。侯文华等（2019）构建了双渠道医药供应链博弈模型，研究了医保报销比例与电商佣金比例对定价、绩效和社会福利的影响。研究表明，随着平台收费标准和医保报销比例的增加，医药定价将会降低；医保报销比例的增大将提升社会福利、降低供应链绩效、弱化网络渠道低价优势[111]。孙浩等（2020）基于 MR、MT 和 RT 三种组合，构建了两条闭环供应链的竞争模型，通过逆向归纳法得到各条链的回收率、均衡价格、企业和供应链利润，并结合链间竞争强度将不同回收模式进行比较，研究表明，链间竞争强度的增加将提高批发价、零售价与回收率，需求量增大，渠道收益得到改善，但不利于消费者[112]。林贵华等（2021）在企业碳减排技术投资和政府干预背景下，考虑旧产品转化为再制造产品比率、政府回收补贴及政府强制回收量等因素，建立了多阶段绿色闭环供应链竞争模型。给出了各层级实现均衡的条件，并转化为混合互补问题来求解。研究表明，规划阶段数量的增加有利于产品循环，实现资源有效利用；随着规划阶段数量的增加，各级参与者愿意投入更多绿色技术[113]。

综上所述，以上文献为基于竞争的供应链管理进行了各个层面的理论研究和实践探索。这些文献主要是以竞争为基础，分析竞争对单个供应链或多个供应链的决策和绩效产生的重要影响。尽管这些文献对竞争的供应链管理问题作了系统研究，但是没有考虑损失厌恶等心理因素对多渠道供应链企业的决策与绩效可能产生的不同影响。

（三）相关研究的总结和评述

综观目前供应链管理研究现状，基于损失厌恶、多渠道、公平关切、参照点和竞争下的供应链管理优化方面，学术界已经取得了不少重要成果。但是，涉及基于损失厌恶的多渠道供应链管理优化研究领域还比较少，从现有文献来看，未来可以从以下三个方向深入研究：

1. 基于损失厌恶消费者的线上线下消费潜力提升研究

已有研究主要将损失厌恶作为影响线下消费市场的主要因素。未来研究不仅应当考虑线下消费市场，而且应当考虑线上线下消费市场。随着电商的快速崛起，物流配送的完善，网络购物已经成为习惯，而线下实体店的体验式购物也是当下消费者主导的购买模式。从现实生活来看，消费者是否愿意购买产品在很大程度上取决于其对产品价值的心理偏好，尤其是消费者心中广泛存在的损失厌恶心理，这为扩大线上线下消费潜力提供了重要的研究方向。例如，相对于线下消费者而言，线上消费者在网络购物过程中遇到产品质量问题的概率可能更大，随着人们生活水平的不断提高，消费者对商品质量要求也越来越高，当消费者遭遇低质量商品时，有些消费者可能不会再购买该商品，还有些消费者可能会反应强烈，要求商家退货，甚至到工商管理部门投诉，如何缓解消费者的损失厌恶心理给线上线下需求造成的负面影响，需要学术界开展深入研究。所以，基于损失厌恶消费者的线上线下消费潜力提升研究是未来研究方向之一。

2. 基于损失厌恶的多渠道供应链企业决策优化研究

已有研究主要假设人们存在损失厌恶心理时，研究单渠道供应链内企业与企业之间的不同博弈结构关系，以及损失厌恶心理给企业决策优化造成的影响。目前该领域已经取得了不少研究成果。未来研究可能不仅应当考虑损失厌恶心理对于单渠道供应链企业决策优化的影响，而且也应当重视损失厌恶心理给多渠道供应链企业决策优化可能带来的深刻影响，从企业效用最大化的视角，得到企业的决策优化方案，而这些决策优化方案可能与单渠道供应链管理优化研究中得到的结论存在较大不同。所以，基于损失厌恶的多渠道供应链企业决策优化研究是未来研究方向之二。

3. 基于损失厌恶的多渠道供应链契约研究

已有研究主要考虑在损失厌恶心理下，基于特定假设条件，以某个契约中的不同参数作为切入点进行理论分析和实验仿真，研究该契约对提高损失厌恶供应链绩效所产生的作用，其研究结论在一定程度上展示了促进单渠道供应链协调的优化方向。未来研究可能不仅应当考虑单渠道供应链契约，还应当重视损失厌恶心理对多渠道供应链契约产生的重要影响。一般情形下，在缓解损失厌恶给供应链带来不利影响方面，不同种类的契约模式所发挥的作用往往是不同的，需要对不同契约模式的优势和劣势进行对比分析，使其更加容易在现实生活中付诸应用和普及推广。所以，基于损失厌恶的多渠道供应链契约研究是未来研究方向之三。

上述研究方向有待学术界继续开展深入探究。鉴于此，本书将在已有研究成果的基础上，对在损失厌恶心理背景下的多渠道供应链管理优化问题展开深入研究，为丰富和完善行为供应链管理研究提供基本的理论依据和参考。

三、研究目标和研究思路

（一）研究目标

本书假设消费者或企业存在损失厌恶心理，在此背景下，研究多渠道供应链的企业决策优化与供应链契约问题。预期达成以下研究目标：

1. 寻求损失厌恶多渠道供应链系统分析的新方法

针对损失厌恶多渠道供应链系统分析开展新方法研究，主要体现在损失厌恶消费者的产品价值评估方法、消除或缓解消费者损失厌恶不利影响的策略方法、多渠道供应链成员企业之间的博弈方法，以及提升线上线下消费需求的管理方法等。所以，寻求损失厌恶多渠道供应链系统分析的新方法是本书的研究目标之一。

2. 探索损失厌恶多渠道供应链管理优化的新模式

在线上线下企业激烈竞争，线上线下消费深度融合的今天，为损失厌恶多渠道供应链企业的决策策略提出值得借鉴的高效模式，为损失厌恶多渠道供应链契约模式建立可靠的体系框架，为推动损失厌恶多渠道供应链管理优化模式向创新性、可行性的趋势发展提供理论支撑和方法依据。所以，探索损失厌恶多渠道供应链管理优化的新模式是本书的研究目标之二。

（二）研究思路

已有研究主要围绕“单渠道”供应链为主题对损失厌恶供应链管理优化问题进行研究，但忽视了“多渠道”供应链，“单渠道”和“多渠道”在数理模型构建方面存在较大差异。本书拟对“多渠道”的数理模型进行创新，并以“多渠道”为核心开展损失厌恶供应链管理优化研究。

本书的总体研究思路是“现实背景提出问题——核心理论分析问题——算例案例解决问题”。运用定性分析和定量分析、算例分析和案例分析紧密结合的研究方法，研究损失厌恶多渠道供应链管理优化的变化趋势，提出具有一定理论价值与实践意义的企业决策优化建议与供应链契约模式的创新方案。

首先，开展基于损失厌恶的不同竞争环境下双渠道供应链管理优化研究。对双渠道供应链企业市场环境进行调查研究，分析消费者的损失厌恶心理特征及其关键参数，依据前景理论的核心理念，对损失厌恶型消费者的效用函数进行创新。基于此，分别构建市场需求函数和企业利润函数，在 Nash 均衡博弈、制造商主导 Stackelberg 博弈、电商平台主导 Stackelberg 博弈与供应链集中情形下，求解企业的最优销售价格决策，研究损失厌恶心理、网络销售效率和参照点因素对企业决策优化及供应链绩效产生的影响。

其次，开展基于损失厌恶企业的双渠道供应链管理优化研究。将损失厌恶心理由消费者引入双渠道供应链企业，考虑电商平台或制造商存在损失厌恶心理，构建企业的利润函数与效用函数，基于博弈理论，运用纳什均衡定量分析企业定价决策优化策略，以及考虑企业制定补偿契约和退货契约，对比研究了损失厌恶心理、补偿契约和退货契约对企业决策优化及双渠道供应链绩效的影响。

再次，开展基于损失厌恶参照点的双渠道供应链管理优化研究。将消费者的损失厌恶参照点因素和企业的损失厌恶参照点因素引入双渠道供应链系统中，构建基于参照点的电商平台与制造商的利润函数和效用函数，并求解双渠道供应链企业的最优销售价格策略。同时，考虑企业制定补偿契约和退货契约，通过算例分析研究参照点的变化可能对企业决策优化、双渠道供应链绩效和不同契约模式产生的特殊影响。

又次，开展基于公平关切的损失厌恶双渠道供应链管理优化研究。将企业的公平关切心理因素和消费者的损失厌恶心理因素引入双渠道供应链系统中，构建基于损失厌恶消费者的公平关切电商平台与公平关切制造商的效用函数，运用博弈 Nash 均衡理论求解企业的最优销售价格策略。考虑企业制定补偿契约模式，通过算例分析研究损失厌恶心理和公平关切心理的共同作用对企业决策优化、双渠道供应链绩效和补偿契约产生的重要影响。

最后，开展基于损失厌恶的多渠道线上线下企业管理优化研究。将消费者损失厌恶心理和企业损失厌恶心理引入多渠道供应链系统中，构建基于损失厌恶的消费者效用函数、企业效用函数，运用博弈纳什均衡理论求解企业的最优销售价格策略，并分析多渠道供应链线上线下企业各自的决策行为和相互之间的逻辑关系。通过算例分析研究损失厌恶对企业决策优化、多渠道供应链绩效、补偿契约和退货契约产生的重要影响。

本书研究的技术路线如图 1.2 所示：

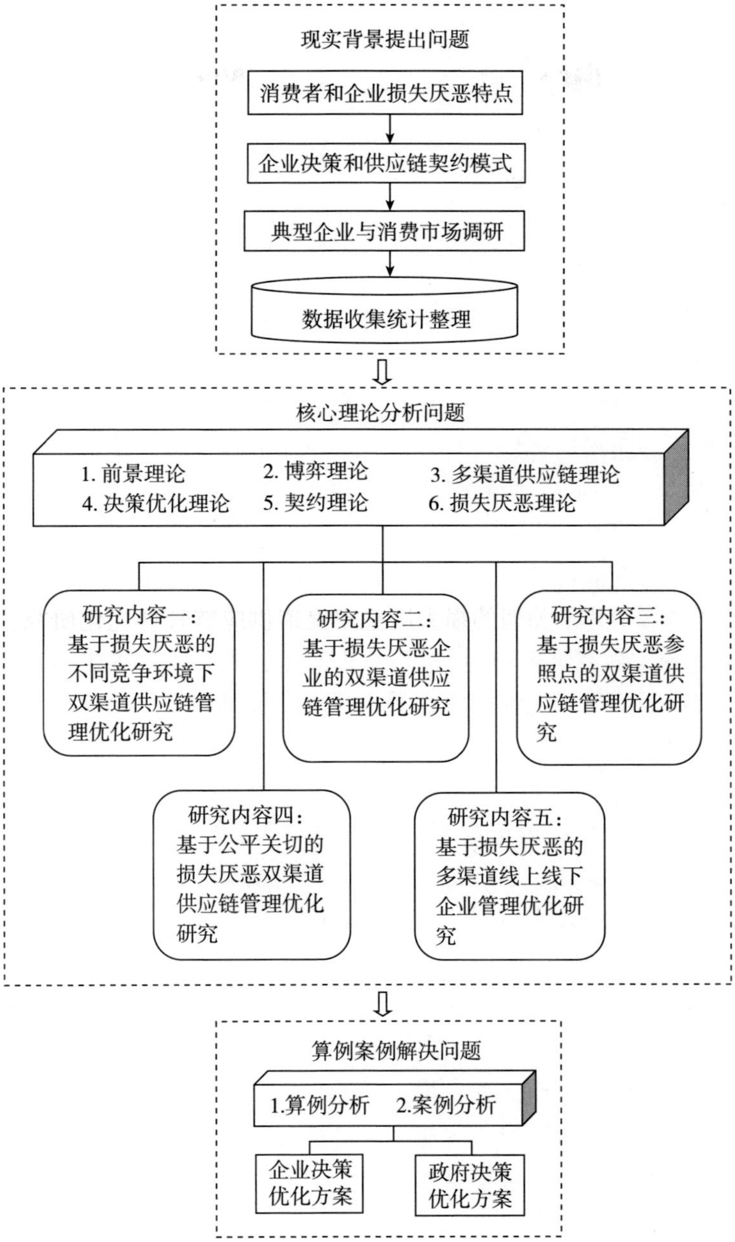

图 1.2　本书研究的技术路线

四、研究方法和研究内容

（一）研究方法

本书的主要研究方法包括：

1. 定性分析和定量分析紧密结合的研究方法

本书研究中，定量分析研究方法涉及的主要内容包括：供应链管理理论、损失厌恶理论、博弈理论、决策优化理论、契约理论等，并紧密结合定性分析研究方法，对损失厌恶多渠道供应链管理优化问题开展模型构建与系统分析。主要表现在：

（1）定性分析和供应链管理理论、损失厌恶理论紧密结合。建立损失厌恶消费者、损失厌恶企业的效用函数、市场需求函数和供应链效用函数。研究损失厌恶心理对消费者效用、市场需求量、企业定价决策策略和供应链绩效的影响。

（2）定性分析和博弈理论、决策优化理论紧密结合。建立消费者、电商平台、制造商和线下实体店之间的博弈关系模型，根据决策优化理论对博弈关系模型进行数理推导和优化求解。研究损失厌恶多渠道供应链成员企业相互之间的博弈关系，以及其最优的销售价格策略。

（3）定性分析和契约理论紧密结合。建立基于损失厌恶消费者和损失厌恶企业的多种类型契约模式，通过对比分析不同类型契约模式的差异性，总结它们各自的优势和劣势，以及它们对企业决策策略和供应链绩效产生的重要影响。

2. 算例分析和案例分析紧密结合的研究方法

（1）算例分析研究方法的主要内容。本书研究中，算例分析研究方法涉及的主要内容是通过 Mathematica 等软件对建立的损失厌恶多渠道供应链模型开展数据输入和结果输出等工作。并获得市场需求量、企业最优销售价格和多渠道供应链绩效等方面的数据及其变化规律。验证所建模型是否正确，以及企业决策策略和契约模式的科学性和合理性。

（2）案例分析研究方法的主要内容。本书研究中，案例分析研究方法涉及的主要内容是通过国内多渠道供应链系统中消费者的投诉案例，对企业在面对损失厌恶消费者时所制定的决策策略和契约模式进行分析。从市场需求、企业定价决策和企业效益等方面的变化规律进行综合比较，分析企业策略和契约模式的合理性和可实施性，以及进一步优化的可能性。

（3）算例分析和案例分析紧密结合。本书紧密结合算例分析和案例分析，将总结出的研究结论对已建立的模型进行验证，并对相关模型进行参数修正、补充和完善，提出具有一定创新性的管理策略。将具有普遍指导意义的理论成果深度融入多渠道供应链企业的管理过程之中，并对实施的效果进行判断，从而获得具有重要价值的管理模式。

（二）研究内容

按照研究内容的先后顺序，本书的整体框架结构示意图如图 1.3 所示。

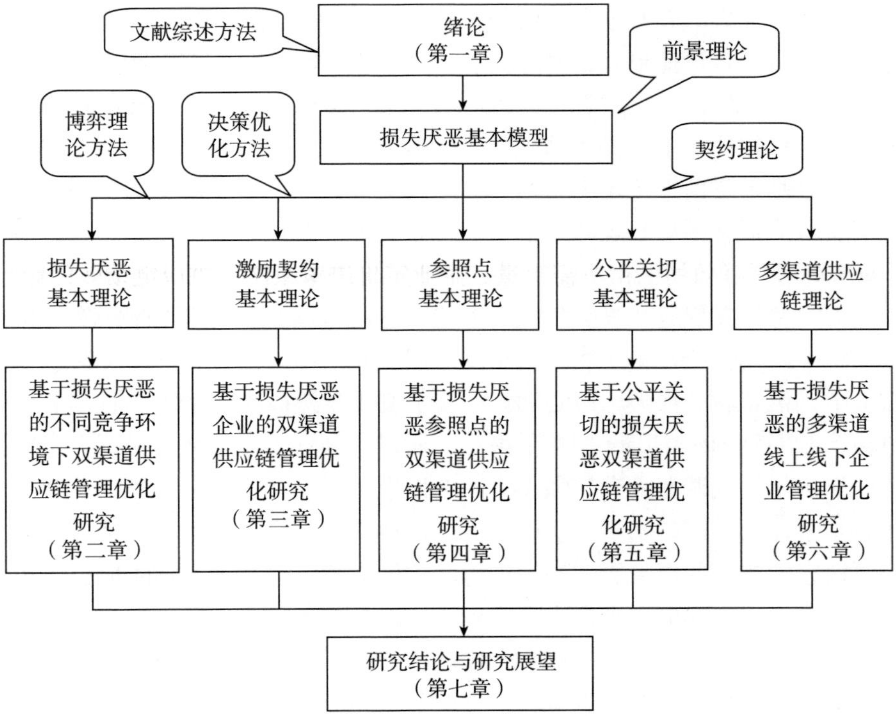

图 1.3　本书的整体框架结构示意图

由图 1.3 可知，本书共分为七章。其中第一章为绪论；第二章至第六章为本书的主要研究内容，以损失厌恶消费者和损失厌恶企业作为主要分析对象，分别从不同竞争环境、激励契约、参照点、公平关切和多渠道供应链等角度对企业决策优化与供应链契约问题开展研究；第七章为研究结论与研究展望。各章节的主要内容如下：

第一章：绪论。本章主要阐述了本书的研究背景、研究意义。同时，介绍了相关研究对象的基本理论与研究现状。并对本书的研究目标、研究思路、研究方法、研究内容、研究特色和创新之处进行了详细论述。

第二章：基于损失厌恶的不同竞争环境下双渠道供应链管理优化研究。首先，考虑制造商存在网络销售效率问题，消费者存在损失厌恶心理。在此基础上，分析了 Nash 均衡博弈、制造商主导 Stackelberg 博弈、电商平台主导 Stackelberg 博弈与供应链集中四种环境下电商平台与制造商的定价决策优化问题，主要结论如下：一是基于消费者角度。尽管制造商的网络销售效率下降不利于降低消费者网购成本，但可能促使在供应链集中下消费者通过电商平台网购的成本下降；消费者的损失厌恶心理促使网络销售价格下降，且电商平台主导 Stackelberg 博弈下的网络销售价格最大，制造商主导 Stackelberg 博弈或供应链集中下的网络销售价格最小。所以，消费者在制造商的网络销售效率较高，且在制造商与电商平台相互合作的环境中网购产品，并通过提高自己的损失厌恶心理来获取更大的收益。二是基于电商平台角度。制造商的网络销售效率下降促使电商平台收益提高；消费者的损失厌恶心理导致电商平台收益下降，且电商平台收益在制造商主导 Stackelberg 博弈下最小。所以，制造商较低的网络销售效率对电商平台是有利的，电商平台尽量规避在具有较强实力的制造商，以及损失厌恶型消费者主导的市场环境下经营。三是基于制造商角度。制造商的网络销售效率下降导致制造商收益下滑，消费者的损失厌恶心理进一步加剧了制造商收益下降，且制造商收益在电商平台主导 Stackelberg 博弈下最小。所以，制造商应当努力提高自身的网络销售效率，尽量规避在具有较强实力的电商平台，以及损失厌恶型消费者主导的市场环境下经营。四是基于供应链角度。制造商的网络销售效率下降导致供应链收益下滑，消费者的损失厌恶心理也将导致供应链收益下降，且供应链收益在供应链集中下最大，在电商平台主导 Stackelberg 博弈下最小。所以，通过提高制造商的网络销售效率，促进企业相互合作能够提升供应链收益，但电商平台具有较强的实力，以及损失厌恶型消费者主导的市场环境对供应链是不利的。其次，在双渠道供应链背景下，考虑消费者存在损失厌恶心理和参照点，在 Nash 均衡博弈、生产企业主导 Stackelberg 博弈、电商企业主导 Stackelberg 博弈与供应链集中四种环境下研究了电商企业与生产企业的网络销售价格决策优化问题。得到如下结论：一是基于电商企业角度。消费者的损失厌恶心理及其参照点均导致电商企业收益减少，且电商企业收益在生产企业主导 Stackelberg 博弈下最小。所以，电商企业应当尽量规避在消费者的损失厌恶及其参照点较高的市场环境，以及生产企业具有较强实力的行业背景下经营。二是基于生产企业角度。消费者的损失厌恶心理及其参照点均导致生产企业收益减少，且生产企业收益在电商企业主导 Stackelberg 博弈下最小。所以，生产企业应当尽量规避在消费者的损失厌恶及其参照点较高的市场环境，以及电商企业具有较强实力的行业背景下经营。三是基于供应链角度。消费者的损失厌恶心理及其参照点均导致供应链收益减少，且供应链收益在电商企业主导 Stackelberg 博弈下最小，在供应链集中下最大。所以，企业之间的相互合作能够改善供应链收益，但消费者的损失厌恶及其参照点较高的市场环境，以及电商企业具有较强实力的行业背景对供应链是不利的。四是基于消费者角度。消费者的损失厌恶心理及其参照点均导致电商企业和生产企业的网络销售价格减少，这有利于消费者降低网购成本，在消费者可以通过双渠道进行网购的背景下，生产企业主导 Stackelberg 博弈进一步减少该网购成本，但电商企业主导 Stackelberg 博弈导致该网购成本上升。所以，消费者在生产企业具有较强实力的环境中网购产品，并通过提高自己的损失厌恶心理及参照点来获得更高的收益。

第三章：基于损失厌恶企业的双渠道供应链管理优化研究。首先，考虑电商平台存在损失厌恶心理，分析了电商平台的损失厌恶心理对电商平台和制造商网络销售价格决策、双渠道供应链绩效的影响；并对电商平台制定的补偿契约和退货契约在缓解损失厌恶心理对企业和双渠道供应链绩效造成的不利影响方面进行了比较研究。得到如下主要结论：在补偿契约模型和退货契约模型下，电商平台网络销售价格、制造商网络销售价格、制造商利润均随着电商平台损失厌恶系数的增大而增大，且补偿契约模型下的电商平台网络销售价格、制造商网络销售价格、制造商利润均分别小于退货契约模型下的电商平台网络销售价格、制造商网络销售价格、制造商利润；在补偿契约模型下，电商平台效用、供应链效用均为正值，且其均随着电商平台损失厌恶系数的增大而增大，然而，在退货契约模型下，电商平台效用、供应链效用均为负值，且其均随着电商平台损失厌恶系数的增大而减小；在补偿契约模型下，随着补偿金额的增大，电商平台网络销售价格、制造商网络销售价格、电商平台效用、制造商利润、供应链效用均将增大。其次，考虑制造商存在损失厌恶心理，分析了制造商的损失厌恶心理对电商平台和制造商网络销售价格决策、双渠道供应链绩效的影响；并对制造商制定的补偿契约和退货契约进行了比较分析。得到如下主要结论：在补偿契约模型和退货契约模型下，电商平台网络销售价格、制造商网络销售价格、电商平台利润均随着制造商损失厌恶系数的增大而增大，且补偿契约模型下的电商平台网络销售价格、制造商网络销售价格、电商平台利润均分别小于退货契约模型下的电商平台网络销售价格、制造商网络销售价格、电商平台利润；在补偿契约模型下，制造商效用、供应链效用均为正值，且其均随着制造商损失厌恶系数的增大而增大，然而，在退货契约模型下，制造商效用、供应链效用均为负值，且其均随着制造商损失厌恶系数的增大而减小；在补偿契约模型下，随着补偿金额的增大，电商平台网络销售价格、制造商网络销售价格、电商平台利润、制造商效用、供应链效用均将增大。

第四章：基于损失厌恶参照点的双渠道供应链管理优化研究。首先，考虑了损失厌恶型消费者心中存在参照点，构建了消费者效用函数模型，在此基础上，建立了电商平台和制造商利润函数模型，得到电商平台和制造商的最优网络销售价格；与此同时，构建了双渠道供应链的补偿契约模型，研究了参照点对企业定价决策、市场需求、双渠道供应链绩效和补偿契约的影响。得到如下主要结论：在基本模型和补偿契约模型下，电商平台网络销售价格、制造商网络销售价格、电商平台需求量、制造商需求量、电商平台利润、制造商利润、供应链利润均随着损失厌恶参照点的增大而减小；在补偿契约模型下的电商平台网络销售价格、制造商网络销售价格、电商平台需求量、制造商需求量、电商平台利润、制造商利润、供应链利润均分别高于在基本模型下的电商平台网络销售价格、制造商网络销售价格、电商平台需求量、制造商需求量、电商平台利润、制造商利润、供应链利润；在补偿契约模型下，电商平台网络销售价格和制造商网络销售价格均随着补偿金额的增大而提高；电商平台网络销售价格不仅高于制造商网络销售价格，而且随着补偿金额的增大，电商平台网络销售价格与制造商网络销售价格的差距也越来越大；电商平台需求量和制造商需求量均随着补偿金额的增大而增大；电商平台需求量不仅小于制造商需求量，而且随着补偿金额的增大，电商平台需求量与制造商需求量的差距也越大；电商平台利润和制造商利润均随着补偿金额的增大而增大；当补偿金额小于某个临界值时，电商平台利润小于制造商利润；当补偿金额大于某个临界值时，电商平台利润大于制造商利润；在补偿契约模型下，供应链利润随着补偿金额的增大而增大，且补偿金额越大，供应链利润增加的幅度也越大。其次，考虑由制造商和损失厌恶电商平台组成的双渠道供应链，损失厌恶电商平台心中存在某个参照点，在此基础上，建立了电商平台效用函数和制造商利润函数模型，得到了电商平台和制造商的最优网络销售价格；构建了双渠道供应链的补偿契约模型和退货契约模型，研究了参照点对企业定价决策、市场需求、双渠道供应链绩效、补偿契约和退货契约的影响。得到如下主要结论：在补偿契约模型和退货契约模型下，电商平台网络销售价格、制造商网络销售价格均随着电商平台损失厌恶参照点的增大而增大；补偿契约模型下的电商平台网络销售价格、制造商网络销售价格均分别小于退货契约模型下的电商平台网络销售价格、制造商网络销售价格；在补偿契约模型下，电商平台需求量、制造商需求量均随着电商平台损失厌恶参照点的增大而减小；在退货契约模型下，电商平台需求量、制造商需求量均随着电商平台损失厌恶参照点的增大而增大；补偿契约模型下的电商平台需求量、制造商需求量均分别小于退货契约模型下的电商平台需求量、制造商需求量；当电商平台损失厌恶参照点越大时，补偿契约和退货契约下制造商需求量之间的差距也将增大；在补偿契约模型和退货契约模型下，电商平台效用、供应链效用均随着电商平台损失厌恶参照点的增大而减小；且电商平台损失厌恶参照点越大，补偿契约模型和退货契约模型下电商平台效用、供应链效用之间的差距也分别越来越大；在补偿契约模型下，电商平台效用、供应链效用是正值，在退货契约模型下，电商平台效用、供应链效用是负值；在补偿契约模型和退货契约模型下，制造商利润均随着电商平台损失厌恶参照点的增大而增大；补偿契约模型下的制造商利润小于退货契约模型下的制造商利润，且当电商平台的损失厌恶参照点越大时，补偿契约模型与退货契约模型下的制造商利润差距也越大；在补偿契约模型下，电商平台网络销售价格和制造商网络销售价格均随着补偿金额的增大而增大；制造商的需求量大于电商平台的需求量；随着补偿金额的逐渐增大，电商平台与制造商的需求量也逐渐增大，且制造商的增长幅度大于电商平台的增长幅度；电商平台效用、制造商利润、供应链效用均随着补偿金额的增大而增大；在补偿契约模型下，制造商利润大于电商平台效用，且补偿金额越大，相较于制造商而言，电商平台效用增大的幅度会更大。

第五章：基于公平关切的损失厌恶双渠道供应链管理优化研究。首先，在损失厌恶消费者主导的市场需求背景下，考虑电商平台存在公平关切心理，在基本模型和补偿契约模型下，研究公平关切心理对企业决策优化、市场需求量、双渠道供应链绩效和补偿契约产生的重要影响。得到如下主要结论：在基本模型和补偿契约模型下，电商平台网络销售价格、制造商网络销售价格均随着电商平台公平关切系数的增大而增大；且补偿契约模型下的电商平台网络销售价格、制造商网络销售价格均分别大于基本模型下的电商平台网络销售价格、制造商网络销售价格；电商平台需求量、制造商需求量均随着电商平台公平关切系数的增大而减小；补偿契约模型下的电商平台需求量、制造商需求量均分别大于基本模型下的电商平台需求量、制造商需求量；制造商利润、电商平台效用、供应链效用均随着电商平台公平关切系数的增大而减小；且补偿契约模型下的制造商利润大于基本模型下的制造商利润；补偿契约模型下的电商平台效用小于基本模型下的电商平台效用；当电商平台公平关切系数较大时，补偿契约模型和基本模型下的电商平台效用差距也增大；补偿契约模型下的供应链效用大于基本模型下的供应链效用；当电商平台公平关切系数较大时，补偿契约模型和基本模型下的供应链效用差距越小；在补偿契约模型下，电商平台的网络销售价格大于制造商的网络销售价格；电商平台和制造商的网络销售价格均随着补偿金额的增大而增大；且当补偿金额较大时，电商平台和制造商的网络销售价格差距也越大；电商平台的需求量小于制造商的需求量；且电商平台和制造商的需求量均随着补偿金额的增大而增大；电商平台效用随着补偿金额的增大而减小，制造商利润、供应链效用随着补偿金额的增大而增大。其次，在损失厌恶消费者主导的市场需求背景下，考虑制造商存在公平关切心理，在基本模型和补偿契约模型下，分析公平关切心理对企业决策优化、市场需求量、双渠道供应链绩效和补偿契约产生的重要影响。得到如下主要结论：在基本模型和补偿契约模型下，电商平台网络销售价格、制造商网络销售价格均随着制造商公平关切系数的增大而减小；且补偿契约模型下的电商平台网络销售价格、制造商网络销售价格均分别大于基本模型下的电商平台网络销售价格、制造商网络销售价格；电商平台需求量均随着制造商公平关切系数的增大而减小；补偿契约模型下的电商平台需求量大于基本模型下的电商平台需求量；制造商需求量均随着制造商公平关切系数的增大而增大；补偿契约模型下的制造商需求量大于基本模型下的制造商需求量；电商平台利润均随着制造商公平关切系数的增大而减小；制造商效用、供应链效用均随着制造商公平关切系数的增大而增大；且补偿契约模型下的电商平台利润、制造商效用、供应链效用均分别大于基本模型下的电商平台利润、制造商效用、供应链效用；在补偿契约模型下，电商平台的网络销售价格小于制造商的网络销售价格；电商平台的需求量小于制造商的需求量；电商平台和制造商的网络销售价格、电商平台和制造商的需求量、电商平台利润、制造商效用和供应链效用均随着补偿金额的增大而增大；且当补偿金额较大时，电商平台和制造商的网络销售价格差距也越大。

第六章：基于损失厌恶的多渠道线上线下企业管理优化研究。首先，将线下实体店引入多渠道供应链中，考虑消费者存在损失厌恶心理，基于前景理论，构建了消费者效用函数模型，在此基础上，建立了制造商、电商平台和线下实体店利润函数模型，得到了制造商、电商平台和线下实体店的最优销售价格；构建了损失厌恶消费者与电商平台之间的补偿契约模型；研究了损失厌恶对制造商、电商平台和线下实体店的决策优化、市场需求量、多渠道供应链绩效和补偿契约模式产生的影响。得到如下主要结论：在基本模型和补偿契约模型下，电商平台网络销售价格、制造商网络销售价格、线下实体店线下销售价格均随着损失厌恶系数的增大而降低；在补偿契约模型下的电商平台网络销售价格、制造商网络销售价格、线下实体店线下销售价格均分别高于在基本模型下的电商平台网络销售价格、制造商网络销售价格、线下实体店线下销售价格；随着损失厌恶系数的增大，电商平台需求量、线下实体店需求量、制造商需求量均将减小；在补偿契约模型下的电商平台需求量、线下实体店需求量、制造商需求量均分别高于在基本模型下的电商平台需求量、线下实体店需求量、制造商需求量；随着损失厌恶系数的增大，电商平台利润、制造商利润、线下实体店利润、供应链利润均将减小；在补偿契约模型下的电商平台利润、制造商利润、线下实体店利润、供应链利润均分别高于在基本模型下的电商平台利润、制造商利润、线下实体店利润、供应链利润；在补偿契约模型下，电商平台网络销售价格、制造商网络销售价格和线下实体店线下销售价格均随着补偿金额的增大而增大；电商平台网络销售价格不仅高于制造商网络销售价格和线下实体店线下销售价格，而且随着补偿金额的逐渐增大，电商平台网络销售价格与制造商网络销售价格和线下实体店线下销售价格的差距也越来越大，制造商网络销售价格与线下实体店线下销售价格非常接近；电商平台需求量、制造商需求量和线下实体店需求量均随着补偿金额的增大而增大；线下实体店需求量小于电商平台需求量，电商平台需求量小于制造商需求量，而且随着补偿金额的逐渐增大，线下实体店需求量、电商平台需求量与制造商需求量的差距也越来越大；电商平台利润、制造商利润和线下实体店利润均随着补偿金额的增大而增大；随着补偿金额的逐渐增大，电商平台利润递增的幅度最大，制造商利润递增的幅度次之，线下实体店利润递增的幅度最小；供应链利润随着补偿金额的增大而逐渐增大，且补偿金额越大，供应链利润增加的幅度也越大。其次，将线下实体店引入多渠道供应链中，考虑电商平台存在损失厌恶心理，构建了消费者效用函数模型和市场需求模型，建立了电商平台效用函数模型、制造商利润函数模型和线下实体店利润函数模型，得到了电商平台、制造商和线下实体店的最优销售价格；构建了消费者与损失厌恶电商平台之间的补偿契约模型和退货契约模型；研究了损失厌恶对制造商、电商平台和线下实体店决策优化、市场需求量、多渠道供应链绩效、补偿契约和退货契约模式产生的影响。得到如下主要结论：在补偿契约模型下，电商平台网络销售价格、制造商网络销售价格、线下实体店线下销售价格均随着损失厌恶系数的增大而增大；在退货契约模型下，电商平台网络销售价格、制造商网络销售价格、线下实体店线下销售价格均随着损失厌恶系数的增大而减小；在补偿契约模型下的电商平台网络销售价格、制造商网络销售价格、线下实体店线下销售价格均分别小于在退货契约模型下的电商平台网络销售价格、制造商网络销售价格、线下实体店线下销售价格；在补偿契约模型和退货契约模型下，随着损失厌恶系数的增大，电商平台需求量均将减小；在补偿契约模型下，随着损失厌恶系数的增大，线下实体店需求量、制造商需求量均将增大；在退货契约模型下，随着损失厌恶系数的增大，线下实体店需求量、制造商需求量均将减小；在补偿契约模型下的电商平台需求量、线下实体店需求量、制造商需求量均分别小于在退货契约模型下的电商平台需求量、线下实体店需求量、制造商需求量；在补偿契约模型和退货契约模型下，随着损失厌恶系数的增大，电商平台效用、供应链效用均将提高；在补偿契约模型下的电商平台效用、供应链效用均分别高于在退货契约模型下的电商平台效用、供应链效用，且退货契约模型下的电商平台效用、供应链效用均为负值；在补偿契约模型下，随着损失厌恶系数的增大，制造商利润、线下实体店利润均将增大；在退货契约模型下，随着损失厌恶系数的增大，制造商利润、线下实体店利润均将减小；在补偿契约模型下的制造商利润、线下实体店利润均分别小于在退货契约模型下的制造商利润、线下实体店利润；在补偿契约模型下，电商平台网络销售价格、制造商网络销售价格和线下实体店线下销售价格均随着补偿金额的增大而增大；电商平台网络销售价格最高，制造商网络销售价格次之，线下实体店线下销售价格最小；随着补偿金额的增大，电商平台网络销售价格与制造商网络销售价格和线下实体店线下销售价格的差距也越大；在补偿契约模型下，电商平台需求量、制造商需求量和线下实体店需求量均随着补偿金额的增大而增大；电商平台需求量小于线下实体店需求量，线下实体店需求量小于制造商需求量，随着补偿金额的增大，线下实体店需求量、电商平台需求量与制造商需求量的差距也越大；在补偿契约模型下，电商平台效用、制造商利润和线下实体店利润均随着补偿金额的增大而增大；随着补偿金额的增大，电商平台利润递增的幅度最大，制造商利润递增的幅度次之，线下实体店利润递增的幅度最小；供应链效用随着补偿金额的增大而逐渐增大，且补偿金额越大，供应链效用增加的幅度也越大；在退货契约模型下，电商平台网络销售价格、制造商网络销售价格和线下实体店线下销售价格均随着退货产品残值的增大而减小；电商平台的网络销售价格最大，制造商的网络销售价格次之，线下实体店的线下销售价格最小；随着退货产品残值的增大，电商平台的网络销售价格与制造商的网络销售价格和线下实体店的线下销售价格的差距越小；电商平台需求量、制造商需求量和线下实体店需求量均随着退货产品残值的增大而减小；线下实体店需求量小于电商平台需求量，电商平台需求量小于制造商需求量，随着退货产品残值的增大，线下实体店需求量、电商平台需求量与制造商需求量的差距越小；电商平台效用、供应链效用均随着退货产品残值的增大而增大；制造商利润和线下实体店利润均随着退货产品残值的增大而减小；电商平台效用、供应链效用均为负值，制造商和线下实体店利润均为正值。

第七章：研究结论与研究展望。首先，介绍了本书的研究背景和研究意义。其次，对“基于损失厌恶的不同竞争环境下双渠道供应链管理优化研究”“基于损失厌恶企业的双渠道供应链管理优化研究”“基于损失厌恶参照点的双渠道供应链管理优化研究”“基于公平关切的损失厌恶双渠道供应链管理优化研究”“基于损失厌恶的多渠道线上线下企业管理优化研究”等研究内容进行整理和总结，归纳得到本书的主要研究结论。最后，对未来相关领域的研究方向进行了展望。

五、研究特色和创新之处

（一）研究特色

本书的研究特色主要体现在以下两个方面：

（1）理论和实践紧密联系的研究模式。本书是在如何扩大线上线下消费潜力、如何推进损失厌恶多渠道供应链管理创新与应用的背景下，针对损失厌恶心理特征，迫切期待解决多渠道供应链管理的应用基础理论问题而筛选出的选题。同时，本书研究不仅从实践中提炼理论问题开展研究，而且将理论成果付诸多渠道供应链线上线下企业的具体实践。所以，理论和实践紧密联系的研究模式是本书的研究特色之一。

（2）学术和应用深度融合的研究成果。本书基于损失厌恶心理特征研究多渠道供应链企业决策优化和算例分析的理论方法，可以为行为供应链管理研究提供重要的理论借鉴，学术研究成果在理论层面具有普遍指导意义。同时，本书基于损失厌恶心理特点研究多渠道供应链契约和案例分析的应用结果，可以为不同类型的多渠道供应链线上线下企业提供重要的决策优化方案，应用研究成果在实践层面具有良好的发展前景。所以，学术和应用深度融合的研究成果是本书的研究特色之二。

（二）创新之处

本书的创新之处具体体现在以下两个方面：

（1）创新线上线下损失厌恶消费者效用函数。本书深入剖析线上线下消费者损失厌恶的心理特征及其变化规律，运用前景理论的核心思想，创新线上线下损失厌恶型消费者的效用函数。该效用函数不仅能够真实刻画消费者的损失厌恶心理特征，而且突破了消费者效用函数在传统研究中的构建思想。在此基础上，进一步建立了市场需求函数和企业效用函数，并对消费者的损失厌恶心理对供应链产生负面影响的问题开展研究。所以，创新线上线下损失厌恶消费者效用函数是本书的创新之一。

（2）创新损失厌恶多渠道供应链的契约模式。本书深入研究损失厌恶心理可能给多渠道供应链带来的不利影响，在决策优化理念的引导下，研究促进供应链绩效改善的激励措施。在对契约等理论研究的基础上，打破传统研究中对某个契约的参数进行分析，不仅探究基本契约模式的构建，而且对不同契约模式的优劣势进行对比，进而为损失厌恶多渠道供应链整体绩效的改善提出契约创新模式。并通过算例分析对供应链系统进行效果对比，验证契约模式的有效性。所以，创新损失厌恶多渠道供应链的契约模式是本书的创新之二。

六、本章小结

本章首先对本书的研究背景、研究意义进行了阐述，其次对本书相关的基本理论与国内外研究现状进行了文献综述，指出了未来的研究方向，然后对本书的研究目标、研究思路、研究方法与研究内容进行了归纳整理，最后，对本书的研究特色、创新之处进行了具体阐述。

接下来，本书将以“基于损失厌恶的不同竞争环境下双渠道供应链管理优化研究”“基于损失厌恶企业的双渠道供应链管理优化研究”“基于损失厌恶参照点的双渠道供应链管理优化研究”“基于公平关切的损失厌恶双渠道供应链管理优化研究”“基于损失厌恶的多渠道线上线下企业管理优化研究”为主要研究内容展开详细的模型推导与分析论证。

第二章　基于损失厌恶的不同竞争环境下双渠道供应链管理优化研究

一、引言

近年来，线上线下企业竞争环境更加严峻，以手机市场为例，2021 年以前，手机商家还是线上市场和线上市场分开竞争，但随着线下市场的竞争力不断下降，线上线下两大市场，现在都已经开始碰撞在一起。自从苹果将智能手机引入市场之后，国产手机厂商就开始不断涌现。OPPO 和 vivo 品牌主打线下旗舰店，通过不断增加线下门店拓宽市场，随之而来的就是成本增加，这导致手机价格水涨船高。然而，线上手机市场就没有线下市场遇到的这些问题了，在各大手机厂商都在追赶苹果的时候，主营线上市场的小米就成了第一个对苹果完成弯道超车的厂商，小米的全球市场份额已经超越苹果，成为全球第二大手机厂商。

时代变迁促使企业更加关注网络销售市场，而企业竞争也变得异常激烈，消费者的消费心理也随之发生变化，对于消费者而言，损失厌恶心理是普遍存在的，如消费者在网购过程中，对于产品的性价比非常关注，如果产品质量、功能和性能等指标没有达到消费者期待的水平，那么消费者可能会对该企业提供的产品失去信心，从而导致今后不会再购买该产品。无论是企业还是消费者，产品质量等属性是消费市场的核心要素，它们决定了消费者是否会选择购买该产品，更决定了企业的收益和发展前景。所以，在以损失厌恶型消费者为主导的市场环境下，企业应当充分了解和掌握消费者的消费行为规律，在销售价格等决策方面进行调整和优化，缓解消费者的损失厌恶心理可能对企业和双渠道供应链造成的负面影响。因此，在激烈的竞争环境下，面对损失厌恶型消费者，供应链企业的管理优化研究具有较重要的研究价值。本章以此作为研究的出发点，在 Nash 均衡博弈、制造商主导 Stackelberg 博弈、电商平台主导 Stackelberg 博弈与供应链集中等环境下，分析损失厌恶、网络销售效率、参照点等因素对企业定价决策和双渠道供应链绩效的影响。

二、损失厌恶与网络销售效率对不同竞争环境下双渠道供应链的影响

进入21世纪，电子商务与制造业的发展日新月异。国内外众多杰出的电商平台，如淘宝、亚马逊等，已经成为引领大众网络消费的主要渠道。随着电商平台获得越来越多的市场份额，很多优秀的制造商们也不甘示弱，如海尔、联想等，这些企业在传统批发零售渠道的基础上，纷纷将眼光投向网络销售渠道。显而易见，制造商的涌入对电商平台造成了不小的冲击，但与电商平台相比较，制造商在网络销售效率方面仍然存在短板。与此同时，电商平台与制造商的竞争环境也变得更加复杂，市场的瞬息万变导致企业的主导地位交替更迭。当然，这种双渠道供应链模式为消费者提供了更多的选择机会，消费者对产品的性价比也更加期待。然而，现实并不总是令人满意，消费者在网购过程中经常会遭受各类损失，很多消费者对于损失往往又存在厌恶心理。例如，若消费者在电商平台购买了伪劣产品，往往会在网上发表差评，要求商家退货索赔，甚至向工商管理部门进行投诉等。面对错综复杂的竞争环境、制造商的网络销售效率以及消费者的损失厌恶心理，这些综合因素会对电商平台和制造商的决策产生什么影响？供应链的整体绩效将会发生怎样的变化？所以不同竞争环境下网络销售效率与损失厌恶对双渠道供应链的影响研究具有重要的研究价值。

（一）基本模型

考虑双渠道供应链由一个电商平台和一个制造商组成。电商平台（如京东）通过互联网进行销售，并根据市场需求情况向消费者制定定价决策。制造商（如格力集团）存在两种销售渠道：一是根据电商平台的订单为其提供产品；二是通过自身的网络销售渠道进行销售。制造商根据两种销售渠道的需求情况向消费者制定定价决策。消费者在网购产品过程中存在损失厌恶心理，该心理对于网络销售市场产生重要影响。如图2.1所示。

为了研究方便，提出以下三种假设：

H2.1：假定电商平台以其利润最大化为目标，其网络销售价格为p_e，从制造商采购产品的批发价格为w，网络销售成本为c，且$p_e-w-c>0$。

H2.2：假定制造商以其利润最大化为目标，其网络销售价格为p_m，生产成本为j，网络销售成本为kc，其中，k表示制造商相对于电商平台的网络销售效率，

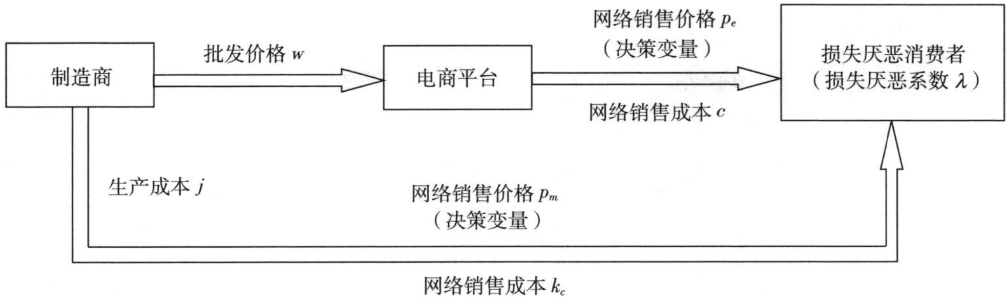

图 2.1　双渠道供应链与损失厌恶消费者关系示意图

如果 $k=1$，则代表制造商的网络销售效率与电商平台的网络销售效率一致，k 越大，表明相对于电商平台而言，制造商的网络销售效率越低，反之，制造商的网络销售效率越高，且 $p_m-j-kc>0$，$w-j>0$，通常情况下，制造商批发产品获得的单位收益大于其网络销售产品获得的单位收益，即 $w-j>p_m-j-kc$。

H2.3：假定消费者在网络购物过程中无法对产品的价值进行准确估计，这使得消费者可能遭受损失，且消费者存在损失厌恶心理，其损失厌恶系数为 λ（$\lambda>1$）。

根据 H2.3，假设消费者评估网购产品的价值为 v，该值服从密度函数为 $g(v)$，分布函数为 $G(v)$ 的某个分布。如果评估价值 v 小于网络销售价格 p_e，p_m，那么消费者存在损失，反之，消费者获得收益。基于此，根据前景理论的核心思想，可以得到通过电商平台、制造商网络销售渠道进行网购的损失厌恶消费者效用函数分别为：

$$U(\lambda, p_e, v)=\begin{cases}\lambda(v-p_e), & v<p_e \\ v-p_e, & v\geqslant p_e\end{cases} \tag{2.1}$$

$$U(\lambda, p_m, v)=\begin{cases}\lambda(v-p_m), & v<p_m \\ v-p_m, & v\geqslant p_m\end{cases} \tag{2.2}$$

由式（2.1）和式（2.2）可以得到损失厌恶消费者的期望效用函数分别为：

$$\overline{U(\lambda, p_e, v)}=\bar{v}_e+(\lambda-1)\int_{-\infty}^{p_e} vg(v)dv-p_e[1+(\lambda-1)G(p_e)] \tag{2.3}$$

$$\overline{U(\lambda, p_m, v)}=\bar{v}_m+(\lambda-1)\int_{-\infty}^{p_m} vg(v)dv-p_m[1+(\lambda-1)G(p_m)] \tag{2.4}$$

其中，$\bar{v}_e$ 和 $\bar{v}_m$ 分别表示消费者评估电商平台、制造商网络销售产品价值的平均值。

市场需求不仅与消费者的期望效用函数有关，而且还与竞争企业的网络销售价格有关，令电商平台与制造商的需求函数分别为：

$$q_e=\mu a+\beta p_m+\gamma\overline{U(\lambda,\ p_e,\ v)} \tag{2.5}$$

$$q_m=(1-\mu)a+\beta p_e+\gamma\overline{U(\lambda,\ p_m,\ v)}+q_e \tag{2.6}$$

其中，$a(a>0)$表示基本需求，$\mu(0<\mu<1)$表示基本需求的电商平台份额，$\beta(\beta>0)$表示竞争企业的价格弹性系数，$\gamma(\gamma>0)$表示消费者期望效用的弹性系数，且$\gamma>\beta$，这是因为相较于其他渠道的销售价格而言，本渠道的需求量受到本渠道销售价格的影响更大。

根据 H2.1 和 H2.2，可以得到电商平台和制造商的利润函数分别为：

$$\pi_e=(p_e-w-c)q_e \tag{2.7}$$

$$\pi_m=(p_m-j-kc)[(1-\mu)a+\beta p_e+\gamma\overline{U(\lambda,\ p_m,\ v)}]+(w-j)q_e \tag{2.8}$$

其中，π_e 表示电商平台利润；π_m 表示制造商利润。

供应链的利润函数为：

$$\begin{aligned}\pi_s&=\pi_e+\pi_m\\&=(p_m-j-kc)[(1-\mu)a+\beta p_e+\gamma\overline{U(\lambda,\ p_m,\ v)}]+(p_e-j-c)q_e\end{aligned} \tag{2.9}$$

为了阐述方便，本书对以下符号进行特别说明：上标 nd、$sd1$、$sd2$、cd 分别代表 Nash 均衡博弈、制造商主导 Stackelberg 博弈、电商平台主导 Stackelberg 博弈与供应链集中。

（二）不同竞争环境下的决策优化模型

1. Nash 均衡博弈下的决策优化模型

在企业相互之间的博弈过程中，电商平台与制造商具有同等地位的网络销售主导权，它们进行 Nash 均衡博弈，在此环境下，电商平台与制造商同时开展网络销售价格决策。下面分别推导电商平台与制造商的最优定价模型。

首先，将式（2.7）对 p_e 分别求一阶导数和二阶导数，可以得到：

$$\frac{\partial\pi_e}{\partial p_e}=a\mu+(c+w)\gamma+\beta p_m+\gamma(\overline{U(\lambda,\ p_e,\ v)}-(\lambda-1)(p_e-w-c)G(p_e)-p_e) \tag{2.10}$$

$$\frac{\partial^2\pi_e}{\partial p_e^2}=-\gamma[2+2(\lambda-1)G(p_e)+(\lambda-1)(p_e-w-c)g(p_e)] \tag{2.11}$$

因为$\gamma>0$，$\lambda>1$，$p_e>w+c$，$g(p_e)>0$，$G(p_e)>0$，所以，由式（2.11）可得$\frac{\partial^2\pi_e}{\partial p_e^2}<0$，令$\frac{\partial\pi_e}{\partial p_e}=0$，可以得到 Nash 均衡博弈下电商平台的最优网络销售价格 p_e^{nd} 满足公式：

$$a\mu+(c+w)\gamma+\beta p_m+\gamma(\overline{U(\lambda,\ p_e^{nd},\ v)}-(\lambda-1)(p_e^{nd}-w-c)G(p_e^{nd})-p_e^{nd})=0 \tag{2.12}$$

其次，将式（2.8）对 p_m 分别求一阶导数和二阶导数，可以得到：

$$\frac{\partial \pi_m}{\partial p_m}=(1-\mu)a+(j+kc)\gamma+(p_e+w-j)\beta+\gamma(\overline{U(\lambda,\ p_m,\ v)}-(\lambda-1)(p_m-j-kc)G(p_m)-p_m) \tag{2.13}$$

$$\frac{\partial^2 \pi_m}{\partial p_m^2}=-\gamma[2+2(\lambda-1)G(p_m)+(\lambda-1)(p_m-j-kc)g(p_m)] \tag{2.14}$$

因为 $\gamma>0$，$\lambda>1$，$p_m>j+kc$，$g(p_m)>0$，$G(p_m)>0$，所以，由式（2.14）可得 $\frac{\partial^2 \pi_m}{\partial p_m^2}<0$，令 $\frac{\partial \pi_m}{\partial p_m}=0$，可以得到 Nash 均衡博弈下制造商的最优网络销售价格 p_m^{nd} 满足公式：

$$(1-\mu)a+(j+kc)\gamma+(p_e+w-j)\beta+\gamma(\overline{U(\lambda,\ p_m^{nd},\ v)}-(\lambda-1)(p_m^{nd}-j-kc)G(p_m^{nd})-p_m^{nd})=0 \tag{2.15}$$

将式（2.12）与式（2.15）联立求解，可以得到 Nash 均衡博弈下电商平台的最优网络销售价格 p_e^{nd} 和制造商的最优网络销售价格 p_m^{nd}。

2. 制造商主导 Stackelberg 博弈下的决策优化模型

在企业相互之间的博弈过程中，制造商在网络销售方面具有更强的主导权，而电商平台则处于劣势，它们进行 Stackelberg 博弈，在此环境下，制造商首先提出自己的网络销售价格，其次电商平台观察到制造商的网络销售价格之后制定自己的最优网络销售价格。下面运用逆向归纳方法进行求解。

首先，将式（2.7）对 p_e 分别求一阶导数和二阶导数，可以得到：

$$\frac{\partial \pi_e}{\partial p_e}=a\mu+(w+c)\gamma+\beta p_m+\gamma(\overline{U(\lambda,\ p_e,\ v)}-(\lambda-1)(p_e-w-c)G(p_e)-p_e) \tag{2.16}$$

$$\frac{\partial^2 \pi_e}{\partial p_e^2}=-\gamma[2+2(\lambda-1)G(p_e)+(\lambda-1)(p_e-w-c)g(p_e)] \tag{2.17}$$

因为 $\gamma>0$，$\lambda>1$，$p_e>w+c$，$g(p_e)>0$，$G(p_e)>0$，所以，由式（2.17）可得 $\frac{\partial^2 \pi_e}{\partial p_e^2}<0$，令 $\frac{\partial \pi_e}{\partial p_e}=0$，解得电商平台的最优网络销售价格 p_e^{sd1} 满足公式：

$$a\mu+(w+c)\gamma+\beta p_m+\gamma(\overline{U(\lambda,\ p_e^{sd1},\ v)}-(\lambda-1)(p_e^{sd1}-w-c)G(p_e^{sd1})-p_e^{sd1})=0 \tag{2.18}$$

其次，将 p_e^{sd1} 代入式（2.8），将其对 p_m 求一阶导数，令其等于 0，可以得到制造商主导 Stackelberg 博弈下制造商的最优网络销售价格 p_m^{sd1} 满足公式：

$$(1-\mu)a+(j+kc)\gamma+(p_e^{sd1}+w-j)\beta+\gamma(\overline{U(\lambda,\ p_m^{sd1},\ v)}-(\lambda-1)(p_m^{sd1}-j-kc)G(p_m^{sd1})-$$

$$p_m^{sd1})+(\beta(p_m^{sd1}-j-kc)-\gamma(w-j)(1+(\lambda-1)G(p_e^{sd1})))\frac{\partial p_e^{sd1}}{\partial p_m}=0 \tag{2.19}$$

将 p_m^{sd1} 代入式（2.18）求解，可以得到制造商主导 Stackelberg 博弈下电商平台的最优网络销售价格 p_e^{sd1}。

3. 电商平台主导 Stackelberg 博弈下的决策优化模型

在企业相互之间的博弈过程中，电商平台在网络销售方面具有更强的主导权，制造商则处于劣势，它们进行 Stackelberg 博弈，在此环境下，电商平台首先提出自身的最优网络销售价格，制造商在观察到电商平台的网络销售价格之后制定自己的最优网络销售价格。接下来运用逆向归纳方法进行求解。

首先，将式（2.8）对 p_m 分别求一阶导数和二阶导数，可以得到：

$$\frac{\partial \pi_m}{\partial p_m}=(1-\mu)a+(j+kc)\gamma+(p_e+w-j)\beta+\gamma(\overline{U(\lambda,\ p_m,\ v)}-(\lambda-1)(p_m-j-kc)G(p_m)-p_m) \tag{2.20}$$

$$\frac{\partial^2 \pi_m}{\partial p_m^2}=-\gamma[2+2(\lambda-1)G(p_m)+(\lambda-1)(p_m-j-kc)g(p_m)] \tag{2.21}$$

因为 $\gamma>0$，$\lambda>1$，$p_m>j+kc$，$g(p_m)>0$，$G(p_m)>0$，所以，由式(2.21)可得 $\frac{\partial^2 \pi_m}{\partial p_m^2}<0$，令 $\frac{\partial \pi_m}{\partial p_m}=0$，得到制造商的最优网络销售价格 p_m^{sd2} 满足公式：

$$(1-\mu)a+(j+kc)\gamma+(p_e+w-j)\beta+\gamma(\overline{U(\lambda,\ p_m^{sd2},\ v)}-(\lambda-1)(p_m^{sd2}-j-kc)G(p_m^{sd2})-p_m^{sd2})=0 \tag{2.22}$$

其次，将 p_m^{sd2} 代入式（2.7），将其对 p_e 求一阶导数，令其等于 0，可以得到电商平台主导 Stackelberg 博弈下电商平台的最优网络销售价格 p_e^{sd2} 满足公式：

$$a\mu+(w+c)\gamma+\beta p_m^{sd2}+\gamma(\overline{U(\lambda,\ p_e^{sd2},\ v)}-(\lambda-1)(p_e^{sd2}-w-c)G(p_e^{sd2})-p_e^{sd2})+\beta(p_e^{sd2}-w-c)\frac{\partial p_m^{sd2}}{\partial p_e}=0 \tag{2.23}$$

将 p_e^{sd2} 代入式（2.22）求解，可以得到电商平台主导 Stackelberg 博弈下制造商的最优网络销售价格 p_m^{sd2}。

4. 供应链集中下的决策优化模型

在供应链集中下，电商平台与制造商均以供应链的整体利润最大化作为最终的决策目标。

首先，将式（2.9）对 p_e 分别求一阶导数和二阶导数，可以得到：

$$\frac{\partial \pi_s}{\partial p_e}=a\mu+(j+c)\gamma+(2p_m-j-kc)\beta+\gamma(\overline{U(\lambda,\ p_e,\ v)}-(\lambda-1)(p_e-j-c)G(p_e)-p_e) \tag{2.24}$$

$$\frac{\partial^2 \pi_s}{\partial p_e^2}=-\gamma[2+2(\lambda-1)G(p_e)+(\lambda-1)(p_e-j-c)g(p_e)] \tag{2.25}$$

其次，将其对 p_m 分别求一阶导数和二阶导数，可以得到：

$$\frac{\partial \pi_s}{\partial p_m}=(1-\mu)a+(j+kc)\gamma+(2p_e-j-c)\beta+\gamma(\overline{U(\lambda,\ p_m,\ v)}-(\lambda-1)(p_m-j-kc)G(p_m)-p_m) \tag{2.26}$$

$$\frac{\partial^2 \pi_s}{\partial p_m^2}=-\gamma[2+2(\lambda-1)G(p_m)+(\lambda-1)(p_m-j-kc)g(p_m)] \tag{2.27}$$

然后，将其对 p_e、p_m 求二阶偏导数，可以得到：

$$\frac{\partial^2 \pi_s}{\partial p_e\partial p_m}=2\beta \tag{2.28}$$

因为 $\gamma>0$，$\lambda>1$，$p_e>j+c$，$g(p_e)>0$，$G(p_e)>0$，所以，由式（2.25）可知π_s关于$(p_e,\ p_m)$的海塞矩阵一阶主子式$\frac{\partial^2 \pi_s}{\partial p_e^2}<0$，且二阶主子式 $H=\frac{\partial^2 \pi_s}{\partial p_e^2}\frac{\partial^2 \pi_s}{\partial p_m^2}-\frac{\partial^2 \pi_s}{\partial p_e\partial p_m}\frac{\partial^2 \pi_s}{\partial p_m\partial p_e}=\gamma^2[2+2(\lambda-1)G(p_e)+(\lambda-1)(p_e-j-c)g(p_e)]\cdot[2+2(\lambda-1)G(p_m)+(\lambda-1)(p_m-j-kc)g(p_m)]-4\beta^2$，因为 $\gamma>\beta>0$，$\lambda>1$，$p_e>j+c$，$g(p_e)>0$，$G(p_e)>0$，$p_m>j+kc$，$g(p_m)>0$，$G(p_m)>0$，所以，容易得到 $H>0$，因此π_s是关于$(p_e,\ p_m)$可微的联合凹函数。令$\frac{\partial \pi_s}{\partial p_e}=0$，$\frac{\partial \pi_s}{\partial p_m}=0$，可以得到：

$$a\mu+(j+c)\gamma+(2p_m-j-kc)\beta+\gamma(\overline{U(\lambda,\ p_e^{cd},\ v)}-(\lambda-1)(p_e^{cd}-j-c)G(p_e^{cd})-p_e^{cd})=0 \tag{2.29}$$

$$(1-\mu)a+(j+kc)\gamma+(2p_e-j-c)\beta+\gamma(\overline{U(\lambda,\ p_m^{cd},\ v)}-(\lambda-1)(p_m^{cd}-j-kc)G(p_m^{cd})-p_m^{cd})=0 \tag{2.30}$$

将式（2.29）与式（2.30）联立方程求解，可以得到供应链集中下电商平台的最优网络销售价格 p_e^{cd} 和制造商的最优网络销售价格 p_m^{cd}。

5. 不同竞争环境下的决策优化模型分析

根据以上四种不同竞争环境下的供应链企业最优网络销售价格决策优化模型，下面通过对比的方式进行模型分析，可以得到命题 2.1 与命题 2.2。

命题 2.1：在四种不同竞争环境下，若电商平台网络销售价格 p_e 相同，则制造商的最优网络销售价格存在 $p_m^{cd}>p_m^{nd}=p_m^{sd2}>p_m^{sd1}$ 的关系。

证明：在电商平台的网络销售价格相同的条件下，令电商平台制定统一的网络销售价格为 p_e^*，则可以将式（2.15）、式（2.19）、式（2.22）与式（2.30）的 p_m^{nd}、p_m^{sd1}、p_m^{sd2}、p_m^{cd} 分别代替为下列公式：

$$(1-\mu)a+(j+kc)\gamma+(p_e^*+w-j)\beta+\gamma(\overline{U(\lambda,\ p_m^{nd},\ v)}-(\lambda-1)(p_m^{nd}-j-kc)G(p_m^{nd})-p_m^{nd})=0 \tag{2.31}$$

$$(1-\mu)a+(j+kc)\gamma+(p_e^*+w-j)\beta+\gamma(\overline{U(\lambda,\ p_m^{sd1},\ v)}-(\lambda-1)(p_m^{sd1}-j-kc)G(p_m^{sd1})-p_m^{sd1})+(\beta(p_m^{sd1}-j-kc)-\gamma(w-j)(1+(\lambda-1)G(p_e^*)))\frac{\partial p_e^*}{\partial p_m}=0 \tag{2.32}$$

$$(1-\mu)a+(j+kc)\gamma+(p_e^*+w-j)\beta+\gamma(\overline{U(\lambda,\ p_m^{sd2},\ v)}-(\lambda-1)(p_m^{sd2}-j-kc)G(p_m^{sd2})-p_m^{sd2})=0 \tag{2.33}$$

$$(1-\mu)a+(j+kc)\gamma+(2p_e^*-j-c)\beta+\gamma(\overline{U(\lambda,\ p_m^{cd},\ v)}-(\lambda-1)(p_m^{cd}-j-kc)G(p_m^{cd})-p_m^{cd})=0 \tag{2.34}$$

首先，将式（2.31）与式（2.33）进行比较，可以得到 $p_m^{nd}=p_m^{sd2}$，即在电商平台的网络销售价格相同时，Nash 均衡博弈与电商平台主导 Stackelberg 博弈下制造商的最优网络销售价格相等。

其次，将式（2.33）与式（2.34）进行比较，为了方便讨论，令式（2.33）与式（2.34）分别等于 R_1 和 R_2。通过反证法证明，假设 $p_m^{sd2}=p_m^{cd}$，由于 $p_e^*-c>w$，容易得到 $R_2>R_1$，若 $R_1=0$（也就是 p_m^{sd2} 满足式（2.33）），则 $R_2>0$，由于 $\partial R_2/\partial p_m^{cd}=-\gamma[2+2(\lambda-1)G(p_m^{cd})+(\lambda-1)(p_m^{cd}-j-kc)g(p_m^{cd})]<0$，所以，若要满足 $R_2=0$（也就是 p_m^{cd} 满足式（2.34）），则 p_m^{cd} 数值需要增大。因此，若要满足式（2.33）与式（2.34）同时成立，则必须满足 $p_m^{cd}>p_m^{sd2}$。

最后，将式（2.32）和式（2.33）进行比较，为了方便讨论，令式（2.32）等于 R_0。通过反证法证明，假设 $p_m^{sd1}=p_m^{sd2}$，将式（2.18）对 p_e 关于 p_m 求导，运用隐函数求导可以得到：$\dfrac{\partial p_e^*}{\partial p_m}=\dfrac{\beta}{\gamma(2+2(\lambda-1)G(p_e^*)+(\lambda-1)(p_e^*-w-c)g(p_e^*))}>0$

由于 $\gamma>\beta>0$，$w-j>p_m^{sd1}-j-kc>0$，$(\lambda-1)G(p_e^*)>0$，通过比较可以发现 $R_1>R_0$，若 $R_0=0$，则 $R_1>0$，由于 $\partial R_1/\partial p_m^{sd1}=-\gamma[2+2(\lambda-1)G(p_m^{sd1})+(\lambda-1)(p_m^{sd1}-j-kc)g(p_m^{sd1})]<0$，则如果要满足 $R_1=0$，那么 p_m^{sd2} 的数值将会增大。因此，若要满足式（2.32）与式（2.33）同时成立，则必须满足条件：$p_m^{sd2}>p_m^{sd1}$。

综上所述，在四种不同竞争环境下，如果 p_e 相等，则制造商的最优网络销售价格存在 $p_m^{cd}>p_m^{nd}=p_m^{sd2}>p_m^{sd1}$ 的关系，证毕。

命题 2.2：在四种不同竞争环境下，若制造商的网络销售价格 p_m 相同，则电商平台的最优网络销售价格存在 $p_e^{sd2}>p_e^{nd}=p_e^{sd1}>p_e^{cd}$ 的关系。

证明：在制造商的网络销售价格相同的条件下，可以令制造商制定统一的网络销售价格为 p_m^*，则由式（2.12）、式（2.18）、式（2.23）与式（2.29）可以得到 p_e^{nd}、p_e^{sd1}、p_e^{sd2}、p_e^{cd} 分别满足下列公式：

$$a\mu+(w+c)\gamma+\beta p_m^*+\gamma(\overline{U(\lambda,\ p_e^{nd},\ v)}-(\lambda-1)(p_e^{nd}-w-c)G(p_e^{nd})-p_e^{nd})=0 \tag{2.35}$$

$$a\mu+(w+c)\gamma+\beta p_m^*+\gamma(\overline{U(\lambda,\ p_e^{sd1},\ v)}-(\lambda-1)(p_e^{sd1}-w-c)G(p_e^{sd1})-p_e^{sd1})=0 \tag{2.36}$$

$$a\mu+(w+c)\gamma+\beta p_m^*+\gamma(\overline{U(\lambda,\ p_e^{sd2},\ v)}-(\lambda-1)(p_e^{sd2}-w-c)G(p_e^{sd2})-p_e^{sd2})+ \beta(p_e^{sd2}-w-c)\frac{\partial p_m^*}{\partial p_e}=0 \tag{2.37}$$

$$a\mu+(j+c)\gamma+(2p_m^*-j-kc)\beta+\gamma(\overline{U(\lambda,\ p_e^{cd},\ v)}-(\lambda-1)(p_e^{cd}-j-c)G(p_e^{cd})-p_e^{cd})=0 \tag{2.38}$$

首先，将式（2.35）与式（2.36）进行比较，可以得到 $p_e^{nd}=p_e^{sd1}$。也就是在制造商的网络销售价格相同时，Nash 均衡博弈与制造商主导 Stackelberg 博弈下电商平台的最优网络销售价格相等。

其次，将式（2.36）与式（2.38）进行比较，为了方便讨论，令式（2.36）与式（2.38）分别用 Z_1 和 Z_2 替代。通过反证法证明，假设 $p_e^{sd1}=p_e^{cd}$，由于 $w-j>p_m^*-j-kc>0$，$\gamma>\beta>0$，因此，$(w-j)\ \gamma>(p_m^*-j-kc)\ \beta$，又因为 $w>j$，所以，通过比较可以发现 $Z_1>Z_2$，若 $Z_1=0$（也就是 p_e^{sd1} 满足式（2.36）），则 $Z_2<0$，由于 $\partial Z_2/\partial p_e^{cd}=-\gamma[2+2(\lambda-1)G(p_e^{cd})+(\lambda-1)(p_e^{cd}-c-j)g(p_e^{cd})]<0$，所以，若要满足 $Z_2=0$（也就是 p_e^{cd} 满足式（2.38）），则 p_e^{cd} 的数值需要减少。因此，若要满足式（2.36）与式（2.38）同时成立，则必须满足 $p_e^{sd1}>p_e^{cd}$。

最后，将式（2.36）与式（2.37）进行比较，为了方便讨论，令式（2.37）用 Z_0 替代。通过反证法证明，假设 $p_e^{sd1}=p_e^{sd2}$，将式（2.22）对 p_m 关于 p_e 求导，运用隐函数求导可以得到 $\frac{\partial p_m^*}{\partial p_e}=\frac{\beta}{\gamma(2+2(\lambda-1)G(p_m^*)+(\lambda-1)(p_m^*-j-kc)g(p_m^*))}>0$，由于 $\beta>0$，$p_e^{sd2}-w-c>0$，通过比较可以发现 $Z_0>Z_1$，若 $Z_0=0$（也就是 p_e^{sd2} 满足式（2.37）），

则 $Z_1<0$，由于 $\partial Z_1/\partial p_e^{sd1}=-\gamma[2+2(\lambda-1)G(p_e^{sd1})+(\lambda-1)(p_e^{sd1}-c-w)g(p_e^{sd1})]<0$，所以，若要满足 $Z_1=0$（也就是 p_e^{sd1} 满足式（2.36）），则 p_e^{sd1} 的数值需要减少。因此，若要满足式（2.36）与式（2.37）同时成立，则必须满足 $p_e^{sd2}>p_e^{sd1}$。

综上所述，在四种不同竞争环境下，若 p_m 相同，则电商平台的最优网络销售价格存在 $p_e^{sd2}>p_e^{nd}=p_e^{sd1}>p_e^{cd}$ 的关系，证毕。

鉴于相关优化模型比较复杂，接下来通过算例分析进一步研究制造商的网络销售效率以及消费者的损失厌恶心理对企业决策优化与供应链收益的影响。

（三）算例分析

假设某双渠道供应链满足上述情形，令 v 服从均匀分布［1，30］，$w=8$，$j=2$，$c=1$，$\alpha=10$，$\gamma=5$，$\beta=1$，$\mu=0.5$，①取 $\lambda=2$，分析制造商的网络销售效率 k 对企业定价与收益的影响，优化结果如表 2.1 所示；②取 $k=8$，分析消费者的损失厌恶系数 λ 对企业定价与收益的影响，优化结果如表 2.2 所示。

表 2.1　k 对企业定价与收益的影响

变量	k	5	6	7	8	9	10	11
Nash 均衡博弈	p_e^{nd}	12.2152	12.2482	12.2813	12.3147	12.3482	12.3819	12.4157
	p_m^{nd}	11.7120	12.1879	12.6670	13.1493	13.6347	14.1232	14.6146
	π_e^{nd}	71.6761	73.2140	74.7781	76.3687	77.9857	79.6294	81.2999
	π_m^{nd}	257.510	231.638	209.017	189.708	173.773	161.275	152.277
	π_s^{nd}	329.186	304.852	283.796	266.077	251.759	240.905	233.577
制造商主导 Stackelberg 博弈	p_e^{sd1}	12.2028	12.2357	12.2688	12.302	12.3354	12.3691	12.4028
	p_m^{sd1}	11.5334	12.0077	12.4853	12.9662	13.4502	13.9373	14.4275
	π_e^{sd1}	71.1028	72.6298	74.1831	75.7628	77.3690	79.0020	80.6618
	π_m^{sd1}	257.738	231.872	209.256	189.952	174.022	161.529	152.535
	π_s^{sd1}	328.841	304.502	283.439	265.715	251.391	240.531	233.197
电商平台主导 Stackelberg 博弈	p_e^{sd2}	12.2307	12.2637	12.2970	12.3304	12.3639	12.3977	12.4316
	p_m^{sd2}	11.7131	12.1890	12.6681	13.1504	13.6358	14.1242	14.6157
	π_e^{sd2}	71.6778	73.2157	74.7799	76.3705	77.9875	79.6312	81.3017
	π_m^{sd2}	256.937	231.055	208.423	189.103	173.158	160.649	151.640
	π_s^{sd2}	328.615	304.271	283.203	265.474	251.145	240.280	232.941
供应链集中	p_e^{cd}	9.70708	9.70337	9.70013	9.69734	9.69501	9.69312	9.69167
	p_m^{cd}	11.5876	12.0614	12.5384	13.0187	13.5022	13.9888	14.4786
	π_s^{cd}	374.568	351.585	331.89	315.544	302.608	293.146	287.219

根据表 2.1，从企业定价的角度，在 Nash 均衡博弈、制造商主导 Stackelberg 博弈与电商平台主导 Stackelberg 博弈三种环境下，随着 k 的逐渐增大，电商平台与制造商的网络销售价格均呈现上升趋势，且均在电商平台主导 Stackelberg 博弈下最大，均在制造商主导 Stackelberg 博弈下最小。这表明电商平台与制造商将通过提高网络销售价格来应对制造商网络销售效率的下降，这直接导致消费者的网购成本增大，且电商平台主导 Stackelberg 博弈进一步加大了该成本，而制造商主导 Stackelberg 博弈可以减少该成本。在供应链集中环境下，随着 k 的逐渐增大，电商平台与制造商的网络销售价格分别呈现下降和上升的趋势。从企业收益的角度，在 Nash 均衡博弈、制造商主导 Stackelberg 博弈与电商平台主导 Stackelberg 博弈三种环境下，随着 k 的逐渐增大，电商平台收益与制造商收益分别呈现上升与下降的趋势；而在这四种环境下，随着 k 的逐渐增大，供应链收益均呈现下降趋势，且在供应链集中下的供应链收益最大，在电商平台主导 Stackelberg 博弈下的供应链收益最小。这表明制造商的网络销售效率下降给制造商和供应链带来了负面影响，但有利于电商平台，且电商平台主导 Stackelberg 博弈最不利于供应链绩效，而企业通过相互之间的合作能够促使供应链绩效改善。

表 2.2　λ 对企业定价与收益的影响

变量	λ	1. 2	1. 4	1. 6	1. 8	2. 0	2. 2	2. 4
Nash 均衡博弈	p_e^{nd}	13. 7308	13. 2860	12. 9130	12. 5933	12. 3147	12. 0685	11. 8487
	p_m^{nd}	14. 6797	14. 1962	13. 7929	13. 4485	13. 1493	12. 8858	12. 6510
	π_e^{nd}	121. 730	107. 412	95. 4271	85. 2069	76. 3687	68. 6413	61. 8254
	π_m^{nd}	246. 136	229. 257	214. 533	201. 464	189. 708	179. 020	169. 216
	π_s^{nd}	367. 866	336. 670	309. 960	286. 671	266. 077	247. 661	231. 042
制造商主导 Stackelberg 博弈	p_e^{sd1}	13. 7098	13. 2679	12. 8972	12. 5793	12. 302	12. 0570	11. 8381
	p_m^{sd1}	14. 4477	13. 9801	13. 5897	13. 2561	12. 9662	12. 7106	12. 4828
	π_e^{sd1}	120. 634	106. 488	94. 6337	84. 5170	75. 7628	68. 1047	61. 3471
	π_m^{sd1}	246. 430	229. 536	214. 798	201. 718	189. 952	179. 255	169. 444
	π_s^{sd1}	367. 064	336. 023	309. 432	286. 235	265. 715	247. 360	230. 791
电商平台主导 Stackelberg 博弈	p_e^{sd2}	13. 7701	13. 3159	12. 9366	12. 6124	12. 3304	12. 0816	11. 8598
	p_m^{sd2}	14. 6832	14. 1987	13. 7947	13. 4499	13. 1504	12. 8866	12. 6517
	π_e^{sd2}	121. 738	107. 418	95. 4306	85. 2093	76. 3705	68. 6426	61. 8264
	π_m^{sd2}	245. 040	228. 333	213. 740	200. 775	189. 103	178. 484	168. 739
	π_s^{sd2}	366. 778	335. 751	309. 171	285. 984	265. 474	247. 127	230. 566

续表

变量	λ	1.2	1.4	1.6	1.8	2.0	2.2	2.4
供应链集中	p_e^{cd}	11.2115	10.7304	10.3313	9.99176	9.69734	9.43822	9.20743
	p_m^{cd}	14.6520	14.1280	13.6968	13.3326	13.0187	12.7441	12.5009
	π_s^{cd}	402.876	375.704	352.701	332.873	315.544	300.232	286.583

根据表2.2，从企业定价的角度，在Nash均衡博弈、制造商主导Stackelberg博弈、电商平台主导Stackelberg博弈和供应链集中四种环境下，随着λ的逐渐增加，电商平台和制造商的网络销售价格均呈现下降趋势。且电商平台网络销售价格在电商平台主导Stackelberg博弈下最大，在供应链集中下最小；制造商网络销售价格也是在电商平台主导Stackelberg博弈下最大，但在制造商主导Stackelberg博弈下最小。这表明消费者在双渠道网购产品的过程中，其损失厌恶心理将导致企业网络销售价格下降，在电商平台主导Stackelberg博弈下，消费者的网购成本最大，在制造商主导Stackelberg博弈或供应链集中下，消费者的网购成本最小。从企业收益的角度，在这四种环境下，随着λ的逐渐增加，企业与供应链的收益均呈现下降趋势；电商平台的收益在电商平台主导Stackelberg博弈下最大，在制造商主导Stackelberg博弈下最小；制造商的收益在制造商主导Stackelberg博弈下最大，在电商平台主导Stackelberg博弈下最小；且在供应链集中下供应链的收益最大，在电商平台主导Stackelberg博弈下供应链的收益最小。这表明消费者在双渠道网购产品的过程中，其损失厌恶心理对企业与供应链均带来负面影响，企业收益在自身企业主导Stackelberg博弈下最大，在对方企业主导Stackelberg博弈下最小，电商平台主导Stackelberg博弈给供应链收益进一步造成了不利影响，而企业之间的相互合作能够缓解此不利影响。

综上所述，本节研究了电商平台与制造商开展网络销售的双渠道供应链，考虑制造商存在网络销售效率问题，消费者存在损失厌恶心理。在此基础上，分析了Nash均衡博弈、制造商主导Stackelberg博弈、电商平台主导Stackelberg博弈与供应链集中四种环境下电商平台与制造商的定价决策优化问题，主要结论如下：

（1）从消费者的角度。尽管制造商的网络销售效率下降不利于消费者降低网购成本，但可能促使在供应链集中下消费者通过电商平台网购的成本下降；消费者的损失厌恶心理促使网络销售价格下降，且电商平台主导Stackelberg博弈下的网络销售价格最大，制造商主导Stackelberg博弈或供应链集中下的网络销售价格最小。所以，消费者在制造商的网络销售效率较高，且制造商与电商平台相互合作的环境中网购产品，并通过提高自己的损失厌恶心理来获取更大的收益。

（2）从电商平台的角度。制造商的网络销售效率下降促使电商平台收益提高；消费者的损失厌恶心理导致电商平台收益下降，且电商平台收益在制造商主导 Stackelberg 博弈下最小。所以，制造商较低的网络销售效率对电商平台是有利的，电商平台尽量规避在具有较强实力的制造商，以及损失厌恶型消费者主导的市场环境下经营。

（3）从制造商的角度。制造商的网络销售效率下降导致制造商收益下滑，消费者的损失厌恶心理进一步加剧了制造商收益下降，且制造商收益在电商平台主导 Stackelberg 博弈下最小。所以，制造商应当努力提高自身的网络销售效率，尽量规避在具有较强实力的电商平台，以及损失厌恶型消费者主导的市场环境下经营。

（4）从供应链的角度。制造商的网络销售效率下降导致供应链收益下滑，消费者的损失厌恶心理也将导致供应链收益下降，且供应链收益在供应链集中下最大，在电商平台主导 Stackelberg 博弈下最小。所以，通过提高制造商的网络销售效率，促进企业相互合作能够提升供应链收益，但电商平台具有较强的实力，以及损失厌恶型消费者主导的市场环境对供应链是不利的。

针对网络销售效率和损失厌恶心理的双渠道供应链网络定价决策优化问题，本节提出了具有一定参考价值的结论。但是只考虑了消费者存在损失厌恶心理，没有考虑企业也可能存在损失厌恶心理，以及网络订货决策的优化问题，这些是值得研究的方向。

三、损失厌恶和参照点对不同竞争环境下双渠道供应链的影响

随着互联网的飞速发展与科技的进步，电商企业和生产企业的融合发展与深度合作更加紧密。网络消费已经成为普通大众的主要消费渠道，巨大的网络消费潜力促进了各大电商企业的加速成长，如天猫、京东等。随着市场竞争的加剧，网络市场不再是电商企业独有的市场，不少知名的生产企业也纷纷加入网络销售大军，如格力、奥克斯等。这些生产企业在传统批发销售渠道的基础上，逐渐扩大对网络销售渠道的投入。这无疑给电商企业带来很大的压力，企业相互之间的竞争环境也日趋复杂，市场经济的浪潮促使企业的市场地位日新月异。与此同时，这种双渠道供应链也为消费者的网络购物带来了更多选择，消费者对于产品价值的期待也更加多元。但是，现实的网购经历并不总是尽如人意，消费者在网购过程中频繁遭受各种损失，不少消费者面对损失往往表现出厌恶心理。例如，

不少消费者可能都有网购假货或劣质产品的遭遇，这导致相应的网络平台经常出现差评，要求平台退货和索赔，甚至也有消费者到法院进行申诉等。通常情况下，消费者的心中往往存在某个参照点，并以该参照点作为评价产品价值的标准，从而获得网购产品的真实体验。而针对不同的消费者，其参照点可能存在较大差异。面对不同的竞争环境、损失厌恶心理及其参照点等综合因素的影响，电商企业和生产企业的决策会发生怎样的变化？双渠道供应链的绩效将会受到什么影响？所以损失厌恶和参照点对不同竞争环境下双渠道供应链的影响研究具有重要的研究价值。

（一）基本模型

考虑某个双渠道供应链由一个电商企业和一个生产企业构成。电商企业（如苏宁易购）通过互联网平台为消费者提供产品，并根据市场消费状况采取相应的网络定价决策。生产企业（如美的电器）拥有两条不同的销售渠道：一是根据电商企业的订货为其提供相应的产品；二是通过自身企业的网络销售渠道开展网上销售。生产企业依据两条不同渠道的销售状况采取相应的网络定价决策。在网购产品过程中，消费者依据某个参照点评估自身可能遭受的损失，且对该损失存在厌恶心态，从而对整个网络销售市场产生特殊影响。如图 2.2 所示。

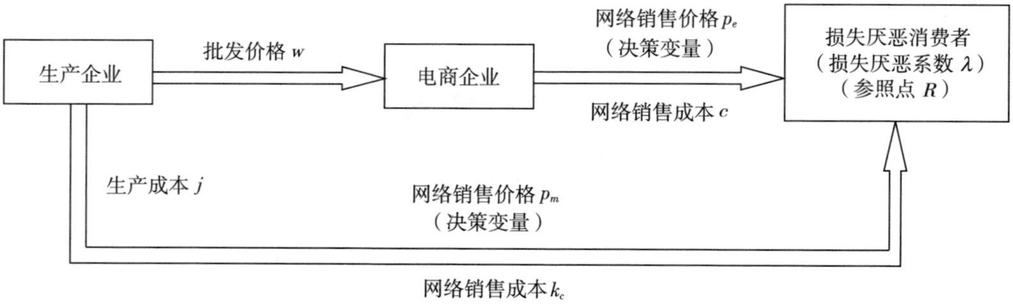

图 2.2 双渠道供应链与损失厌恶消费者关系示意图

为了便于讨论，本书提出如下三种假设：

H2.4：假定电商企业完全理性，其从生产企业订购产品的批发价格为 w，网络销售价格为 p_e，销售成本为 c，且满足 $p_e>w+c$。

H2.5：假定生产企业完全理性，其生产成本为 j，网络销售价格为 p_m，销售成本为 kc，其中，k 是指生产企业相对于电商企业的网络销售效率，k 越小，表明生产企业的网络销售效率越高，反之，其网络销售效率越低；且满足 $w>j$，

$p_m>j+kc$；一般情形下，生产企业通过传统批发得到的收益大于其网络销售得到的收益，即 $w-j>p_m-j-kc$。

H2.6：假定消费者不完全理性，其依据心中的某个参照点 R（$R>0$）对网购产品的价值进行评估，若遭受损失，则消费者对损失存在厌恶心理，其损失厌恶系数为 λ（$\lambda>1$）。

根据 H2.6，假定消费者在网购过程中以参照点 R 为基准评估其网购产品的价值为 v，且 v 服从某个分布，其密度函数为 g（v），分布函数为 G（v）。若 v 大于 p_e+R 或 p_m+R，则消费者得到收益，反之，消费者产生损失。基于前景理论，得到在电商企业网络销售渠道、生产企业网络销售渠道进行网购的损失厌恶消费者效用函数分别为：

$$U(\lambda,\ p_e,\ v)=\begin{cases}\lambda(v-p_e-R), & v<p_e+R\\ v-p_e-R, & v\geqslant p_e+R\end{cases} \tag{2.39}$$

$$U(\lambda,\ p_m,\ v)=\begin{cases}\lambda(v-p_m-R), & v<p_m+R\\ v-p_m-R, & v\geqslant p_m+R\end{cases} \tag{2.40}$$

根据式（2.39）、式（2.40），容易得到损失厌恶消费者的期望效用函数分别为：

$$\overline{U(\lambda,\ p_e,\ v)}=\bar{v}_e+(\lambda-1)\int_{-\infty}^{p_e+R} vg(v)dv-(p_e+R)[1+(\lambda-1)G(p_e+R)] \tag{2.41}$$

$$\overline{U(\lambda,\ p_m,\ v)}=\bar{v}_m+(\lambda-1)\int_{-\infty}^{p_m+R} vg(v)dv-(p_m+R)[1+(\lambda-1)G(p_m+R)] \tag{2.42}$$

其中，$\bar{v}_e$、$\bar{v}_m$ 分别表示消费者评估电商企业网络销售产品价值的平均值、消费者评估生产企业网络销售产品价值的平均值。

在现实的网购市场中，本渠道的市场需求与本渠道消费者的期望效用，以及竞争企业的网络销售价格存在紧密联系，可得电商企业和生产企业的需求函数分别为：

$$q_e=\mu a+\beta p_m+\gamma\overline{U(\lambda,\ p_e,\ v)} \tag{2.43}$$

$$q_m=(1-\mu)a+\beta p_e+\gamma\overline{U(\lambda,\ p_m,\ v)}+q_e \tag{2.44}$$

其中，a（$a>0$）表示市场的基本需求，μ（$0<\mu<1$）表示电商企业的基本需求比例，β（$\beta>0$）表示竞争企业的价格弹性系数，γ（$\gamma>0$）表示消费者期望效用的弹性系数；由于与其他渠道的销售价格相比较，本渠道的市场需求受到本渠道销售价格的影响会更大，所以 $\gamma>\beta$。

根据 H2.4 和 H2.5，容易得到电商企业和生产企业的利润函数分别为：

$$\pi_e = (p_e - w - c)q_e \tag{2.45}$$

$$\pi_m = (p_m - j - kc)[(1-\mu)a + \beta p_e + \gamma\overline{U(\lambda, p_m, v)}] + (w-j)q_e \tag{2.46}$$

其中，π_e 表示电商企业的利润；π_m 表示生产企业的利润。

供应链的利润函数为：

$$\begin{aligned}\pi_s &= \pi_e + \pi_m \\ &= (p_m - j - kc)[(1-\mu)a + \beta p_e + \gamma\overline{U(\lambda, p_m, v)}] + (p_e - j - c)q_e\end{aligned} \tag{2.47}$$

为了后续表述方便，本书对以下四种竞争环境进行符号说明：Nash 均衡博弈、生产企业主导 Stackelberg 博弈、电商企业主导 Stackelberg 博弈与供应链集中分别用上标 nd、$sd1$、$sd2$、cd 表示。

（二）不同竞争环境下的决策优化模型

1. Nash 均衡博弈下的决策优化模型

在网络销售博弈过程中，电商企业与生产企业具有同等地位的主导权，它们之间进行 Nash 均衡博弈，在此环境下，电商企业与生产企业同时进行价格决策。下面分别对电商企业与生产企业的最优定价模型进行推导。

首先，将式（2.45）对 p_e 求一阶导数和二阶导数，分别得到：

$$\frac{\partial \pi_e}{\partial p_e} = a\mu + (w+c-R)\gamma + \beta p_m + \gamma(\overline{U(\lambda, p_e, v)} - (\lambda-1)(p_e - w - c)G(p_e+R) - p_e + R) \tag{2.48}$$

$$\frac{\partial^2 \pi_e}{\partial p_e^2} = -\gamma[2 + 2(\lambda-1)G(p_e+R) + (\lambda-1)(p_e-w-c)g(p_e+R)] \tag{2.49}$$

因为 $\gamma>0$，$\lambda>1$，$p_e>w+c$，$G(p_e+R)>0$，$g(p_e+R)>0$，所以 $\frac{\partial^2 \pi_e}{\partial p_e^2}<0$，令 $\frac{\partial \pi_e}{\partial p_e}=0$，得到电商企业在 Nash 均衡博弈下的最优网络销售价格 p_e^{nd} 满足：

$$a\mu + (w+c-R)\gamma + \beta p_m + \gamma(\overline{U(\lambda, p_e^{nd}, v)} - (\lambda-1)(p_e^{nd} - w - c)G(p_e^{nd}+R) - p_e^{nd} + R) = 0 \tag{2.50}$$

其次，将式（2.46）对 p_m 求一阶导数和二阶导数，分别得到：

$$\begin{aligned}\frac{\partial \pi_m}{\partial p_m} = &(1-\mu)a + (j+kc-R)\gamma + (p_e+w-j)\beta + \gamma(\overline{U(\lambda, p_m, v)} - \\ &(\lambda-1)(p_m-j-kc)G(p_m+R) - p_m + R)\end{aligned} \tag{2.51}$$

$$\frac{\partial^2 \pi_m}{\partial p_m^2} = -\gamma[2 + 2(\lambda-1)G(p_m+R) + (\lambda-1)(p_m-j-kc)g(p_m+R)] \tag{2.52}$$

因为 $\gamma>0$，$\lambda>1$，$p_m>j+kc$，$G(p_m+R)>0$，$g(p_m+R)>0$，所以 $\frac{\partial^2 \pi_m}{\partial p_m^2}<0$，令 $\frac{\partial \pi_m}{\partial p_m}=0$，得到生产企业在 Nash 均衡博弈下的最优网络销售价格 p_m^{nd} 满足：

$$(1-\mu)a+(j+kc-R)\gamma+(p_e+w-j)\beta+\gamma(\overline{U(\lambda, p_m^{nd}, v)}-$$
$$(\lambda-1)(p_m^{nd}-j-kc)G(p_m^{nd}+R)-p_m^{nd}+R)=0 \tag{2.53}$$

将式（2.50）、式（2.53）联立方程求解，得到电商企业在 Nash 均衡博弈下的最优网络销售价格 p_e^{nd} 和生产企业在 Nash 均衡博弈下的最优网络销售价格 p_m^{nd}。

2. 生产企业主导 Stackelberg 博弈下的决策优化模型

在网络销售博弈过程中，生产企业的主导权优势更加明显，电商企业处于劣势地位，它们之间进行 Stackelberg 博弈，在此环境下，首先生产企业提出自己的网络销售价格，其次电商企业观察到生产企业的网络销售价格之后制定自己的最优网络销售价格。接下来通过逆向归纳方法进行求解。

首先，将式（2.45）对 p_e 求一阶导数和二阶导数，分别得到：

$$\frac{\partial \pi_e}{\partial p_e}=a\mu+(w+c-R)\gamma+\beta p_m+\gamma(\overline{U(\lambda, p_e, v)}-(\lambda-1)(p_e-w-c)G(p_e+R)-p_e+R) \tag{2.54}$$

$$\frac{\partial^2 \pi_e}{\partial p_e^2}=-\gamma[2+2(\lambda-1)G(p_e+R)+(\lambda-1)(p_e-w-c)g(p_e+R)] \tag{2.55}$$

因为 $\gamma>0$，$\lambda>1$，$p_e>w+c$，$G(p_e+R)>0$，$g(p_e+R)>0$，所以 $\frac{\partial^2 \pi_e}{\partial p_e^2}<0$，令 $\frac{\partial \pi_e}{\partial p_e}=0$，得到电商企业的最优网络销售价格 p_e^{sd1} 满足公式：

$$a\mu+(w+c-R)\gamma+\beta p_m+\gamma(\overline{U(\lambda, p_e^{sd1}, v)}-(\lambda-1)(p_e^{sd1}-w-c)G(p_e^{sd1}+R)-$$
$$p_e^{sd1}+R)=0 \tag{2.56}$$

其次，将 p_e^{sd1} 代入式（2.46），将其对 p_m 求一阶导数，令其等于 0，得到生产企业在生产企业主导 Stackelberg 博弈下的最优网络销售价格 p_m^{sd1} 满足：

$$(1-\mu)a+(j+kc-R)\gamma+(p_e^{sd1}+w-j)\beta+\gamma(\overline{U(\lambda, p_m^{sd1}, v)}-(\lambda-1)(p_m^{sd1}-j-kc)$$
$$G(p_m^{sd1}+R)-p_m^{sd1}+R)+(\beta(p_m^{sd1}-j-kc)-\gamma(w-j)(1+(\lambda-1)G(p_e^{sd1}+R)))\frac{\partial p_e^{sd1}}{\partial p_m}=0 \tag{2.57}$$

将 p_m^{sd1} 代入式（2.56），求解得到电商企业在生产企业主导 Stackelberg 博弈下的最优网络销售价格 p_e^{sd1}。

3. 电商企业主导 Stackelberg 博弈下的决策优化模型

在网络销售博弈过程中，电商企业的主导权优势更加明显，生产企业处于劣势地位，它们之间进行 Stackelberg 博弈，在此环境下，首先电商企业提出自己的网络销售价格，其次生产企业观察到电商企业的网络销售价格之后制定自己的最优网络销售价格。接下来通过逆向归纳方法进行求解。

首先，将式（2.46）对 p_m 求一阶导数和二阶导数，分别得到：

$$\frac{\partial \pi_m}{\partial p_m}=(1-\mu)a+(j+kc-R)\gamma+(p_e+w-j)\beta+\gamma(\overline{U(\lambda,\ p_m,\ v)}-(\lambda-1)(p_m-j-kc)G(p_m+R)-p_m+R) \tag{2.58}$$

$$\frac{\partial^2 \pi_m}{\partial p_m^2}=-\gamma(2+2(\lambda-1)G(p_m+R)+(\lambda-1)(p_m-j-kc)g(p_m+R)) \tag{2.59}$$

因为 $\gamma>0$，$\lambda>1$，$p_m>j+kc$，G（p_m+R）>0，g（p_m+R）>0，所以$\frac{\partial^2 \pi_m}{\partial p_m^2}<0$，令$\frac{\partial \pi_m}{\partial p_m}=0$，得到生产企业的最优网络销售价格 p_m^{sd2} 满足：

$$(1-\mu)a+(j+kc-R)\gamma+(p_e+w-j)\beta+\gamma(\overline{U(\lambda,\ p_m^{sd2},\ v)}-(\lambda-1)(p_m^{sd2}-j-kc)G(p_m^{sd2}+R)-p_m^{sd2}+R)=0 \tag{2.60}$$

其次，将 p_m^{sd2} 代入式（2.45），将其对 p_e 求一阶导数，令其等于 0，得到电商企业在电商企业主导 Stackelberg 博弈下的最优网络销售价格 p_e^{sd2} 满足：

$$a\mu+(w+c-R)\gamma+\beta p_m^{sd2}+\gamma(\overline{U(\lambda,\ p_e^{sd2},\ v)}-(\lambda-1)(p_e^{sd2}-w-c)G(p_e^{sd2}+R)-p_e^{sd2}+R)+\beta(p_e^{sd2}-w-c)\frac{\partial p_m^{sd2}}{\partial p_e}=0 \tag{2.61}$$

将 p_e^{sd2} 代入式（2.60），求解得到生产企业在电商企业主导 Stackelberg 博弈下的最优网络销售价格 p_m^{sd2}。

4. 供应链集中下的决策优化模型

在供应链集中下，电商企业与生产企业相互合作，它们均以供应链的整体利润最大化作为自己的决策目标。

首先，将式（2.47）对 p_e 求一阶导数和二阶导数，分别得到：

$$\frac{\partial \pi_s}{\partial p_e}=a\mu+(j+c-R)\gamma+(2p_m-j-kc)\beta+\gamma(\overline{U(\lambda,\ p_e,\ v)}-(\lambda-1)(p_e-j-c)G(p_e+R)-p_e+R) \tag{2.62}$$

$$\frac{\partial^2 \pi_s}{\partial p_e^2}=-\gamma[2+2(\lambda-1)G(p_e+R)+(\lambda-1)(p_e-j-c)g(p_e+R)] \tag{2.63}$$

其次，将其对 p_m 求一阶导数和二阶导数，分别得到：

$$\frac{\partial \pi_s}{\partial p_m}=(1-\mu)a+(j+kc-R)\gamma+(2p_e-j-c)\beta+\gamma(\overline{U(\lambda, p_m, v)}-(\lambda-1)(p_m-j-kc)G(p_m+R)-p_m+R) \tag{2.64}$$

$$\frac{\partial^2 \pi_s}{\partial p_m^2}=-\gamma[2+2(\lambda-1)G(p_m+R)+(\lambda-1)(p_m-j-kc)g(p_m+R)] \tag{2.65}$$

最后，将其对 p_e、p_m 求二阶偏导数，得到：

$$\frac{\partial^2 \pi_s}{\partial p_e \partial p_m}=2\beta \tag{2.66}$$

因为 $\gamma>0$，$\lambda>1$，$p_e>j+c$，$G(p_e+R)>0$，$g(p_e+R)>0$，所以，由式（2.63）可得 π_s 关于 (p_e, p_m) 的海塞矩阵一阶主子式 $\frac{\partial^2 \pi_s}{\partial p_e^2}<0$，且二阶主子式

$H=\frac{\partial^2 \pi_s}{\partial p_e^2}\frac{\partial^2 \pi_s}{\partial p_m^2}-\frac{\partial^2 \pi_s}{\partial p_e\partial p_m}\frac{\partial^2 \pi_s}{\partial p_m\partial p_e}=\gamma^2[2+2(\lambda-1)G(p_e+R)+(\lambda-1)(p_e-j-c)g(p_e+R)]\cdot[2+2(\lambda-1)G(p_m+R)+(\lambda-1)(p_m-j-kc)g(p_m+R)]-4\beta^2$，因为 $\gamma>\beta>0$，$\lambda>1$，$p_e>j+c$，$G(p_e+R)>0$，$g(p_e+R)>0$，$p_m>j+kc$，$G(p_m+R)>0$，$g(p_m+R)>0$，所以，容易得到 $H>0$，因此 π_s 是关于 (p_e, p_m) 可微的联合凹函数。令 $\frac{\partial \pi_s}{\partial p_e}=0$，$\frac{\partial \pi_s}{\partial p_m}=0$，分别得到：

$$a\mu+(j+c-R)\gamma+(2p_m-j-kc)\beta+\gamma(\overline{U(\lambda, p_e^{cd}, v)}-(\lambda-1)(p_e^{cd}-j-c)G(p_e^{cd}+R)-p_e^{cd}+R)=0 \tag{2.67}$$

$$(1-\mu)a+(j+kc-R)\gamma+(2p_e-j-c)\beta+\gamma(\overline{U(\lambda, p_m^{cd}, v)}-(\lambda-1)(p_m^{cd}-j-kc)G(p_m^{cd}+R)-p_m^{cd}+R)=0 \tag{2.68}$$

将式（2.67）、式（2.68）联立方程求解，得到电商企业在供应链集中下的最优网络销售价格 p_e^{cd} 和生产企业在供应链集中下的最优网络销售价格 p_m^{cd}。

5. 不同竞争环境下的决策优化模型分析

通过在上述四种不同竞争环境下得到了电商企业与生产企业的定价决策优化模型，下面对模型进行比较分析，得到命题 2.3 和命题 2.4。

命题 2.3：在四种不同竞争环境下，若电商企业网络销售价格 p_e 相同，则生

产企业的最优网络销售价格存在 $p_m^{cd}>p_m^{nd}=p_m^{sd2}>p_m^{sd1}$ 的关系。

证明：在电商企业的网络销售价格相同的条件下，可以令电商企业制定统一的网络销售价格为 p_e^*，并将式（2.53）、式（2.57）、式（2.60）、式（2.68）的 p_m^{nd}、p_m^{sd1}、p_m^{sd2}、p_m^{cd} 分别代替为下列公式：

$$(1-\mu)a+(j+kc-R)\gamma+(p_e^*+w-j)\beta+\gamma(\overline{U(\lambda,\ p_m^{nd},\ v)}-(\lambda-1)(p_m^{nd}-j-kc)G(p_m^{nd}+R)-p_m^{nd}+R)=0 \tag{2.69}$$

$$(1-\mu)a+(j+kc-R)\gamma+(p_e^*+w-j)\beta+\gamma(\overline{U(\lambda,\ p_m^{sd1},\ v)}-(\lambda-1)(p_m^{sd1}-j-kc)G(p_m^{sd1}+R)-p_m^{sd1}+R)+(\beta(p_m^{sd1}-j-kc)-\gamma(w-j)(1+(\lambda-1)G(p_e^*+R)))\frac{\partial p_e^*}{\partial p_m}=0 \tag{2.70}$$

$$(1-\mu)a+(j+kc-R)\gamma+(p_e^*+w-j)\beta+\gamma(\overline{U(\lambda,\ p_m^{sd2},\ v)}-(\lambda-1)(p_m^{sd2}-j-kc)G(p_m^{sd2}+R)-p_m^{sd2}+R)=0 \tag{2.71}$$

$$(1-\mu)a+(j+kc-R)\gamma+(2p_e^*-j-c)\beta+\gamma(\overline{U(\lambda,\ p_m^{cd},\ v)}-(\lambda-1)(p_m^{cd}-j-kc)G(p_m^{cd}+R)-p_m^{cd}+R)=0 \tag{2.72}$$

首先，将式（2.69）、式（2.71）进行比较，容易得到 $p_m^{nd}=p_m^{sd2}$，即在电商企业网络销售价格相同的条件下，生产企业在 Nash 均衡博弈与电商企业主导 Stackelberg 博弈下的最优网络销售价格相等。

其次，将式（2.71）、式（2.72）进行比较，为了讨论方便，令式（2.71）、式（2.72）分别等于 M_1 和 M_2。通过反证法证明，若 $p_m^{sd2}=p_m^{cd}$，由于 $p_e^*-c>w$，容易得到 $M_2>M_1$，令 $M_1=0$（也就是 p_m^{sd2} 满足式（2.71）），则 $M_2>0$，由于 $\partial M_2/\partial p_m^{cd}=-\gamma[2+2(\lambda-1)G(p_m^{cd}+R)+(\lambda-1)(p_m^{cd}-j-kc)g(p_m^{cd}+R)]<0$，所以，若要满足 $M_2=0$（也就是 p_m^{cd} 满足式（2.72）），则 p_m^{cd} 数值需要增加。因此，若要满足式（2.71）、式（2.72）同时成立，则需要满足 $p_m^{cd}>p_m^{sd2}$。

最后，将式（2.70）、式（2.71）进行比较，令式（2.70）等于 M_0。通过反证法证明，若 $p_m^{sd1}=p_m^{sd2}$，将式（2.56）对 p_e 关于 p_m 求导，运用隐函数求导可以得到：

$$\frac{\partial p_e^*}{\partial p_m}=\frac{\beta}{\gamma(2+2(\lambda-1)G(p_e^*+R)+(\lambda-1)(p_e^*-w-c)g(p_e^*+R))}>0$$ 由于 $\gamma>\beta>0$，$w-j>p_m^{sd1}-j-kc>0$，$(\lambda-1)G(p_e^*+R)>0$，容易得到 $M_1>M_0$，若 $M_0=0$（也就是 p_m^{sd1} 满足式（2.70）），则 $M_1>0$，由于 $\partial M_1/\partial p_m^{sd2}=-\gamma[2+2(\lambda-1)G(p_m^{sd2}+R)+(\lambda-1)(p_m^{sd2}-j-kc)g(p_m^{sd2}+R)]<0$，所以，若要满足 $M_1=0$（也就是 p_m^{sd2} 满足式（2.71）），则 p_m^{sd2} 数值需要增加。因此，若要满足式（2.70）、式（2.71）同时

成立，则需要满足 $p_m^{sd2}>p_m^{sd1}$。

综上所述，在四种不同竞争环境下，如果 p_e 相等，则生产企业的最优网络销售价格满足 $p_m^{cd}>p_m^{nd}=p_m^{sd2}>p_m^{sd1}$ 的关系，证毕。

命题 2.4：在四种不同竞争环境下，若生产企业的网络销售价格 p_m 相同，则电商企业的最优网络销售价格存在 $p_e^{sd2}>p_e^{nd}=p_e^{sd1}>p_e^{cd}$ 的关系。

证明：在生产企业的网络销售价格相同的条件下，可以令生产企业制定统一的网络销售价格为 p_m^*，则由式（2.50）、式（2.56）、式（2.61）、式（2.67）分别得到 p_e^{nd}、p_e^{sd1}、p_e^{sd2}、p_e^{cd} 满足下列公式：

$$a\mu+(w+c-R)\gamma+\beta p_m^*+\gamma(\overline{U(\lambda,\ p_e^{nd},\ v)}-(\lambda-1)(p_e^{nd}-w-c)G(p_e^{nd}+R)-p_e^{nd}+R)=0 \tag{2.73}$$

$$a\mu+(w+c-R)\gamma+\beta p_m^*+\gamma(\overline{U(\lambda,\ p_e^{sd1},\ v)}-(\lambda-1)(p_e^{sd1}-w-c)G(p_e^{sd1}+R)-p_e^{sd1}+R)=0 \tag{2.74}$$

$$a\mu+(w+c-R)\gamma+\beta p_m^*+\gamma(\overline{U(\lambda,\ p_e^{sd2},\ v)}-(\lambda-1)(p_e^{sd2}-w-c)G(p_e^{sd2}+R)-p_e^{sd2}+R)+\beta(p_e^{sd2}-w-c)\frac{\partial p_m^*}{\partial p_e}=0 \tag{2.75}$$

$$a\mu+(j+c-R)\gamma+(2p_m^*-j-kc)\beta+\gamma(\overline{U(\lambda,\ p_e^{cd},\ v)}-(\lambda-1)(p_e^{cd}-j-c)G(p_e^{cd}+R)-p_e^{cd}+R)=0 \tag{2.76}$$

首先，将式（2.73）、式（2.74）进行比较，容易得到 $p_e^{nd}=p_e^{sd1}$。也就是在生产企业网络销售价格相同的条件下，电商企业在 Nash 均衡博弈与生产企业主导 Stackelberg 博弈下的最优网络销售价格相等。

其次，将式（2.74）、式（2.76）进行比较，为了讨论方便，将式（2.74）、式（2.76）分别用 Z_1 和 Z_2 替代。通过反证法证明，令 $p_e^{sd1}=p_e^{cd}$，由于 $w-j>p_m^*-j-kc>0$，$\gamma>\beta>0$，因此，$(w-j)\gamma>\beta(p_m^*-j-kc)$，又因为 $w>j$，所以，通过比较容易发现 $Z_1>Z_2$，若 $Z_1=0$（也就是 p_e^{sd1} 满足式（2.74）），则 $Z_2<0$，由于 $\partial Z_2/\partial p_e^{cd}=-\gamma[2+2(\lambda-1)G(p_e^{cd}+R)+(\lambda-1)(p_e^{cd}-c-j)g(p_e^{cd}+R)]<0$，所以，若要满足 $Z_2=0$（也就是 p_e^{cd} 满足式（2.76）），则 p_e^{cd} 的数值需要减少。因此，若要满足式（2.74）、式（2.76）同时成立，则需要满足 $p_e^{sd1}>p_e^{cd}$。

最后，将式（2.74）、式（2.75）进行比较，令式（2.75）用 Z_0 替代。通过反证法证明，若 $p_e^{sd1}=p_e^{sd2}$，将式（2.60）对 p_m 关于 p_e 求导，运用隐函数求导可以得到：$\frac{\partial p_m^*}{\partial p_e}=\frac{\beta}{\gamma(2+2(\lambda-1)G(p_m^*+R)+(\lambda-1)(p_m^*-j-kc)g(p_m^*+R))}>0$，由于 $\beta>0$，

$p_e^{sd2}-w-c>0$，通过比较容易发现 $Z_0>Z_1$，若 $Z_0=0$（也就是 p_e^{sd2} 满足式（2.75）），则 $Z_1<0$，由于 $\partial Z_1/\partial p_e^{sd1}=-\gamma[2+2(\lambda-1)G(p_e^{sd1}+R)+(\lambda-1)(p_e^{sd1}-w-c)g(p_e^{sd1}+R)]<0$，所以，若要满足 $Z_1=0$（也就是 p_e^{sd1} 满足式（2.74）），则 p_e^{sd1} 的数值需要减少。因此，若要满足式（2.74）、式（2.75）同时成立，则需要满足 $p_e^{sd2}>p_e^{sd1}$。

综上所述，在四种不同竞争环境下，若 p_m 相同，则电商企业的最优网络销售价格满足 $p_e^{sd2}>p_e^{nd}=p_e^{sd1}>p_e^{cd}$ 的关系，证毕。

鉴于相关决策优化模型比较复杂，接下来通过算例分析进一步研究消费者的损失厌恶心理及其参照点对企业决策优化与供应链收益的影响。

（三）算例分析

某个双渠道供应链由一个电商企业和一个生产企业组成，消费者对产品的评估价值 v 服从均匀分布［1，50］，其他参数设置为 $w=7$，$j=1$，$c=1$，$\alpha=6$，$\gamma=4$，$\beta=1$，$\mu=0.5$，$k=20$，①取消费者的损失厌恶系数 $\lambda=1.2$，分析参照点 R 对企业定价与收益的影响，优化结果如表 2.3 所示；②取参照点 $R=1$，分析消费者的损失厌恶系数 λ 对企业定价与收益的影响，优化结果如表 2.4 所示。

表 2.3　*R* 对企业定价与收益的影响

变量	R	1	2	3	4	5	6	7
Nash 均衡博弈	p_e^{nd}	19.0009	18.4264	17.8526	17.2794	16.7068	16.1349	15.5636
	p_m^{nd}	25.3674	24.7991	24.2314	23.6644	23.098	22.5323	21.9671
	π_e^{nd}	521.625	469.322	419.757	372.936	328.862	287.538	248.970
	π_m^{nd}	342.490	311.093	282.475	256.639	233.59	213.332	195.868
	π_s^{nd}	864.115	780.415	702.232	629.575	562.452	500.870	444.838
生产企业主导 Stackelberg 博弈	p_e^{sd1}	18.9689	18.3935	17.8188	17.2448	16.6714	16.0986	15.5264
	p_m^{sd1}	25.0855	24.5095	23.9342	23.3596	22.7855	22.2122	21.6395
	π_e^{sd1}	518.528	466.307	416.834	370.112	326.146	284.94	246.498
	π_m^{sd1}	342.834	311.457	282.858	257.043	234.014	213.777	196.335
	π_s^{sd1}	861.363	777.764	699.692	627.155	560.160	498.717	442.833
电商企业主导 Stackelberg 博弈	p_e^{sd2}	19.1450	18.5628	17.9813	17.4005	16.8203	16.2408	15.6620
	p_m^{sd2}	25.3836	24.8144	24.2459	23.6780	23.1108	22.5441	21.9781
	π_e^{sd2}	521.714	469.401	419.828	372.999	328.917	287.587	249.012
	π_m^{sd2}	339.393	308.078	279.551	253.814	230.873	210.732	193.393
	π_s^{sd2}	861.107	777.48	699.379	626.813	559.790	498.318	442.405

续表

变量	R	1	2	3	4	5	6	7
供应链集中	p_e^{cd}	16.7342	16.0723	15.4112	14.7509	14.0914	13.4327	12.7748
	p_m^{cd}	26.0926	25.4401	24.7884	24.1375	23.4874	22.838	22.1894
	π_s^{cd}	892.419	809.722	732.643	661.189	595.367	535.186	480.652

根据表 2.3，①从企业定价方面，在 Nash 均衡博弈、生产企业主导 Stackelberg 博弈与电商企业主导 Stackelberg 博弈三种环境下，随着 R 的逐渐增大，电商企业与生产企业的网络销售价格均呈现下降趋势，且均在电商企业主导 Stackelberg 博弈下最大，均在生产企业主导 Stackelberg 博弈下最小。这表明电商企业与生产企业将通过降低网络销售价格来应对消费者参照点的增大，这直接促使消费者的网购成本减小，且生产企业主导 Stackelberg 博弈进一步缩小了该成本，而电商企业主导 Stackelberg 博弈进一步扩大了该成本。在供应链集中环境下，随着 R 的逐渐增大，电商企业与生产企业的网络销售价格也均呈现下降趋势。②从企业收益方面，在这四种环境下，随着 R 的逐渐增大，电商企业收益、生产企业收益与供应链收益均呈现下降趋势；且在供应链集中下的供应链收益最大，在电商企业主导 Stackelberg 博弈下的供应链收益最小。这表明消费者参照点的增大给电商企业、生产企业和供应链均带来了负面影响，且电商企业主导 Stackelberg 博弈最不利于供应链，而企业通过相互之间的合作能够提升供应链的整体绩效。

表 2.4 λ 对企业定价与收益的影响

变量	λ	1.1	1.2	1.3	1.4	1.5	1.6	1.7
Nash 均衡博弈	p_e^{nd}	19.4350	19.0009	18.609	18.2522	17.9252	17.6238	17.3444
	p_m^{nd}	25.8363	25.3674	24.9471	24.5671	24.221	23.9038	23.6115
	π_e^{nd}	543.787	521.625	501.495	483.076	466.115	450.414	435.812
	π_m^{nd}	354.801	342.49	331.779	322.417	314.207	306.992	300.646
	π_s^{nd}	898.588	864.115	833.274	805.493	780.322	757.407	736.458
生产企业主导 Stackelberg 博弈	p_e^{sd1}	19.4005	18.9689	18.5792	18.2244	17.8991	17.5992	17.3211
	p_m^{sd1}	25.5453	25.0855	24.6738	24.3018	23.9631	23.6529	23.3671
	π_e^{sd1}	540.465	518.528	498.600	480.359	463.559	448.003	433.531
	π_m^{sd1}	355.149	342.834	332.118	322.751	314.536	307.315	300.963
	π_s^{sd1}	895.614	861.363	830.718	803.110	778.095	755.318	734.494

续表

变量	λ	1.1	1.2	1.3	1.4	1.5	1.6	1.7
电商企业主导 Stackelberg 博弈	p_e^{sd2}	19.6003	19.1450	18.736	18.3653	18.0267	17.7154	17.4277
	p_m^{sd2}	25.8558	25.3836	24.9607	24.5787	24.2311	23.9126	23.6192
	π_e^{sd2}	543.899	521.714	501.568	483.136	466.165	450.457	435.848
	π_m^{sd2}	351.477	339.393	328.884	319.702	311.653	304.583	298.368
	π_s^{sd2}	895.376	861.107	830.452	802.837	777.818	755.040	734.216
供应链集中	p_e^{cd}	17.2473	16.7342	16.2788	15.8701	15.4999	15.1621	14.8519
	p_m^{cd}	26.6696	26.0926	25.5839	25.1301	24.7215	24.3508	24.0121
	π_s^{cd}	925.336	892.419	863.126	836.866	813.183	791.716	772.176

根据表 2.4，①从企业定价方面。在 Nash 均衡博弈、生产企业主导 Stackelberg 博弈、电商企业主导 Stackelberg 博弈三种环境下，随着 λ 的逐渐增加，电商企业和生产企业的网络销售价格均减小，且电商企业和生产企业的网络销售价格均在电商企业主导 Stackelberg 博弈下最大，在生产企业主导 Stackelberg 博弈下最小。这表明消费者在网购过程中，其损失厌恶心理将直接导致企业网络销售价格下降，在电商企业主导 Stackelberg 博弈下，消费者付出的网购成本最大，在生产企业主导 Stackelberg 博弈下，消费者付出的网购成本最小。在供应链集中环境下，随着 λ 的逐渐增大，电商企业与生产企业的网络销售价格也均呈现下降趋势。②从企业收益方面。在这四种环境下，随着 λ 的逐渐增加，企业与供应链收益均减少；电商企业收益在电商企业主导 Stackelberg 博弈下最大，在生产企业主导 Stackelberg 博弈下最小；生产企业收益在生产企业主导 Stackelberg 博弈下最大，在电商企业主导 Stackelberg 博弈下最小；且在供应链集中下供应链收益最大，在电商企业主导 Stackelberg 博弈下供应链收益最小。这表明消费者在网购过程中，其损失厌恶心理对企业与供应链均产生负面影响，企业收益在自身企业主导 Stackelberg 博弈下最大，在竞争企业主导 Stackelberg 博弈下最小，电商企业主导 Stackelberg 博弈给供应链收益造成了进一步损害，而企业之间的相互合作有利于提升供应链绩效。

综上所述，本节在双渠道供应链背景下，考虑消费者存在损失厌恶心理和参照点，在 Nash 均衡博弈、生产企业主导 Stackelberg 博弈、电商企业主导 Stackelberg 博弈与供应链集中四种环境下研究了电商企业与生产企业的网络销售价格决策优化问题。得到如下结论：

（1）从电商企业角度考虑。消费者的损失厌恶心理及其参照点均导致电商企业收益减少，且电商企业收益在生产企业主导 Stackelberg 博弈下最小。所以，电商企业应当尽量规避在消费者的损失厌恶及其参照点较高的市场环境，以及生产企业具有较强实力的行业背景下经营。

（2）从生产企业角度考虑。消费者的损失厌恶心理及其参照点均导致生产企业收益减少，且生产企业收益在电商企业主导 Stackelberg 博弈下最小。所以，生产企业应当尽量规避在消费者的损失厌恶及其参照点较高的市场环境，以及电商企业具有较强实力的行业背景下经营。

（3）从供应链角度考虑。消费者的损失厌恶心理及其参照点均导致供应链收益减少，且供应链收益在电商企业主导 Stackelberg 博弈下最小，在供应链集中下最大。所以，企业之间的相互合作能够改善供应链收益，但消费者的损失厌恶及其参照点较高的市场环境，以及电商企业具有较强实力的行业背景对供应链是不利的。

（4）从消费者角度考虑。消费者的损失厌恶心理及其参照点均导致电商企业和生产企业的网络销售价格减少，这有利于消费者降低网购成本，在消费者可以通过双渠道进行网购的背景下，生产企业主导 Stackelberg 博弈进一步减少该网购成本，但电商企业主导 Stackelberg 博弈导致该网购成本上升。所以，消费者在生产企业具有较强实力的环境中网购产品，并通过提高自己的损失厌恶心理及参照点来获得更高的收益。

四、本章小结

本章假设消费者存在损失厌恶心理，首先，在 Nash 均衡博弈、制造商主导 Stackelberg 博弈、电商平台主导 Stackelberg 博弈与供应链集中情形下，研究了消费者的损失厌恶、制造商的网络销售效率对企业定价决策和双渠道供应链绩效的影响。其次，进一步分析消费者的损失厌恶、消费者的参照点对企业定价决策和双渠道供应链绩效的影响。得到以下主要结论：

（一）损失厌恶与网络销售效率对不同竞争环境下双渠道供应链的影响

1. 损失厌恶对不同竞争环境下双渠道供应链的影响

从企业定价的角度。在 Nash 均衡博弈、制造商主导 Stackelberg 博弈、电商平台主导 Stackelberg 博弈和供应链集中四种环境下，随着消费者损失厌恶系数的逐渐增加，电商平台和制造商的网络销售价格均呈现下降趋势。且电商平台网络销售价格在电商平台主导 Stackelberg 博弈下最大，在供应链集中下最小；制造商网络销售价格也是在电商平台主导 Stackelberg 博弈下最大，但在制造商主导

Stackelberg 博弈下最小。这表明消费者在双渠道网购产品的过程中，其损失厌恶心理将导致企业网络销售价格下降，在电商平台主导 Stackelberg 博弈下，消费者的网购成本最大，在制造商主导 Stackelberg 博弈或供应链集中下，消费者的网购成本最小。从企业收益的角度。在这四种环境下，随着消费者损失厌恶系数的逐渐增加，企业与供应链的收益均呈现下降趋势；电商平台的收益在电商平台主导 Stackelberg 博弈下最大，在制造商主导 Stackelberg 博弈下最小；制造商的收益在制造商主导 Stackelberg 博弈下最大，在电商平台主导 Stackelberg 博弈下最小；且在供应链集中下供应链的收益最大，在电商平台主导 Stackelberg 博弈下供应链的收益最小。这表明消费者在双渠道网购产品的过程中，其损失厌恶心理对企业与供应链均带来负面影响，企业收益在自身企业主导 Stackelberg 博弈下最大，在对方企业主导 Stackelberg 博弈下最小，电商平台主导 Stackelberg 博弈给供应链收益进一步造成了不利影响，而企业之间的相互合作能够缓解此不利影响。

2. 网络销售效率对不同竞争环境下双渠道供应链的影响

从企业定价的角度。在 Nash 均衡博弈、制造商主导 Stackelberg 博弈与电商平台主导 Stackelberg 博弈三种环境下，随着制造商网络销售效率的逐渐增大，电商平台与制造商的网络销售价格均呈现上升趋势，且均在电商平台主导 Stackelberg 博弈下最大，均在制造商主导 Stackelberg 博弈下最小。这表明电商平台与制造商将通过提高网络销售价格来应对制造商网络销售效率的下降，这直接导致消费者的网购成本增大，且电商平台主导 Stackelberg 博弈进一步加大了该成本，而制造商主导 Stackelberg 博弈可以减少该成本。在供应链集中环境下，随着制造商网络销售效率的逐渐增大，电商平台与制造商的网络销售价格分别呈现下降和上升的趋势。从企业收益的角度。在 Nash 均衡博弈、制造商主导 Stackelberg 博弈与电商平台主导 Stackelberg 博弈三种环境下，随着制造商网络销售效率的逐渐增大，电商平台收益与制造商收益分别呈现上升与下降的趋势；而在这四种环境下，随着制造商网络销售效率的逐渐增大，供应链收益均呈现下降趋势，且在供应链集中下的供应链收益最大，在电商平台主导 Stackelberg 博弈下的供应链收益最小。这表明制造商的网络销售效率下降给制造商和供应链带来了负面影响，但有利于电商平台，且电商平台主导 Stackelberg 博弈最不利于供应链绩效，而企业通过相互之间的合作能够促使供应链绩效改善。

（二）损失厌恶和参照点对不同竞争环境下双渠道供应链的影响

1. 损失厌恶对不同竞争环境下双渠道供应链的影响

从企业定价方面。在 Nash 均衡博弈、生产企业主导 Stackelberg 博弈、电商企业主导 Stackelberg 博弈三种环境下，随着消费者损失厌恶系数的逐渐增大，电商企业和生产企业的网络销售价格均减小。且电商企业和生产企业的网络销售价格均在电商企业主导 Stackelberg 博弈下最大，在生产企业主导 Stackelberg 博弈下最小。这表明消费者在网购过程中，其损失厌恶心理将直接导致企业网络销售价格下降，在电商企业主导 Stackelberg 博弈下，消费者付出的网购成本最大，在生产企业主导 Stackelberg 博弈下，消费者付出的网购成本最小。在供应链集中环境下，随着消费者损失厌恶系数的逐渐增大，电商企业与生产企业的网络销售价格也均呈现下降趋势。从企业收益方面。在这四种环境下，随着消费者损失厌恶系数的逐渐增大，企业与供应链收益均减少；电商企业收益在电商企业主导 Stackelberg 博弈下最大，在生产企业主导 Stackelberg 博弈下最小；生产企业收益在生产企业主导 Stackelberg 博弈下最大，在电商企业主导 Stackelberg 博弈下最小；且在供应链集中下供应链收益最大，在电商企业主导 Stackelberg 博弈下供应链收益最小。这表明消费者在网购过程中，其损失厌恶心理对企业与供应链均产生负面影响，企业收益在自身企业主导 Stackelberg 博弈下最大，在竞争企业主导 Stackelberg 博弈下最小，电商企业主导 Stackelberg 博弈给供应链收益造成了进一步损害，而企业之间的相互合作有利于提升供应链绩效。

2. 参照点对不同竞争环境下双渠道供应链的影响

从企业定价方面。在 Nash 均衡博弈、生产企业主导 Stackelberg 博弈与电商企业主导 Stackelberg 博弈三种环境下，随着消费者参照点的逐渐增大，电商企业与生产企业的网络销售价格均呈现下降趋势，且均在电商企业主导 Stackelberg 博弈下最大，均在生产企业主导 Stackelberg 博弈下最小。这表明电商企业与生产企业将通过降低网络销售价格来应对消费者参照点的增大，这直接促使消费者的网购成本减小，且生产企业主导 Stackelberg 博弈进一步缩小了该成本，而电商企业主导 Stackelberg 博弈进一步扩大了该成本。在供应链集中环境下，随着消费者参照点的逐渐增大，电商企业与生产企业的网络销售价格也均呈现下降趋势。从企业收益方面。在这四种环境下，随着消费者参照点的逐渐增大，电商企业收益、生产企业收益与供应链收益均呈现下降的趋势；且在供应链集中下的供应链收益最大，在电商企业主导 Stackelberg 博弈下的供应链收益最小。这表明消费者参照点的增大给电商企业、生产企业和供应链均带来了负面影响，且电商企业主导 Stackelberg 博弈最不利于供应链，而企业通过相互之间的合作能够提升供应链的整体绩效。

接下来，本书将在双渠道供应链背景下，由消费者存在损失厌恶心理进一步拓展到企业存在损失厌恶心理，考虑企业制定补偿契约和退货契约等模式，分析企业的损失厌恶心理对不同契约模式下企业决策优化和双渠道供应链绩效的影响，并对供应链激励契约开展比较研究。

第三章　基于损失厌恶企业的双渠道供应链管理优化研究

一、引言

第二章在不同竞争环境下，对损失厌恶双渠道供应链的管理优化问题进行了研究。在 Nash 均衡博弈、制造商主导 Stackelberg 博弈、电商平台主导 Stackelberg 博弈与供应链集中四种环境下，分析了损失厌恶心理、网络销售效率和参照点等因素对企业决策优化及供应链绩效的影响规律，得到了具有一定参考价值的管理优化策略。本章节将在第二章节内容的基础上，将消费者的损失厌恶心理转向企业决策者具有损失厌恶心理，分析企业决策者的损失厌恶心理对企业决策优化与双渠道供应链激励契约造成的影响。

二、基于损失厌恶电商平台的双渠道供应链管理优化研究

现阶段我国经济突飞猛进，科技不断进步，人们生活方式发生了翻天覆地的变化，网络购物已经成为众多消费者的首选消费方式，网络购物给企业带来的巨大收益成为企业纷纷加入网络销售渠道的主要原因。就发展历史来说，电商平台是网络销售渠道的先驱，制造商们当然也不甘示弱，紧跟时代步伐，顺应时代发展潮流，成为网络销售渠道不可忽视的重要成员。

随着互联网发展的日新月异，电子商务企业之间的竞争呈现白热化发展态势，激烈竞争的局面使得一些企业兵败如山倒，有的企业却能“弯道超车”脱颖而出，如 2015 年成立的拼多多，这家企业势如破竹，短短三年时间成功上市，一跃荣登中国三大电商之一，成为强有力的竞争对手。三大电商：淘宝、京东、

拼多多各自为王，鼎足而立，瓜分国内电商市场大蛋糕。其他一些中小型电商企业在激烈的竞争中急流勇退或者夹缝生存。

所以，网络销售并不总是能够盈利，消费者对于网购产品的个性化需求和质量追求，以及来自竞争企业的激烈博弈，都会给企业带来巨大的生存压力，出现损失在所难免，面对损失，如果电商平台决策者存在损失厌恶心理，那么这将对企业定价决策和双渠道供应链产生什么重大影响呢？下面对此问题进行分析。

（一）补偿契约模型分析

考虑双渠道供应链由一个损失厌恶电商平台和一个制造商组成。损失厌恶电商平台通过互联网进行销售，并根据市场需求情况向消费者制定定价决策。当消费者在消费过程中遭受损失时，电商平台根据补偿契约为消费者提供相应的补偿。制造商存在两种销售渠道：一是根据损失厌恶电商平台的订单为其提供产品；二是通过自身的网络销售渠道进行销售。制造商根据两种销售渠道的需求情况向消费者制定定价决策。考虑补偿契约的损失厌恶双渠道供应链示意图如图3.1所示。

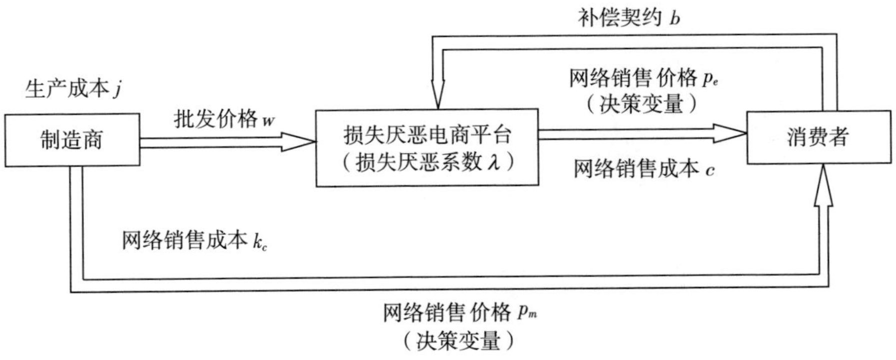

图3.1 考虑补偿契约的损失厌恶双渠道供应链示意图

为了研究方便，提出以下三种假设：

H3.1：假定损失厌恶电商平台以其效用最大化为目标，其网络销售价格为 p_e，从制造商采购产品的批发价格为 w，网络销售成本为 c，且 $p_e-w-c>0$，当消费者对从电商平台购买的产品不满意时，电商平台以补偿金额 b 给予消费者补偿，且 $b<p_e$；此时，电商平台可能出现损失，令电商平台的损失厌恶系数为 λ。

H3.2：假定制造商以其利润最大化为目标，其网络销售价格为 p_m，生产成本为 j，网络销售成本为 kc，其中，k 表示制造商相对于损失厌恶电商平台的网络销售效率，k 越大，表明相对于损失厌恶电商平台而言，制造商的网络销售效率越低，反之，制造商的网络销售效率越高，且 $p_m-j-kc>0$，$w-j>0$，通常情况下，制造商批发产品获得的单位收益大于其网络销售产品获得的单位收益，即 $w-j>p_m-j-kc$。

H3.3：假定消费者通过网络开展购物活动，由于消费者无法获知网购产品的真正价值，因此需要对网购产品的价值进行评估，这使得消费者在购买产品之后有可能遭受损失。

根据 H3.3，消费者在网购产品之前，对网购产品进行价值评估，令其价值为 v，假定该值服从某个分布，其密度函数为 $g(v)$，分布函数为 $G(v)$。若 v 值小于 p_e、p_m，则消费者遭遇损失，反之，消费者得到收益。可以得到通过损失厌恶电商平台，以及制造商的网络销售渠道进行网购的消费者效用函数分别为：

$$U(p_e,\ v)=\begin{cases} v-p_e+b, & 0<v<p_e \\ v-p_e, & v\geqslant p_e \end{cases} \tag{3.1}$$

$$U(p_m,\ v)=\begin{cases} v-p_m, & 0<v<p_m \\ v-p_m, & v\geqslant p_m \end{cases} \tag{3.2}$$

由式（3.1）、式（3.2）分别可以得到消费者的期望效用函数为：

$$\overline{U(p_e,\ v)}=\bar{v}_e-p_e+b\int_0^{p_e}g(v)\,dv \tag{3.3}$$

$$\overline{U(p_m,\ v)}=\bar{v}_m-p_m \tag{3.4}$$

其中，$\bar{v}_e$ 表示消费者评估电商平台网络销售产品价值的平均值，$\bar{v}_m$ 表示消费者评估制造商网络销售产品价值的平均值。

在现实生活中，企业产品市场需求的大小取决于消费者的期望效用大小，同时，也受到竞争企业的网络销售价格影响。所以，可以得到电商平台和制造商的需求函数分别为：

$$q_e=\mu a+\beta p_m+\gamma\overline{U(p_e,\ v)} \tag{3.5}$$

$$q_m=(1-\mu)a+\beta p_e+\gamma\overline{U(p_m,\ v)}+q_e \tag{3.6}$$

其中，$a(a>0)$代表基本市场需求，$\mu(0<\mu<1)$代表电商平台占基本市场需求的份额，$\beta(\beta>0)$代表竞争企业产品价格的弹性系数，$\gamma(\gamma>0)$代表消费者期望效用的弹性系数。通常情况下，与其他渠道的销售价格相比较，本渠道的市场需求量受到本渠道销售价格的影响应当更加明显。所以，可以得到条件 $\gamma>\beta$。

根据假设 H3.1 与 H3.2，运用前景理论的核心理念，可以得到损失厌恶电商平台的利润函数 π_e 为：

$$\pi_e=\begin{cases}\lambda(p_e-w-c-b)[\mu a+\beta p_m+\gamma(v-p_e+b)], & 0<v<p_e-b\\(p_e-w-c-b)[\mu a+\beta p_m+\gamma(v-p_e+b)], & p_e-b<v<p_e\\(p_e-w-c)[\mu a+\beta p_m+\gamma(v-p_e)], & v\geqslant p_e\end{cases} \tag{3.7}$$

可以得到损失厌恶电商平台的效用函数 U_e 为：

$$\begin{aligned}U_e&=\lambda(p_e-w-c-b)[\mu a+\beta p_m+\gamma(v-p_e+b)]\int_0^{p_e-b}g(v)dv+(p_e-w-c-b)[\mu a+\beta p_m+\gamma(v-p_e+b)]\int_{p_e-b}^{p_e}g(v)dv+(p_e-w-c)[\mu a+\beta p_m+\gamma(v-p_e)]\int_{p_e}^{+\infty}g(v)dv\\&=\lambda(p_e-w-c-b)[\mu a+\beta p_m+\gamma(b-p_e)]\int_0^{p_e-b}g(v)dv+(p_e-w-c-b)[\mu a+\beta p_m+\gamma(b-p_e)]\int_{p_e-b}^{p_e}g(v)dv+(p_e-w-c)[\mu a+\beta p_m-\gamma p_e]\left(1-\int_0^{p_e}g(v)dv\right)+\lambda\gamma(p_e-w-c-b)\int_0^{p_e-b}vg(v)dv+\gamma(p_e-w-c-b)\left(\int_0^{p_e}vg(v)dv-\int_0^{p_e-b}vg(v)dv\right)+\gamma(p_e-w-c)\int_{p_e}^{+\infty}vg(v)dv\\&=\lambda(p_e-w-c-b)[\mu a+\beta p_m+\gamma(b-p_e)]\int_0^{p_e-b}g(v)dv+(p_e-w-c-b)[\mu a+\beta p_m+\gamma(b-p_e)]\int_{p_e-b}^{p_e}g(v)dv+(p_e-w-c)[\mu a+\beta p_m-\gamma p_e]\left(1-\int_0^{p_e}g(v)dv\right)+(\lambda-1)\gamma(p_e-w-c-b)\int_0^{p_e-b}vg(v)dv+\gamma(p_e-w-c-b)\int_0^{p_e}vg(v)dv+\gamma(p_e-w-c)\left(\bar{v}_e-\int_0^{p_e}vg(v)dv\right)\end{aligned} \tag{3.8}$$

可以得到制造商的利润函数π_m 为：

$$\pi_m=(p_m-j-kc)[(1-\mu)a+\beta p_e+\gamma\overline{U(p_m,\ v)}]+(w-j)q_e \tag{3.9}$$

供应链的效用函数 U_s 为：

$$U_s=U_e+\pi_m \tag{3.10}$$

损失厌恶电商平台与制造商的博弈关系为静态博弈，即双方各自以自身利益最大化为目标，分别对自身的网络销售价格同时进行定价决策。下面分别推导得到各自企业的最优定价模型。

将损失厌恶电商平台的效用函数式（3.8）对 p_e 分别求一阶导数和二阶导数，可以得到：

$$\frac{\partial U_e}{\partial p_e}=(c+w)\gamma+a\mu-c\gamma\int_0^{p_e}g(v)dv-w\gamma\int_0^{p_e}g(v)dv-a\mu\int_0^{p_e}g(v)dv+2b\gamma\lambda$$

$$\int_0^{p_e-b} g(v)dv + c\gamma\lambda\int_0^{p_e-b} g(v)dv + w\gamma\lambda\int_0^{p_e-b} g(v)dv + a\lambda\mu\int_0^{p_e-b} g(v)dv +$$
$$2b\gamma\int_{p_e-b}^{p_e} g(v)dv + c\gamma\int_{p_e-b}^{p_e} g(v)dv + w\gamma\int_{p_e-b}^{p_e} g(v)dv + a\mu\int_{p_e-b}^{p_e} g(v)dv -$$
$$\gamma\int_0^{p_e-b} vg(v)dv + \gamma\lambda\int_0^{p_e-b} vg(v)dv - 2\gamma p_e + 2\gamma\left(\int_0^{p_e} g(v)dv\right)p_e -$$
$$2\gamma\lambda\left(\int_0^{p_e-b} g(v)dv\right)p_e - 2\gamma\left(\int_{p_e-b}^{p_e} g(v)dv\right)p_e + \beta p_m - \beta\left(\int_0^{p_e} g(v)dv\right)p_m +$$
$$\beta\lambda\left(\int_0^{p_e-b} g(v)dv\right)p_m + \beta\left(\int_{p_e-b}^{p_e} g(v)dv\right)p_m - (\lambda-1)g(p_e-b)(b+c+w-$$
$$p_e)(a\mu+\beta p_m) - bg(p_e)((b+c+w)\gamma + a\mu - \gamma p_e + \beta p_m) + \gamma\bar{v}_e \tag{3.11}$$

$$\frac{\partial^2 U_e}{\partial p_e^2} = -2\gamma + 3b\gamma g(p_e) + 2\gamma\int_0^{p_e} g(v)dv - 2\gamma\lambda\int_0^{p_e-b} g(v)dv - 2\gamma\int_{p_e-b}^{p_e} g(v)dv +$$
$$(\lambda-1)g(p_e-b)((b+c+w)\gamma + 2a\mu - \gamma p_e + 2\beta p_m) - b^2\gamma g'(p_e) -$$
$$bc\gamma g'(p_e) - bw\gamma g'(p_e) - ab\mu g'(p_e) + b\gamma p_e g'(p_e) - b\beta p_m g'(p_e) -$$
$$(\lambda-1)(b+c+w-p_e)(a\mu+\beta p_m)g'(p_e-b) \tag{3.12}$$

将制造商的利润函数式（3.9）对 p_m 分别求一阶导数和二阶导数，可以得到：

$$\frac{\partial \pi_m}{\partial p_m} = a+(w-j)\beta+(j+kc)\gamma-a\mu+\beta p_e+\gamma(\bar{v}_m-2p_m) \tag{3.13}$$

$$\frac{\partial^2 \pi_m}{\partial p_m^2} = -2\gamma \tag{3.14}$$

将式（3.11）和式（3.13）分别等于 0，即 $\frac{\partial U_e}{\partial p_e}=0$，$\frac{\partial \pi_m}{\partial p_m}=0$，联立方程求解，可以得到补偿契约模型下损失厌恶电商平台的最优网络销售价格 p_e^* 和制造商的最优网络销售价格 p_m^*。

将 p_e^* 和 p_m^* 分别代入式（3.8）、式（3.9）、式（3.10），可以分别得到补偿契约模型下损失厌恶电商平台的最优效用 U_e^*，制造商的最优利润 π_m^*，以及供应链的最优效用 U_s^*。

（二）退货契约模型分析

考虑某个双渠道供应链由一个制造商与一个损失厌恶电商平台组成。制造商通过两条渠道销售产品：一条渠道是根据损失厌恶电商平台的订单销售其产品；

另一条渠道是通过制造商自己的网络销售渠道向消费者销售产品。制造商首先分析这两条销售渠道的实际需求情况，然后根据自身收益最大化原则制定其网络销售价格。损失厌恶电商平台通过互联网平台向消费者销售产品，并根据实际市场需求情况制定其网络销售价格。当消费者对电商平台销售的产品不满意时，电商平台采取退货契约模式从消费者手中回收产品。考虑退货契约的损失厌恶双渠道供应链示意图如图 3.2 所示。

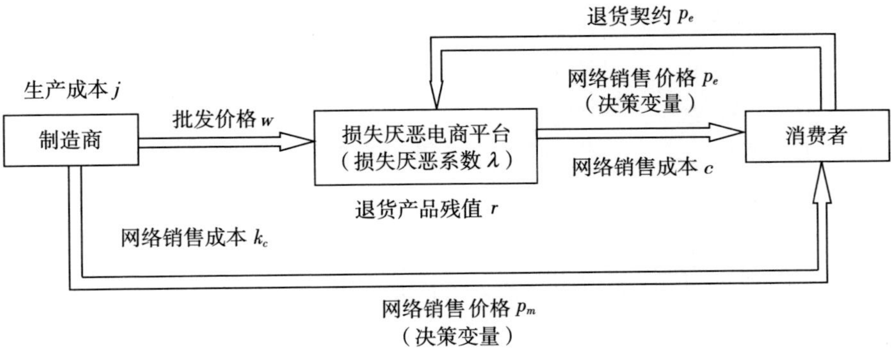

图 3.2　考虑退货契约的损失厌恶双渠道供应链示意图

为了便于分析，提出以下三种假设：

H3.4：假定损失厌恶电商平台将其效用最大化作为决策目标，其决策变量为网络销售价格 p_e，以批发价格 w 从制造商处采购产品，通过网络渠道进行销售的网络销售成本为 c，且满足条件 $p_e-w-c>0$，若消费者对从损失厌恶电商平台渠道购买的产品存在不满意情形下，电商平台以退货价格 p_e（即电商平台的网络销售价格）从消费者手中回收产品，回收产品的残值为 r，通常情形下，回收产品对于企业来说会造成损失，即满足条件 $r<w+c$；而电商平台对损失存在厌恶心理，令电商平台的损失厌恶系数为 λ。

H3.5：假定制造商将其利润最大化作为决策目标，其决策变量为网络销售价格 p_m，制造产品的生产成本为 j，通过网络渠道进行销售的网络销售成本为 kc，其中，k 表示制造商相对于损失厌恶电商平台的网络销售效率，k 越大，则表明相对于损失厌恶电商平台而言，制造商自身的网络销售效率越低，反之，制造商自身的网络销售效率越高，且 $p_m-j-kc>0$，$w-j>0$，一般情形下，制造商通过批发产品获得的收益大于其网络销售产品获得的收益，即 $w-j>p_m-j-kc$。

H3.6：假定消费者通过电商平台和制造商的网络销售渠道开展购物活动，由于消费者很难对网购产品的真正价值进行准确判断，因此需要对网购产品的价值进行评价，这有可能导致消费者在购买产品之后遭受损失。

根据假设 H3. 6，消费者在从网络渠道进行网购产品之前，需要对网购产品进行价值评估，令其价值为 v，假定该值服从于某个分布，其密度函数为 $g(v)$，分布函数为 $G(v)$。当 v 小于 p_e、p_m 时，则消费者遭遇损失，反之，消费者获得收益。可以得到通过损失厌恶电商平台，以及制造商的网络销售渠道进行网购的消费者效用函数分别为：

$$U(p_e,\ v)=\begin{cases}0, & 0<v<p_e\\ v-p_e, & v\geq p_e\end{cases} \tag{3.15}$$

$$U(p_m,\ v)=\begin{cases}v-p_m, & 0<v<p_m\\ v-p_m, & v\geq p_m\end{cases} \tag{3.16}$$

由式（3. 15）、式（3. 16）可以分别得到消费者的期望效用函数为：

$$\begin{aligned}\overline{U(p_e,\ v)} &= (v-p_e)\int_{p_e}^{+\infty} g(v)dv \\ &= \bar{v}_e - \int_0^{p_e} vg(v)dv - p_e\left(1-\int_0^{p_e} g(v)dv\right)\end{aligned} \tag{3.17}$$

$$\overline{U(p_m,\ v)} = \bar{v}_m - p_m \tag{3.18}$$

其中，$\bar{v}_e$ 表示消费者评估电商平台网络销售产品价值的平均值；$\bar{v}_m$ 表示消费者评估制造商网络销售产品价值的平均值。

根据市场普遍规律，一个企业产品市场需求量的多少与消费者获得的期望效用数值大小有关，同时，也受到竞争企业的网络销售价格影响。所以，可以得到损失厌恶电商平台，以及制造商的需求函数分别是：

$$q_e=\mu a+\beta p_m+\gamma\overline{U(p_e,\ v)} \tag{3.19}$$

$$q_m=(1-\mu)a+\beta p_e+\gamma\overline{U(p_m,\ v)}+q_e \tag{3.20}$$

其中，$a(a>0)$ 代表基本市场需求，$\mu(0<\mu<1)$ 代表损失厌恶电商平台占基本市场需求的份额，$\beta(\beta>0)$ 代表竞争企业产品价格的弹性系数，$\gamma(\gamma>0)$ 代表消费者期望效用的弹性系数。一般情形下，与其他渠道的网络销售价格相比较，本渠道的市场需求量受到本渠道网络销售价格的影响应当更加显著。所以，可得条件 $\gamma>\beta$。

根据 H3. 4 与 H3. 5，运用前景理论的核心理念，可以得到损失厌恶电商平台的利润函数 π_e 为：

$$\pi_e=\begin{cases}-\lambda(w+c-r)(\mu a+\beta p_m), & 0<v<p_e\\ (p_e-w-c)[\mu a+\beta p_m+\gamma(v-p_e)], & v\geq p_e\end{cases} \tag{3.21}$$

根据式（3. 21）可以得到损失厌恶电商平台的效用函数 U_e 为：

$$U_e = -\lambda(w+c-r)(\mu a+\beta p_m)\int_0^{p_e} g(v)dv + (p_e-w-c)[\mu a+\beta p_m+\gamma(v-p_e)]\int_{p_e}^{+\infty} g(v)dv = -\lambda(w+c-r)(\mu a+\beta p_m)\int_0^{p_e} g(v)dv + (p_e-w-c)(\mu a+\beta p_m-\gamma p_e)\left(1-\int_0^{p_e} g(v)dv\right) + \gamma(p_e-w-c)\left(\bar{v}_e-\int_0^{p_e} vg(v)dv\right) \tag{3.22}$$

可以得到制造商的利润函数π_m为：

$$\pi_m=(p_m-j-kc)[(1-\mu)a+\beta p_e+\gamma\overline{U(p_m,\ v)}]+(w-j)q_e \tag{3.23}$$

供应链的效用函数 U_s 为：

$$U_s=U_e+\pi_m \tag{3.24}$$

损失厌恶电商平台与制造商的博弈关系为静态博弈，即双方各自以自身利益最大化为目标，分别对自身的网络销售价格同时进行定价决策。下面分别推导得到各自企业的最优定价决策模型。

将损失厌恶电商平台的效用函数式（3.22）对 p_e 分别求一阶导数和二阶导数，可以得到：

$$\frac{\partial U_e}{\partial p_e}=(c+w)\gamma+a\mu+\beta p_m-g(p_e)(-c-w+(c-r+w)\lambda+p_e)(a\mu+\beta p_m)-\left(\int_0^{p_e} g(v)dv\right)((c+w)\gamma+a\mu-2\gamma p_e+\beta p_m)+\gamma\left(-\int_0^{p_e} vg(v)dv-2p_e+\bar{v}_e\right) \tag{3.25}$$

$$\frac{\partial^2 U_e}{\partial p_e^2}=2\gamma\left(-1+\int_0^{p_e} g(v)dv\right)-g(p_e)((c+w)\gamma+2a\mu-\gamma p_e+2\beta p_m)-(-c-w+(c-r+w)\lambda+p_e)(a\mu+\beta p_m)g'(p_e) \tag{3.26}$$

将制造商的利润函数式（3.23）对 p_m 分别求一阶导数和二阶导数，可以得到：

$$\frac{\partial \pi_m}{\partial p_m}=a+(w-j)\beta+(j+kc)\gamma-a\mu+\beta p_e+\gamma(\bar{v}_m-2p_m) \tag{3.27}$$

$$\frac{\partial^2 \pi_m}{\partial p_m^2}=-2\gamma \tag{3.28}$$

令式（3.25）和式（3.27）分别等于0，即$\frac{\partial U_e}{\partial p_e}=0$，$\frac{\partial \pi_m}{\partial p_m}=0$，联立方程求解，可以得到退货契约模式下损失厌恶电商平台的最优网络销售价格 p_e^{**} 和制造商的最优网络销售价格 p_m^{**}。

将 p_e^{**} 和 p_m^{**} 分别代入式（3.22）、式（3.23）、式（3.24），可以分别得到退货契约模式下损失厌恶电商平台的最优效用 U_e^{**}，制造商的最优利润 π_m^{**}，供应链的最优效用 U_s^{**}。

（三）算例分析

假设在某网络销售市场环境下，由一个损失厌恶电商平台和一个制造商组成双渠道供应链。损失厌恶电商平台通过自身的网络销售渠道向消费者销售产品；制造商存在两条销售渠道，一是通过电商平台的订单对其批发产品；二是通过制造商自身的网络销售渠道向消费者销售产品。消费者对网购产品的评估值服从均匀分布 $v \sim U[1, 6]$，其他参数设置为 $w=5$，$j=1$，$\mu=0.5$，$\gamma=3$，$a=20$，$\beta=2$，$k=2$，$c=1$。在补偿契约模型下，令 $b=1$，当电商平台的损失厌恶系数 λ 发生改变时，根据优化公式，可以得到各个变量的优化值，如表 3.1 所示；令 $\lambda=1.2$，当补偿金额 b 发生改变时，根据优化公式，可以得到各个变量的优化值，如表 3.2 所示；在退货契约模型下，令 $r=1$，当电商平台的损失厌恶系数 λ 发生改变时，根据优化公式，可以得到各个变量的优化值，如表 3.3 所示。

表 3.1　在补偿契约模型下不同 λ 的各变量优化值（$b=1$）

变量	λ						
	1.10	1.15	1.20	1.25	1.30	1.35	1.40
p_e^*	12.2919	12.6351	12.9518	13.2414	13.5047	13.7434	13.9594
p_m^*	10.3473	10.4617	10.5673	10.6638	10.7516	10.8311	10.9031
U_e^*	52.5115	62.3091	72.8255	83.9849	95.7116	107.934	120.588
π_m^*	149.946	151.734	153.453	155.084	156.615	158.043	159.368
U_s^*	202.458	214.043	226.279	239.069	252.327	265.977	279.956

表 3.2　在补偿契约模型下不同 b 的各变量优化值（$\lambda=1.2$）

变量	b						
	0.1	0.2	0.3	0.4	0.5	0.6	0.7
p_e^*	10.7591	10.9539	11.1585	11.3740	11.6011	11.8410	12.0947
p_m^*	9.83638	9.90129	9.96951	10.0413	10.1170	10.1970	10.2816
U_e^*	64.8538	65.2089	65.6488	66.1900	66.8510	67.6534	68.6218
π_m^*	119.681	122.695	125.854	129.172	132.665	136.349	140.246
U_s^*	184.535	187.904	191.503	195.362	199.516	204.003	208.868

表 3.3 在退货契约模型下不同 λ 的各变量优化值（$r=1$）

变量	λ						
	1.10	1.15	1.20	1.25	1.30	1.35	1.40
p_e^{**}	24.8234	24.9667	25.1087	25.2496	25.3893	25.528	25.6656
p_m^{**}	14.5245	14.5722	14.6196	14.6665	14.7131	14.7593	14.8052
U_e^{**}	-1704.87	-1763.39	-1822.46	-1882.09	-1942.27	-2002.99	-2064.27
π_m^{**}	946.004	956.15	966.273	976.376	986.46	996.525	1006.57
U_s^{**}	-758.869	-807.241	-856.19	-905.713	-955.807	-1006.47	-1057.69

1. 电商平台损失厌恶系数对网络销售价格的影响

根据表 3.1、表 3.3 可得图 3.3 和图 3.4。

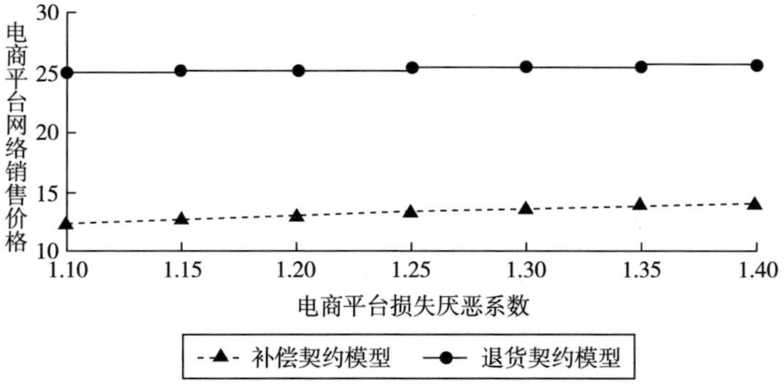

图 3.3 电商平台网络销售价格与电商平台损失厌恶系统关系

由图 3.3 可知，在补偿契约模型和退货契约模型下，电商平台网络销售价格均随着电商平台损失厌恶系数 λ 的增大而增大，且补偿契约模型下的电商平台网络销售价格小于退货契约模型下的电商平台网络销售价格。这表明，电商平台的损失厌恶心理促使电商平台提高其网络销售价格，电商平台在进行定价决策时，不仅需要考虑消费者对产品价值的关注，而且也需要考虑竞争对手的价格策略，在自身损失厌恶偏好下做出有利于自身利益最大化的价格决策。而且当电商平台采取退货契约时，其制定的网络销售价格会远高于补偿契约模式下的网络销售价格，这与现实网购环境的直观判断相吻合，因为退货契约对于电商平台来说，其承担的风险损失加剧提升，为了规避损失给其造成负面影响，电商平台将会大幅度提高其网络销售价格。对于消费者而言，为了减少自身的消费支出，消费者更倾向于电商平台提供补偿契约模式，而不是退货契约模式；同时，消费者也更愿意与损失厌恶程度相对较小的电商平台进行交易。

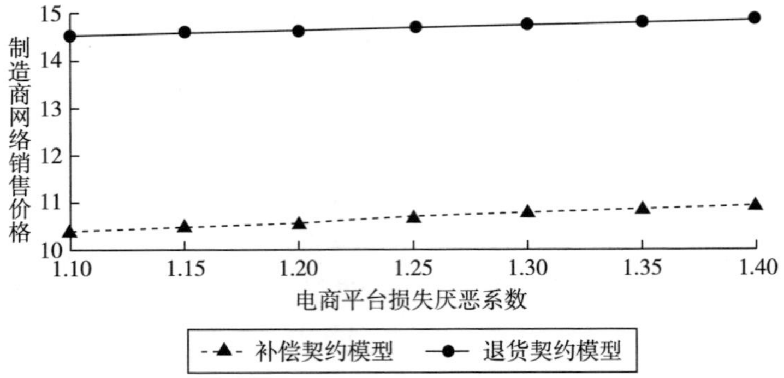

图 3.4　制造商网络销售价格与电商平台损失厌恶系数关系

由图 3.4 可知，在补偿契约模型和退货契约模型下，制造商网络销售价格均随着电商平台损失厌恶系数的增大而增大，且补偿契约模型下的制造商网络销售价格小于退货契约模型下的制造商网络销售价格。这表明，电商平台的损失厌恶心理也导致制造商提高其网络销售价格，制造商在进行定价决策时，不仅需要考虑自身网络销售渠道消费者对其产品价值的关注，而且也需要考虑竞争对手的价格策略，基于自身利益最大化做出其价格决策。而且当电商平台采取退货契约时，制造商制定的网络销售价格也会远高于在补偿契约模式下的制造商网络销售价格，这与电商平台的定价决策规律存在较大相似性，因为电商平台在退货契约下大幅度提高其网络销售价格，这将激励制造商采取类似定价决策以获得更多收益。对于消费者而言，为了减少从制造商网络销售渠道网购产品的消费支出，消费者也更希望电商平台能够提供补偿契约模式，而不是退货契约模式；同时，消费者也更期待损失厌恶程度相对较小的电商平台与制造商开展竞争。

2. 电商平台损失厌恶系数对企业和供应链收益的影响

根据表 3.1、表 3.3 可得图 3.5、图 3.6、图 3.7。

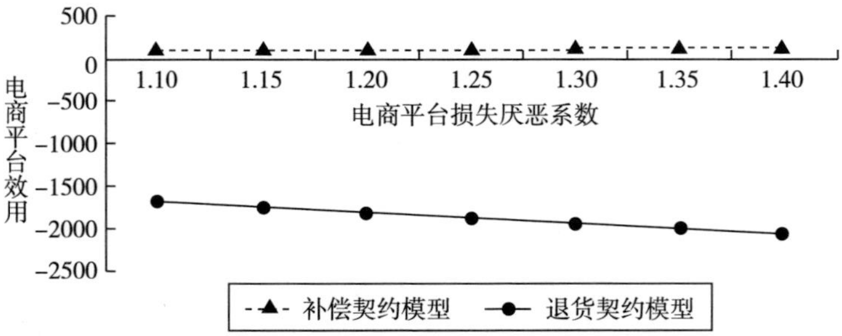

图 3.5　电商平台效用与电商平台损失厌恶系数关系

由图 3.5 可知，在补偿契约模型下，电商平台效用是正值，且其随着电商平台损失厌恶系数 λ 的增大而增大。然而，在退货契约模型下，电商平台效用是负值，且其随着电商平台损失厌恶系数 λ 的增大而减小。所以，在不同的契约模式下，电商平台损失厌恶心理可能导致其收益产生相反的变化趋势。究其原因，电商平台在退货契约模式下的网络销售价格远高于在补偿契约模式下的网络销售价格，这可能导致退货契约模式下的市场需求急剧下滑，而在此模式下，一旦消费者对产品质量或产品价值失去信心，那么消费者的退货浪潮可能对电商平台造成严重打击。从理性的视角分析，电商平台为了避免自身收益遭受损害，针对网购消费市场，采取补偿契约的模式优于采取退货契约的模式。

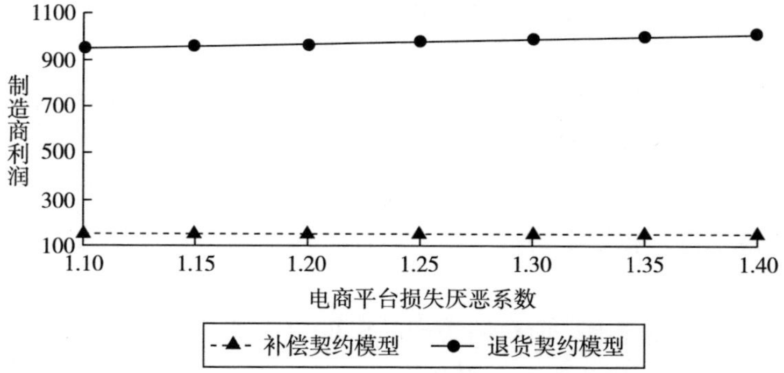

图 3.6　制造商利润与电商平台损失厌恶系数关系

由图 3.6 可知，在补偿契约模型和退货契约模型下，制造商利润均随着电商平台损失厌恶系数的增大而增大，且补偿契约模型下的制造商利润小于退货契约模型下的制造商利润。这表明，电商平台的损失厌恶心理不仅有利于制造商提高其自身收益，而且当电商平台采取退货契约时，制造商的收益也会远高于在补偿契约模式下的制造商收益。

在双渠道网购市场环境下，基于制造商的视角，制造商更希望电商平台具备较强的损失厌恶心理特征，且期待电商平台针对网购消费者采取退货契约模式。从理性的角度分析，电商平台出于自身利益的考虑，其针对消费者采取补偿契约模式的概率要高于采取退货契约模式的概率。那么双方企业都能从网购市场中获得收益，从而形成制造商与电商平台相互竞争、彼此共存共赢的市场环境。

由图 3.7 可知，在补偿契约模型下，供应链效用是正值，且其随着电商平台损失厌恶系数的增大而增大。然而，在退货契约模型下，供应链效用是负值，且其随着电商平台损失厌恶系数的增大而减小。所以，在不同的契约模式下，电商平台损失厌恶心理可能导致供应链收益产生相反的变化趋势。

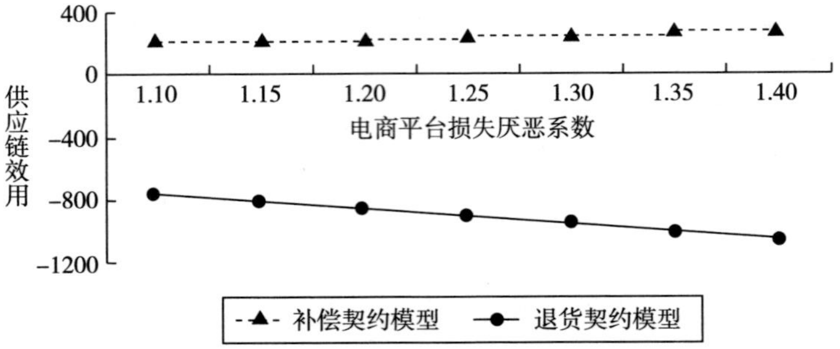

图 3.7　供应链效用与电商平台损失严厉系数关系

究其原因，在退货契约模式下，电商平台和制造商的网络销售价格均远高于在补偿契约模式下各自的网络销售价格，这将导致退货契约模式下的市场需求出现较大幅度的下滑，消费者的退货浪潮将对整个供应链带来严重冲击。从整个社会效益的视角分析，相较于退货契约，电商平台采取的补偿契约更有利于整个供应链的健康发展。

在现实的网购环境中，面对销售产品出现的质量问题或功能问题，较多电商平台采取的是换货、维修等售后服务模式，在一定程度上是对消费者进行的补偿，而电商平台采取直接退货的行为可能更多的还是来自消费者提出的退货要求。

3. 补偿金额对网络销售价格的影响

根据表 3.2 可得图 3.8、图 3.9。

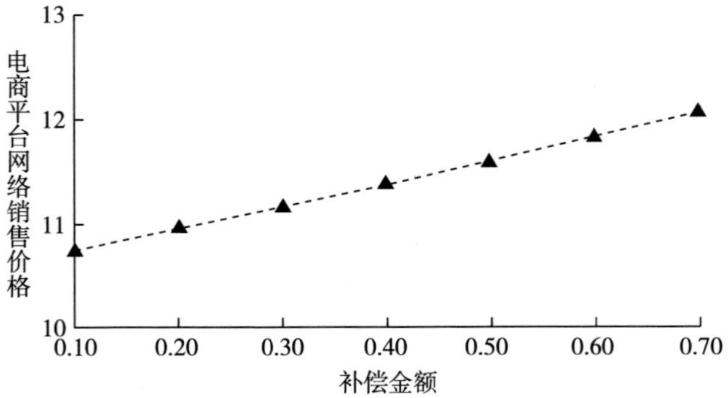

图 3.8　电商平台网络销售价格与补偿金额关系

由图 3.8 可知，在补偿契约模型下，电商平台网络销售价格随着补偿金额的增大而增大。这表明电商平台制定的补偿契约是为了吸引更多的消费群体网购其产品，而为了自身企业的利益，电商平台将通过提高网络销售价格的措施填补由于补偿契约给自身企业带来的利益损害，且如果补偿金额越大，那么网络销售价格也将随之越大。这符合人们对电商平台价格决策的直观判断。基于消费者视角，看上去符合消费者利益的补偿契约，有可能背后存在价格陷阱。所以，消费者需要擦亮双眼，以客观理性的态度对待商家的相关契约政策，避免盲目过度地消费支出。

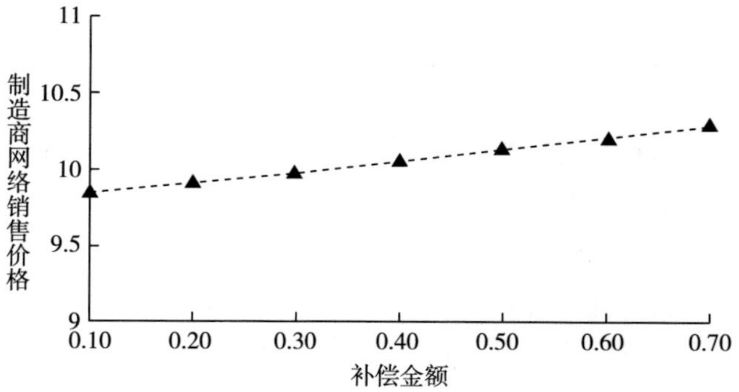

图 3.9　制造商网络销售价格与补偿金额关系

由图 3.9 可知，在补偿契约模型下，制造商网络销售价格随着补偿金额的增大而增大。这表明电商平台制定的补偿契约也间接促使制造商提高其自身的网络销售价格，且如果补偿金额越大，那么制造商的网络销售价格也将随之提高。

通过比较可以发现，在相同补偿金额前提条件下，制造商网络销售价格低于电商平台网络销售价格。这在一定程度上反映了制造商在自身并不擅长的网络销售渠道也可以拥有产品网络销售价格上的优势，这对于消费者而言是利好消息，消费者可以通过对比电商平台与制造商在网络销售渠道中的价格差异来减少自身的消费支出。当然，对于从制造商网络销售渠道网购产品的消费者来说，同样，也更希望电商平台针对消费者采取的补偿契约力度不要太大。

4. 补偿金额对企业和供应链收益的影响

根据表 3.2 可得图 3.10、图 3.11、图 3.12。

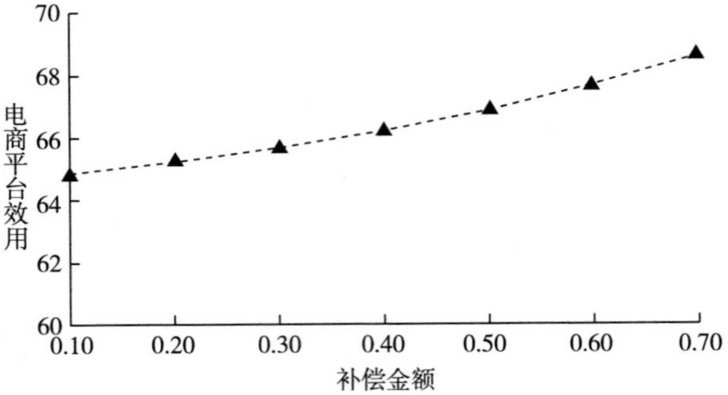

图 3.10　电商平台效用与补偿金额关系

由图 3.10 可知，在补偿契约模型下，电商平台效用随着补偿金额的增大而增大。这表明电商平台针对消费者制定的补偿契约提高了其自身收益，且如果补偿金额越大，那么电商平台的获益也将随之越大。

从理性的视角分析，电商平台通过补偿契约可以获得较好的收益，那么电商平台将有动力去制定和实施补偿契约。但通过前面所述，补偿金额的增大，促使电商平台的网络销售价格也逐渐提高，这必然增加消费者的消费支出水平，从一定程度上降低了消费者的网购效用，从而减少产品的网购市场占有率，这是电商平台不希望看到的情况。所以，如何确定补偿金额的具体金额大小考验电商平台对整个消费市场和竞争环境的总体把控。

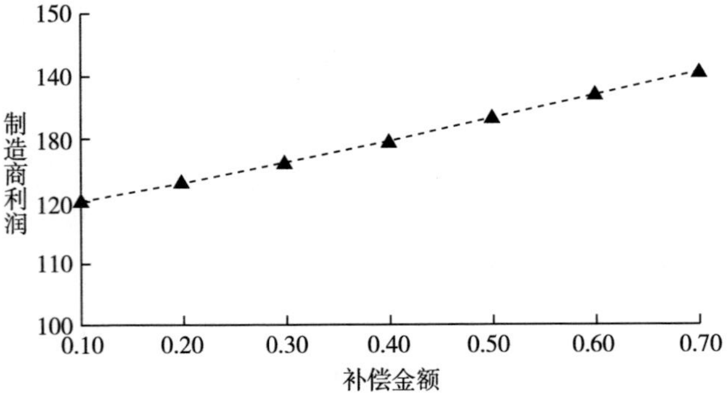

图 3.11　制造商利润与补偿金额关系

由图 3.11 可知，在补偿契约模型下，制造商利润随着补偿金额的增大而增大。这表明电商平台针对消费者制定的补偿契约不仅提高了其自身收益，也同时提高了制造商利润，且如果补偿金额越大，那么制造商的获益也将随之越大。也表明，电商平台采取的补偿契约模式不仅有利于自身，也有利于竞争对手，实现了互利共赢的市场格局。从制造商的视角分析，制造商希望电商平台能够针对消费者采取补偿契约模式，带动整个网络产品市场价格提升，进而实现企业更大的收益。通过比较发现，在补偿契约模式下，制造商获得的收益要明显高于电商平台获得的收益。还表明，制造商可能存在“搭便车”的行为，电商平台需要承担实施补偿契约所付出的代价及可能的风险，而电商平台的损失厌恶心理也加剧了其效用的下降。

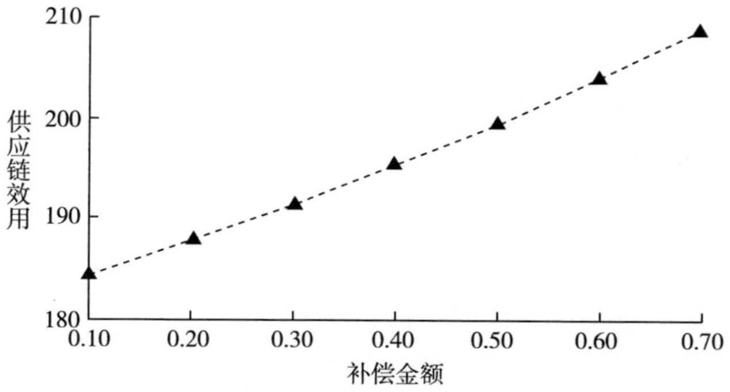

图 3.12　供应链效用与补偿金额关系

由图 3.12 可知，在补偿契约模型下，供应链效用随着补偿金额的增大而增大。这表明电商平台针对消费者制定的补偿契约不仅提高了其自身收益，也同时提高了供应链效用，且如果补偿金额越大，那么供应链效用也将随之越大。

这表明，从长远来看，电商平台制定的补偿契约有利于供应链的整体绩效提升。综上所述，在双渠道网购环境下，补偿契约有利于电商平台、制造商和整个供应链的绩效改善。这也印证了在现实生活中，补偿契约运用的领域范围是非常广泛的，因为它实现了企业效益和供应链效益的共同提高，是一种使用非常普遍的经典契约模式。

三、基于损失厌恶制造商的双渠道供应链管理优化研究

众所周知，格力在我国空调领域一直是领先者。尤其是在前些年，格力更是

毫无悬念地拿下多次年度空调销售冠军。但是好景不长，这两年我国的空调行业格局再次发生变化，近期格力空调销量不如美的，尽管美的、海尔、格力三足鼎立的格局并未发生改变，但是三大企业之间的市场竞争非常激烈。新冠肺炎疫情对各个行业的打击比较大，空调行业也是如此。2021 年格力的销售额为 1700 亿元左右，纯利润为 221.8 亿元。其中空调占比最大，大约为 1178.82 亿元。美的的销售额为 2857 亿元左右，纯利润达到 272.23 亿元，其中空调销售额达到 1213.15 亿元。无论是电商平台销售数据，还是线下销售情况，美的都成功占据了线上线下市场销售额的第一位。激烈的竞争使制造商们面临巨大的压力和可能出现的损失，而不少企业决策者也往往具备损失厌恶心理特征。

本节将在上节内容基础上，继续研究损失厌恶企业的双渠道供应链管理优化。与上节内容不同之处在于，上节假设电商平台存在损失厌恶心理，而本节将假设制造商存在损失厌恶心理，分析供应链上下游不同企业的损失厌恶心理对于企业决策和契约的影响。

（一）补偿契约模型分析

考虑双渠道供应链由一个电商平台和一个损失厌恶制造商组成。电商平台通过互联网进行产品销售，并根据市场需求状况向消费者制定定价策略。损失厌恶制造商存在两种销售渠道：一是根据电商平台的订单为其提供产品；二是通过自身的网络销售渠道进行产品销售。制造商通过这两种销售渠道的需求情况向消费者制定产品定价策略。如果消费者在消费过程中遭受损失时，损失厌恶制造商根据补偿契约为消费者提供相应的补偿。考虑补偿契约的损失厌恶双渠道供应链示意图如图 3.13 所示。

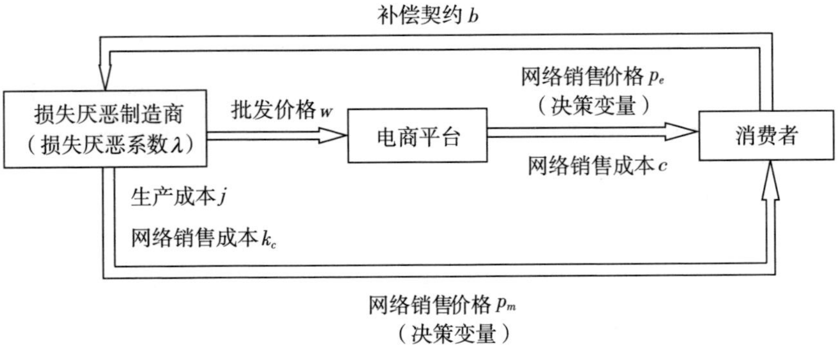

图 3.13　考虑补偿契约的损失厌恶双渠道供应链示意图

为了研究方便，提出以下三种假设：

H3.7：假定电商平台以其利润最大化为目标，其网络销售价格为 p_e，从损失厌恶制造商处采购产品的批发价格为 w，网络销售成本为 c，基于理性假设，应当满足条件 $p_e-w-c>0$。

H3.8：假定制造商存在损失厌恶心理，以其效用最大化为目标，其网络销售价格为 p_m，生产成本为 j，网络销售成本为 kc，其中，k 表示损失厌恶制造商相对于电商平台的网络销售效率，k 越大，表明与电商平台相比较，损失厌恶制造商的网络销售效率越低，反之，损失厌恶制造商的网络销售效率越高，当消费者对从损失厌恶制造商网络渠道购买的产品不满意时，损失厌恶制造商以补偿金额 b 给予消费者补偿，且 $b<p_m$；此时，制造商可能出现损失，令制造商的损失厌恶系数为 λ，且 $p_m-j-kc>0$，$w-j>0$，通常情况下，损失厌恶制造商批发产品获得的单位收益大于其网络销售产品获得的单位收益，即 $w-j>p_m-j-kc$。

H3.9：假定消费者通过电商平台和制造商提供的网络销售渠道开展购物消费，由于消费者对于网购产品的真实价值并不完全知晓，因此需要对网购产品的价值开展评估，这使得消费者在网购产品之后有可能遭受损失。

根据 H3.9，消费者在网购产品之前，对网购产品进行价值评估，令其价值为 v，假定该值服从某个分布，其密度函数为 $g(v)$，分布函数为 $G(v)$。若 v 值小于 p_e、p_m 值，则消费者遭遇损失，反之，消费者得到收益。可以得到通过电商平台，以及损失厌恶制造商的网络销售渠道进行网购的消费者效用函数分别为：

$$U(p_e, v)=\begin{cases}v-p_e, & 0<v<p_e\\ v-p_e, & v\geqslant p_e\end{cases} \tag{3.29}$$

$$U(p_m, v)=\begin{cases}v-p_m+b, & 0<v<p_m\\ v-p_m, & v\geqslant p_m\end{cases} \tag{3.30}$$

由式（3.29）、式（3.30）分别可以得到消费者的期望效用函数为：

$$\overline{U(p_e, v)}=\bar{v}_e-p_e \tag{3.31}$$

$$\overline{U(p_m, v)}=\bar{v}_m-p_m+b\int_0^{p_m}g(v)\,dv \tag{3.32}$$

其中，$\bar{v}_e$ 表示消费者评估电商平台网络销售产品价值的平均值，$\bar{v}_m$ 表示消费者评估损失厌恶制造商网络销售产品价值的平均值。

在现实生活中，网购产品市场需求的大小不仅取决于消费者的期望效用大小，同时，也受到竞争企业的网络销售价格影响。所以，可以得到电商平台和损失厌恶制造商的需求函数分别是：

$$q_e = \mu a + \beta p_m + \gamma \overline{U(p_e,\ v)} \tag{3.33}$$

$$q_m = (1-\mu)a + \beta p_e + \gamma \overline{U(p_m,\ v)} + q_e \tag{3.34}$$

其中，a（$a>0$）代表基本市场需求，μ（$0<\mu<1$）代表电商平台占基本市场需求的份额，β（$\beta>0$）代表竞争企业产品价格的弹性系数，γ（$\gamma>0$）代表消费者期望效用的弹性系数。通常情况下，与其他渠道的销售价格相比较，本渠道的市场需求量受到本渠道销售价格的影响应当更加明显。所以，应当满足条件 $\gamma>\beta$。

根据 H3.7 与 H3.8，可以得到电商平台的利润函数π_e 为：

$$\pi_e = (p_e - w - c)\left[\mu a + \beta p_m + \gamma \overline{U(p_e,\ v)}\right] \tag{3.35}$$

运用前景理论的核心理念，可以得到损失厌恶制造商的效用函数π_m 为：

$$\pi_m = \begin{cases} \lambda(p_m - j - kc - b)\left[(1-\mu)a + \beta p_e + \gamma(v - p_m + b)\right] + (w-j)q_e, & 0<v<p_m - b \\ (p_m - j - kc - b)\left[(1-\mu)a + \beta p_e + \gamma(v - p_m + b)\right] + (w-j)q_e, & p_m - b<v<p_m \\ (p_m - j - kc)\left[(1-\mu)a + \beta p_e + \gamma(v - p_m)\right] + (w-j)q_e, & v \geqslant p_m \end{cases} \tag{3.36}$$

可以得到损失厌恶制造商的期望效用函数 U_m 为：

$$\begin{aligned} U_m = {} & \lambda(p_m - j - kc - b)\left[(1-\mu)a + \beta p_e + \gamma(v - p_m + b)\right]\int_0^{p_m - b} g(v)dv + \\ & (p_m - j - kc - b)\left[(1-\mu)a + \beta p_e + \gamma(v - p_m + b)\right]\int_{p_m - b}^{p_m} g(v)dv + \\ & (p_m - j - kc)\left[(1-\mu)a + \beta p_e + \gamma(v - p_m)\right]\int_{p_m}^{+\infty} g(v)dv + (w-j)q_e \\ = {} & \lambda(p_m - j - kc - b)\left[(1-\mu)a + \beta p_e + \gamma(b - p_m)\right]\int_0^{p_m - b} g(v)dv + \\ & (p_m - j - kc - b)\left[(1-\mu)a + \beta p_e + \gamma(b - p_m)\right]\int_{p_m - b}^{p_m} g(v)dv + (p_m - j - \\ & kc)\left[(1-\mu)a + \beta p_e - \gamma p_m\right]\int_{p_m}^{+\infty} g(v)dv + \lambda\gamma(p_m - j - kc - b)\int_0^{p_m - b} vg(v)dv + \\ & \gamma(p_m - j - kc - b)\left(\int_0^{p_m} vg(v)dv - \int_0^{p_m - b} vg(v)dv\right) + \gamma(p_m - j - \\ & kc)\int_{p_m}^{+\infty} vg(v)dv + (w-j)q_e = \lambda(p_m - j - kc - b)\left[(1-\mu)a + \beta p_e + \gamma(b - \right. \\ & \left. p_m)\right]\int_0^{p_m - b} g(v)dv + (p_m - j - kc - b)\left[(1-\mu)a + \beta p_e + \gamma(b - p_m)\right]\int_{p_m - b}^{p_m} g(v)dv + \\ & (p_m - j - kc)\left[(1-\mu)a + \beta p_e - \gamma p_m\right]\left(1 - \int_0^{p_m} g(v)dv\right) + (\lambda - \\ & 1)\gamma(p_m - j - kc - b)\int_0^{p_m - b} vg(v)dv + \gamma(p_m - j - kc - b)\int_0^{p_m} vg(v)dv + \end{aligned}$$

$$\gamma(p_m - j - kc)\left(\bar{v}_m - \int_0^{p_m} vg(v)dv\right) + (w-j)q_e \tag{3.37}$$

供应链的效用函数 U_s 为：

$$U_s = \pi_e + U_m \tag{3.38}$$

电商平台与损失厌恶制造商的博弈关系为静态博弈，即双方各自以自身利益最大化为目标，分别对自身的网络销售价格同时开展定价决策。下面分别推导得到各自企业的最优定价模型。

将电商平台的利润函数式（3.35）对 p_e 分别求一阶导数和二阶导数，可以得到：

$$\frac{\partial \pi_e}{\partial p_e} = (c+w)\gamma + a\mu - 2\gamma p_e + \beta p_m + \gamma \bar{v}_e \tag{3.39}$$

$$\frac{\partial^2 \pi_e}{\partial p_e^2} = -2\gamma \tag{3.40}$$

将制造商的期望效用函数式（3.37）对 p_m 分别求一阶导数和二阶导数，可以得到：

$$\begin{aligned}\frac{\partial U_m}{\partial p_m} =& (w-j)\beta + \gamma(\lambda-1)\int_0^{p_m-b} vg(v)dv - \gamma\left(\int_0^{p_m} g(v)dv - 1\right)(j+ck-p_m) + \\ &\gamma\lambda\left(\int_0^{p_m-b} g(v)dv\right)(b+j+ck-p_m) + \gamma\left(\int_{p_m-b}^{p_m} g(v)dv\right)(b+j+ck-p_m) + \\ &\gamma(\lambda-1)g(p_m-b)(b-p_m)(b+j+ck-p_m) + \gamma g(p_m)(j+ck-p_m)p_m + \\ &\gamma g(p_m)p_m(p_m-b-j-kc) + \lambda\left(\int_0^{p_m-b} g(v)dv\right)(a+b\gamma-a\mu+\beta p_e-\gamma p_m) + \\ &\left(\int_{p_m-b}^{p_m} g(v)dv\right)(a+b\gamma-a\mu+\beta p_e-\gamma p_m) - (g(p_m)-g(p_m- \\ &b))(b+j+kc-p_m)(a+b\gamma-a\mu+\beta p_e-\gamma p_m) - \lambda g(p_m-b)(b+j+ck- \\ &p_m)(a+b\gamma-a\mu+\beta p_e-\gamma p_m) + \left(\int_0^{p_m} g(v)dv - 1\right)(a(\mu-1)-\beta p_e+ \\ &\gamma p_m) - g(p_m)(j+ck-p_m)(a(\mu-1)-\beta p_e+\gamma p_m) + \gamma\bar{v}_m\end{aligned} \tag{3.41}$$

$$\begin{aligned}\frac{\partial^2 U_m}{\partial p_m^2} =& -2\gamma + 3b\gamma g(p_m) + 2\gamma\int_0^{p_m} g(v)dv - 2\gamma\lambda\int_0^{p_m-b} g(v)dv - 2\gamma\int_{p_m-b}^{p_m} g(v)dv + \\ &(\lambda-1)g(p_m-b)((b+j+ck)\gamma - 2a(\mu-1) + 2\beta p_e - \gamma p_m) - \\ &abg'(p_m) - b^2\gamma g'(p_m) - bj\gamma g'(p_m) - bck\gamma g'(p_m) + ab\mu g'(p_m) - \\ &b\beta p_e g'(p_m) + b\gamma p_m g'(p_m) + (\lambda-1)(a(\mu-1) - \\ &\beta p_e)(b+j+ck-p_m)g'(p_m-b)\end{aligned} \tag{3.42}$$

令式（3.39）和式（3.41）分别等于0，即$\frac{\partial \pi_e}{\partial p_e}=0$，$\frac{\partial U_m}{\partial p_m}=0$，联立方程求解，可以得到补偿契约模型下电商平台的最优网络销售价格 p_e^* 和损失厌恶制造商的最优网络销售价格 p_m^*。

将 p_e^* 和 p_m^* 分别代入式（3.35）、式（3.37）、式（3.38），可以分别得到补偿契约模型下电商平台的最优利润π_e^*，损失厌恶制造商的最优效用 U_m^*，以及供应链的最优效用 U_s^*。

（二）退货契约模型分析

考虑某个双渠道供应链由一个损失厌恶制造商与一个电商平台组成。损失厌恶制造商通过两条渠道销售产品：一条渠道是根据电商平台的订单批发销售产品；另一条渠道是通过损失厌恶制造商自己的网络销售渠道向消费者出售产品。损失厌恶制造商分析这两条销售渠道的实际需求情况，然后根据自身效用最大化原则制定其网络销售价格。当消费者对损失厌恶制造商销售的产品不满意时，损失厌恶制造商采取退货契约模式从消费者手中收回产品。电商平台通过互联网平台向消费者销售产品，并根据实际市场需求情况制定其网络销售价格。考虑退货契约的损失厌恶双渠道供应链示意图如图 3.14 所示。

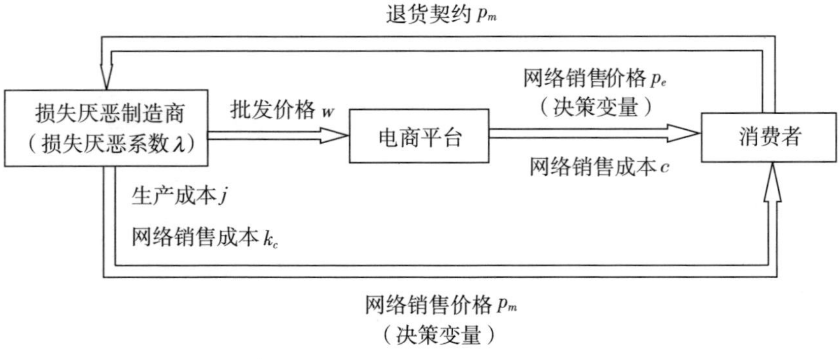

图 3.14　考虑退货契约的损失厌恶双渠道供应链示意图

为了便于分析，提出以下三种假设：

H3.10：假定电商平台将其利润最大化作为决策目标，其决策变量为网络销售价格 p_e，以批发价格 w 从制造商处采购相应产品，并通过网络渠道进行销售的网络销售成本为 c，且满足条件 $p_e-w-c>0$。

H3.11：假定损失厌恶制造商将其效用最大化作为决策目标，其决策变量为网络销售价格 p_m，制造产品的生产成本为 j，通过网络渠道进行销售的网络销售

成本为 kc，其中，k 表示损失厌恶制造商相对于电商平台的网络销售效率，k 越大，则表明与电商平台相比较，损失厌恶制造商自身的网络销售效率越低，反之，损失厌恶制造商自身的网络销售效率越高，且满足条件 $p_m-j-kc>0$，$w-j>0$。通常情况下，损失厌恶制造商通过批发产品获得的收益大于其网络销售产品获得的收益，即 $w-j>p_m-j-kc$。若消费者对从损失厌恶制造商网络销售渠道购买的产品存在不满意情形，则损失厌恶制造商以退货价格 p_e（即电商平台的网络销售价格 p_e）从消费者手中回收产品，回收产品的残值为 r，一般情形下，回收产品对于企业来说会造成损失，即满足条件 $r<j+kc$；而制造商对损失存在厌恶心理，令制造商的损失厌恶系数为 λ。

H3.12：假定消费者通过电商平台和损失厌恶制造商的网络销售渠道开展购物活动，由于消费者很难对网购产品的真正价值进行准确判断，因此需要对网购产品的价值进行评估，这有可能导致消费者在购买产品之后遭受损失。

根据 H3.12，消费者在从网络渠道进行网购产品之前，需要对网购产品进行价值评估，令其价值为 v，假定该值服从于某个分布，其密度函数为 $g(v)$，分布函数为 $G(v)$。当 v 小于 p_e、p_m 时，则消费者遭遇损失，反之，消费者获得收益。可以得到通过电商平台，以及损失厌恶制造商的网络销售渠道进行网购的消费者效用函数分别为：

$$U(p_e,\ v)=\begin{cases} v-p_e, & 0<v<p_e \\ v-p_e, & v\geqslant p_e \end{cases} \tag{3.43}$$

$$U(p_m,\ v)=\begin{cases} 0, & 0<v<p_m \\ v-p_m, & v\geqslant p_m \end{cases} \tag{3.44}$$

由式（3.43）、式（3.44）可以分别得到消费者的期望效用函数为：

$$\overline{U(p_e,\ v)}=\bar{v}_e-p_e \tag{3.45}$$

$$\begin{aligned}\overline{U(p_m,\ v)}&=(v-p_m)\int_{p_m}^{+\infty}g(v)\,dv\\ &=\bar{v}_m-\int_0^{p_m}vg(v)\,dv-p_m\left(1-\int_0^{p_m}g(v)\,dv\right)\end{aligned} \tag{3.46}$$

其中，$\bar{v}_e$ 表示消费者评估电商平台网络销售产品价值的平均值；$\bar{v}_m$ 表示消费者评估损失厌恶制造商网络销售产品价值的平均值。

根据网购市场的普遍规律，一个企业产品市场需求量的多少不仅与消费者获得的期望效用数值大小有关，同时，也与竞争企业的网络销售价格相关。所以，可以得到电商平台和损失厌恶制造商的需求函数分别是：

$$q_e=\mu a+\beta p_m+\gamma\overline{U(p_e,\ v)} \tag{3.47}$$

$$q_m=(1-\mu)a+\beta p_e+\gamma\overline{U(p_m,\ v)}+q_e \tag{3.48}$$

其中，a（$a>0$）代表基本市场需求，μ（$0<\mu<1$）代表电商平台占基本市场需求的份额，β（$\beta>0$）代表竞争企业产品价格的弹性系数，γ（$\gamma>0$）代表消费者期望效用的弹性系数。一般情形下，与其他渠道的网络销售价格相比较，本渠道的市场需求量受到本渠道网络销售价格的影响应当更加显著。所以，满足条件 $\gamma>\beta$。

根据 H3. 10 与 H3. 11，可以得到电商平台的利润函数π_e 为：

$$\pi_e=(p_e-w-c)[\mu a+\beta p_m+\gamma\overline{U(p_e,\ v)}] \tag{3.49}$$

运用前景理论的核心理念，可以得到损失厌恶制造商的效用函数为：

$$\pi_m=\begin{cases}-\lambda(j+kc-r)[(1-\mu)a+\beta p_e]+(w-j)q_e, & 0<v<p_m\\(p_m-j-kc)[(1-\mu)a+\beta p_e+\gamma(v-p_m)]+(w-j)q_e, & v\geqslant p_m\end{cases} \tag{3.50}$$

根据式（3. 50）可以得到损失厌恶制造商的期望效用函数 U_m 为：

$$\begin{aligned}U_m=&-\lambda(j+kc-r)[(1-\mu)a+\beta p_e]\int_0^{p_m}g(v)dv+(p_m-j-\\&kc)[(1-\mu)a+\beta p_e+\gamma(v-p_m)]\int_{p_m}^{+\infty}g(v)dv+(w-j)q_e\\=&-\lambda(j+kc-r)[(1-\mu)a+\beta p_e]\int_0^{p_m}g(v)dv+(p_m-j-\\&kc)[(1-\mu)a+\beta p_e-\gamma p_m]\left(1-\int_0^{p_m}g(v)dv\right)+\gamma(p_m-j-\\&kc)\left(\bar{v}_m-\int_0^{p_m}vg(v)dv\right)+(w-j)q_e\end{aligned} \tag{3.51}$$

供应链的效用函数 U_s 为：

$$U_s=\pi_e+U_m \tag{3.52}$$

电商平台与损失厌恶制造商的博弈关系为静态博弈，即双方各自以自身利益最大化为目标，分别对自身的网络销售价格同时进行定价决策。下面分别推导得到各自企业的最优定价决策模型。

将电商平台的利润函数式（3. 49）对 p_e 分别求一阶导数和二阶导数，可以得到：

$$\frac{\partial\pi_e}{\partial p_e}=(c+w)\gamma+a\mu-2\gamma p_e+\beta p_m+\gamma\bar{v}_e \tag{3.53}$$

$$\frac{\partial^2\pi_e}{\partial p_e^2}=-2\gamma \tag{3.54}$$

将损失厌恶制造商的期望效用函数式（3. 51）对 p_m 分别求一阶导数和二阶导数，可以得到：

$$\frac{\partial U_m}{\partial p_m} = a - j\beta + w\beta + j\gamma + ck\gamma - a\mu + \beta p_e + g(p_m)(a(\mu - 1) - \beta p_e)(j(\lambda - 1) + ck(\lambda - 1) - r\lambda + p_m) - \left(\int_0^{p_m} g(v)dv\right)(a + j\gamma + ck\gamma - a\mu + \beta p_e - 2\gamma p_m) + \gamma\left(\bar{v}_m - \int_0^{p_m} vg(v)dv - 2p_m\right) \tag{3.55}$$

$$\frac{\partial^2 U_m}{\partial p_m^2} = 2\gamma\left(\int_0^{p_m} g(v)dv - 1\right) + g(p_m)(-(j + kc)\gamma + 2a(\mu - 1) - 2\beta p_e + \gamma p_m) + (a(\mu - 1) - \beta p_e)(j(\lambda - 1) + ck(\lambda - 1) - r\lambda + p_m)g'(p_m) \tag{3.56}$$

令式（3.53）和式（3.55）分别等于0，即$\frac{\partial \pi_e}{\partial p_e}=0$，$\frac{\partial U_m}{\partial p_m}=0$，联立方程求解，可以得到退货契约模型下电商平台的最优网络销售价格 p_e^{**} 和损失厌恶制造商的最优网络销售价格 p_m^{**}。

将 p_e^{**} 和 p_m^{**} 分别代入式（3.49）、式（3.51）、式（3.52），可以分别得到退货契约模型下电商平台的最优利润π_e^{**}，损失厌恶制造商的最优效用 U_m^{**}，供应链的最优效用 U_s^{**}。

（三）算例分析

假设在某网络销售市场环境下，由一个电商平台和一个损失厌恶制造商组成双渠道供应链。电商平台通过自身的网络销售渠道向消费者销售产品；损失厌恶制造商存在两条销售渠道：一是通过电商平台的订单对其批发产品；二是通过制造商自身的网络销售渠道向消费者销售产品。消费者对网购产品的评估值服从均匀分布 $v \sim U$ [1, 6]，其他参数设置为 $w=5$，$j=1$，$\mu=0.5$，$\gamma=3$，$a=20$，$\beta=2$，$k=2$，$c=1$。在补偿契约模型下，令 $b=1$，当制造商的损失厌恶系数 λ 发生改变时，根据优化公式，可以得到各个变量的优化值，如表3.4所示；令 $\lambda=1.2$，当补偿金额 b 发生改变时，根据优化公式，可以得到各个变量的优化值，如表3.5所示；在退货契约模型下，令 $r=1$，当制造商的损失厌恶系数 λ 发生改变时，根据优化公式，可以得到各个变量的优化值，如表3.6所示。

表3.4　在补偿契约模型下不同 λ 的各变量优化值（b=1）

变量	λ						
	1.10	1.15	1.20	1.25	1.30	1.35	1.40
p_e^*	10.5971	10.6994	10.7909	10.8726	10.9455	11.0105	11.0687

续表

变量	λ						
	1.10	1.15	1.20	1.25	1.30	1.35	1.40
p_m^*	12.5414	12.8481	13.1227	13.3679	13.5865	13.7816	13.9561
π_e^*	63.4009	66.2522	68.8586	71.2275	73.3738	75.3164	77.0751
U_m^*	154.584	169.331	184.831	200.98	217.683	234.859	252.439
U_s^*	217.985	235.583	253.689	272.207	291.057	310.176	329.514

表 3.5 在补偿契约模型下不同 *b* 的各变量优化值（λ=1.2）

变量	b						
	0.1	0.2	0.3	0.4	0.5	0.6	0.7
p_e^*	9.97254	10.046	10.1231	10.2041	10.2893	10.3791	10.4737
p_m^*	10.6676	10.8881	11.1194	11.3624	11.6180	11.8872	12.1711
π_e^*	47.3432	49.1111	51.0007	53.0243	55.1954	57.5291	60.0424
U_m^*	159.355	161.352	163.498	165.812	168.319	171.046	174.023
U_s^*	206.698	210.464	214.499	218.837	223.515	228.575	234.066

表 3.6 在退货契约模型下不同 λ 的各变量优化值（r=1）

变量	λ						
	1.10	1.15	1.20	1.25	1.30	1.35	1.40
p_e^{**}	13.6042	13.6264	13.6484	13.6704	13.6922	13.714	13.7356
p_m^{**}	21.5625	21.6291	21.6953	21.7612	21.8267	21.892	21.9569
U_e^{**}	173.471	174.484	175.496	176.505	177.512	178.517	179.52
π_m^{**}	-966.355	-985.872	-1005.48	-1025.18	-1044.97	-1064.86	-1084.83
U_s^{**}	-792.885	-811.388	-829.985	-848.676	-867.462	-886.34	-905.313

1. 制造商损失厌恶系数对网络销售价格的影响

根据表 3.4、表 3.6 可得图 3.15 和图 3.16。

由图 3.15 可知，在补偿契约模型和退货契约模型下，电商平台网络销售价格均随着制造商损失厌恶系数 λ 的增大而增大，且补偿契约模型下的电商平台网络销售价格小于退货契约模型下的电商平台网络销售价格。这表明，制造商的损失厌恶心理促使电商平台提高其网络销售价格，电商平台在进行定价决策时，不仅需要考虑消费者对产品价值的关注，也需要考虑竞争对手的价格策略，做出有利于自身利益最大化的价格决策，而且当制造商采取退货契约时，电商平台制定

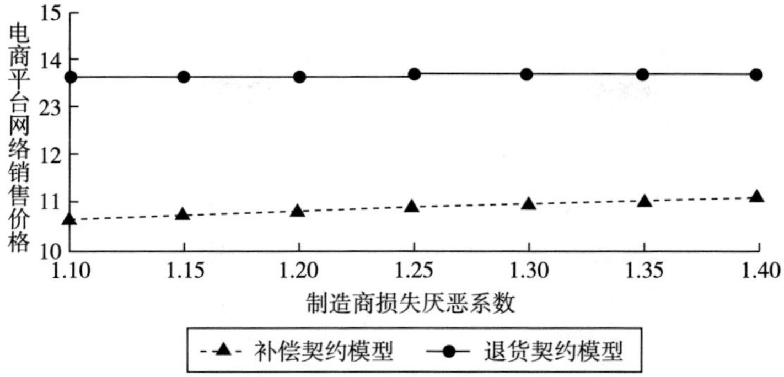

图 3.15　电商平台网络销售价格与制造商损失厌恶系数关系

的网络销售价格会远高于补偿契约模式下的网络销售价格。对于消费者而言，为了减少自身的消费支出，消费者更倾向于制造商提供补偿契约模式，而不是退货契约模式；同时，消费者也更希望制造商的损失厌恶程度相对较低。

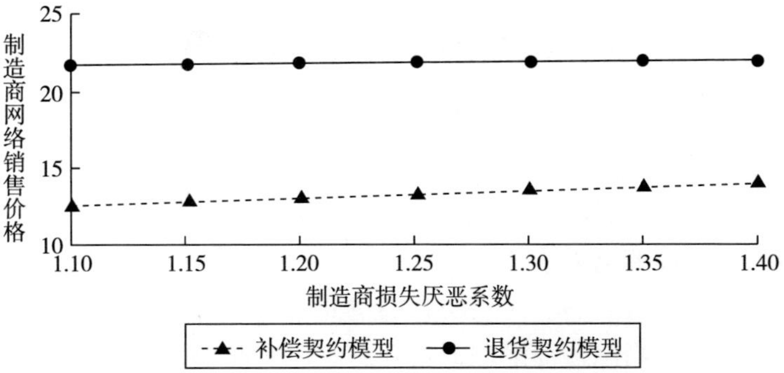

图 3.16　制造商网络销售价格与制造商损失厌恶系数关系

由图 3. 16 可知，在补偿契约模型和退货契约模型下，制造商网络销售价格均随着制造商损失厌恶系数的增大而增大，且补偿契约模型下的制造商网络销售价格小于退货契约模型下的制造商网络销售价格。这表明，制造商的损失厌恶心理导致制造商自身也会提高其网络销售价格，制造商在进行定价决策时，不仅需要考虑自身网络销售渠道消费者对其产品价值的关注，也需要考虑竞争对手的价格策略，基于自身利益最大化制定其价格决策，而且当制造商采取退货契约时，制造商制定的网络销售价格也会远高于在补偿契约模式下的制造商网络销售价格，这与电商平台的定价决策规律是相似的，也符合对现实网购环境的直观判断，因为退货契约对于制造商来说，其承担的风险损失是较大的，为了规避损失给其造成的不利影响，制造商将会大幅度提高其网络销售价格。基于消费者视角，为了减少从制造商网络销售渠道网购产品的消费支出，消费者希望制造商能够提供补偿契约模式，而不是退货契约模式。与此同时，消费者也期待制造商的损失厌恶程度相对较低。

2. 制造商损失厌恶系数对企业和供应链收益的影响

根据表 3.4、表 3.6 可得图 3.17、图 3.18、图 3.19。

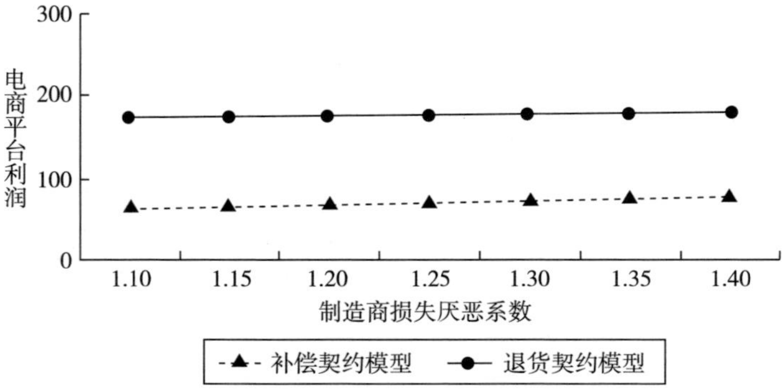

图 3.17 电商平台利润与制造商损失厌恶系数关系

由图 3.17 可知，在补偿契约模型和退货契约模型下，电商平台利润均随着制造商损失厌恶系数的增大而增大，且补偿契约模型下的电商平台利润小于退货契约模型下的电商平台利润。这表明，制造商的损失厌恶心理有利于电商平台提高其自身收益，而且当制造商采取退货契约时，电商平台的收益会远高于在补偿契约模式下的电商平台收益。

在双渠道网购市场环境下，基于电商平台的视角，电商平台更希望制造商具备较强的损失厌恶心理特征，且期待制造商针对网购消费者采取退货契约模式。而制造商是否愿意采取退货契约模式，则取决于退货契约在多大程度上能够给制造商带来更多收益，如果与退货契约相比较，补偿契约可以为制造商创造更多价值，那么制造商采取退货契约的可能性就会变小。

由图 3.18 可知，在补偿契约模型下，制造商效用是正值，且其随着制造商损失厌恶系数 λ 的增大而增大。然而，在退货契约模型下，制造商效用是负值，且其随着制造商损失厌恶系数 λ 的增大而减小。所以，在不同的契约模式下，制造商损失厌恶心理可能导致其收益产生相反的变化趋势。

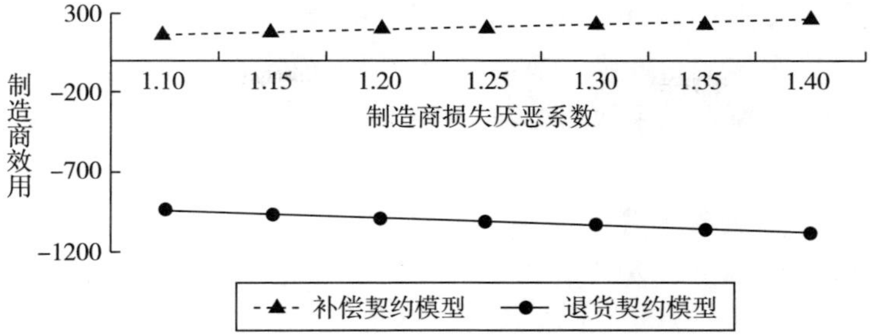

图 3.18　制造商效用与制造商损失厌恶系数关系

究其原因，制造商在退货契约模式下的网络销售价格远高于在补偿契约模式下的网络销售价格，这可能导致退货契约模式下的市场需求急剧下滑，而在此模式下，一旦消费者对产品质量或产品价值失去信心，那么消费者的退货浪潮可能给制造商带来严重冲击。从理性的视角分析，制造商为了避免自身收益遭受损害，针对双渠道网购消费市场，采取补偿契约的模式优于采取退货契约的模式。

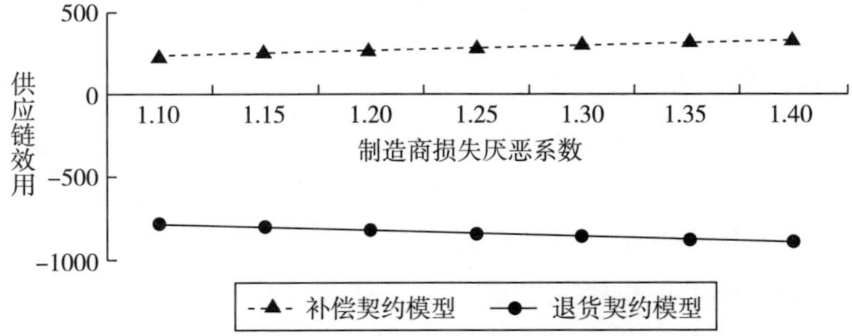

图 3.19　供应链效用与制造商损失厌恶系数关系

由图 3.19 可知，在补偿契约模型下，供应链效用是正值，且其随着制造商损失厌恶系数的增大而增大。然而，在退货契约模型下，供应链效用是负值，且其随着制造商损失厌恶系数的增大而减小。所以，在不同的契约模式下，制造商损失厌恶心理可能导致供应链收益产生相反的变化趋势。

究其原因，在退货契约模式下，电商平台和制造商的网络销售价格均远高于在补偿契约模式下各自的网络销售价格，这将导致退货契约模式下的市场需求出现较大幅度的下滑，消费者的退货浪潮将对整个供应链带来严重伤害。从整个社会效益的视角分析，相较于退货契约而言，制造商采取的补偿契约更有利于整个供应链的持续稳定发展。

在现实的双渠道网购环境中，面对网络销售产品出现的质量问题或功能问题，较多制造商采取的是维修、换货等售后服务模式，这在一定程度上是对消费者进行的补偿，而制造商采取直接退货的行为可能更多的还是来源于消费者提出的退货要求。

3. 补偿金额对网络销售价格的影响

根据表 3. 5 可得图 3. 20、图 3. 21。

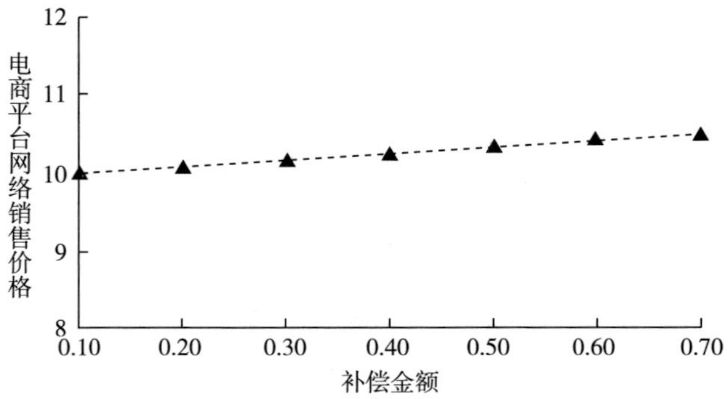

图 3. 20　电商平台网络销售价格与补偿金额关系

由图 3. 20 可知，在补偿契约模型下，电商平台网络销售价格随着补偿金额的增大而增大。这表明制造商制定的补偿契约是为了吸引更多的消费群体网购其产品，而为了自身企业的利益，电商平台将通过提高网络销售价格的措施填补由于制造商制定的补偿契约给自身企业带来的利益损害，且如果补偿金额越大，那么电商平台网络销售价格也将随之越大。这符合人们的直观判断，也表明制造商制定的补偿契约对电商平台的定价策略造成了间接影响。基于消费者视角，看上去符合消费者利益的补偿契约，有可能促使企业之间的销售价格提升。所以，消费者需要思考和分析，以客观理性的态度对待商家的相关契约政策，避免自身利益遭受损害。

由图 3. 21 可知，在补偿契约模型下，制造商网络销售价格随着补偿金额的增大而增大。这表明制造商制定的补偿契约直接导致制造商提高其自身的网络销售价格，且如果补偿金额越大，那么制造商的网络销售价格也将随之越大。

通过比较可以发现，在相同补偿金额前提条件下，制造商网络销售价格高于电商平台网络销售价格。这说明制造商制定补偿契约需要承担一定的风险和损失，而电商平台不需要承担这个风险和损失，因此，制造商为了规避该风险和损失，其制定的网络销售价格将可能会高于电商平台的网络销售价格。这对于消费者而言是非常有利的，消费者可以通过对比电商平台与制造商在网络销售渠道中

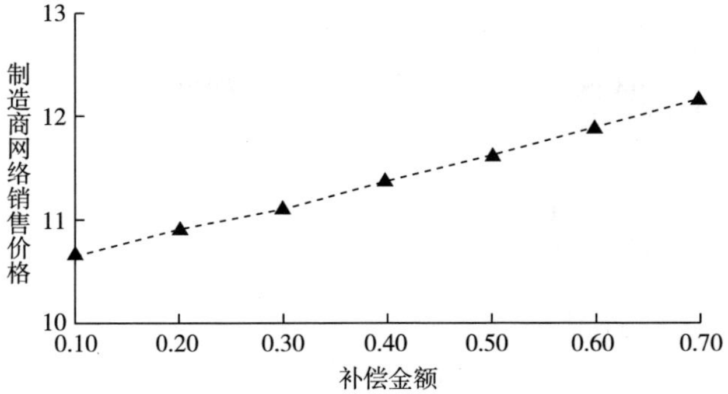

图 3. 21　制造商网络销售价格与补偿金额关系

的价格差异来减少自身的消费支出。当然，对于从制造商网络销售渠道网购产品的消费者来说，希望制造商针对消费者采取的补偿契约力度不要太大。

4. 补偿金额对企业和供应链收益的影响

根据表 3. 5 可得图 3. 22、图 3. 23、图 3. 24。

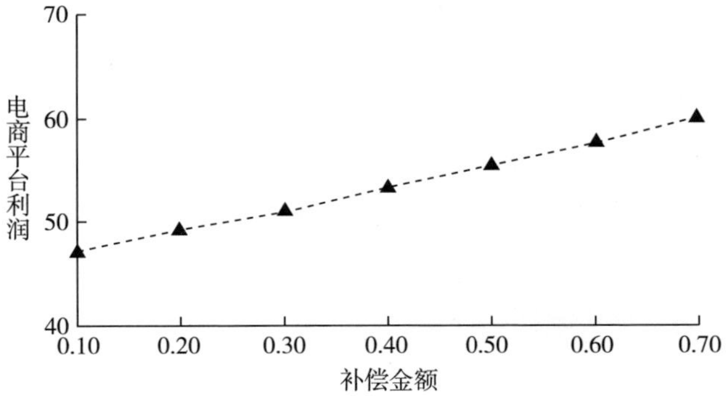

图 3. 22　电商平台利润与补偿金额关系

由图 3. 22 可知，在补偿契约模型下，电商平台利润随着补偿金额的增大而增大。这表明制造商针对消费者制定的补偿契约间接提高了电商平台的收益，且如果补偿金额越大，那么电商平台的获益也将随之越大。也表明，制造商采取的补偿契约模式有利于竞争对手，电商平台希望制造商能够针对网购消费者制定和实施补偿契约，带动整个网络产品市场价格提升，进而实现企业更大的收益。通过比较发现，在补偿契约模式下，制造商获得的收益要明显高于电商平台获得的收益。还表明，尽管制造商需要承担实施补偿契约所付出的代价及可能的风险，而制造商的损失厌恶心理也可能加剧了其效用的下降，但是，制造商凭借双渠道的销售方式降低了损失，提高了抗风险的能力。所以，制造商比电商平台更有动力和信心制定和采取补偿契约模式。

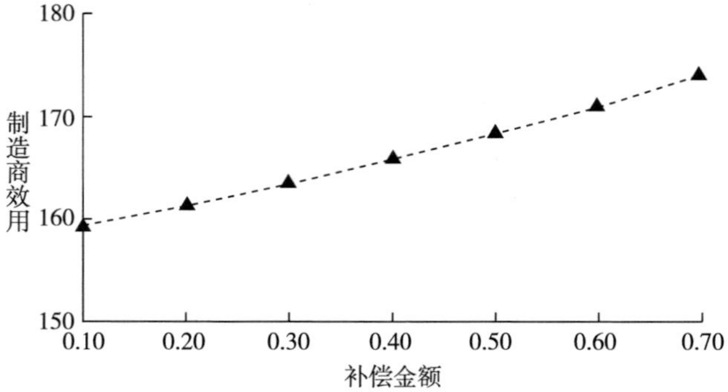

图 3.23　制造商效用与补偿金额关系

由图 3.23 可知，在补偿契约模型下，制造商效用随着补偿金额的增大而增大。这表明制造商针对消费者制定的补偿契约不仅提高了电商平台的收益，也同时提高了自身的效用，且如果补偿金额越大，那么制造商的获益也将随之越大。也表明，制造商制定的补偿契约能够实现电商平台与自身互利共赢的市场格局。但通过前面所述，补偿金额的增大，促使制造商的网络销售价格也逐渐增大，这必然增加消费者的消费支出水平，在一定程度上降低了消费者的网购效用，从而减少产品的网购市场占有率，这是制造商不愿意看到的现象。所以，如何确定补偿金额的具体金额大小考验制造商对整个消费市场和竞争环境的总体把控。

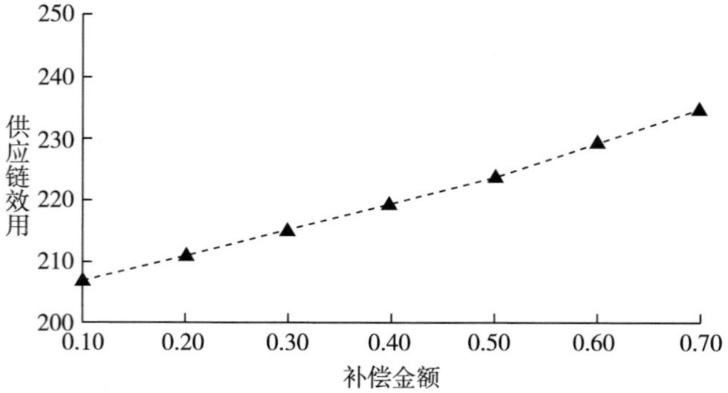

图 3.24　供应链效用与补偿金额关系

由图 3. 24 可知，在补偿契约模型下，供应链效用随着补偿金额的增大而增大。这表明制造商针对消费者制定的补偿契约不仅提高了其自身收益，也同时提高了供应链效用，且如果补偿金额越大，那么供应链效用也将随之越大。也表明，从长远来看，制造商制定的补偿契约有利于供应链的整体绩效改善。综上所述，在双渠道网购环境下，补偿契约有利于电商平台、制造商和整个供应链的绩效提升，成为运用范围非常广泛的经典契约模式之一，这得益于补偿契约实现了互利共赢，以及良好的可操作性。

四、本章小结

本章考虑企业存在损失厌恶心理，首先考虑电商平台存在损失厌恶心理，分析了电商平台的损失厌恶心理对电商平台和制造商网络销售价格决策、双渠道供应链绩效的影响；并对电商平台制定的补偿契约和退货契约在缓解损失厌恶心理对企业和双渠道供应链绩效造成的不利影响方面进行了比较研究。其次考虑制造商存在损失厌恶心理，分析了制造商的损失厌恶心理对电商平台和制造商网络销售价格决策、双渠道供应链绩效的影响；并对制造商制定的补偿契约和退货契约进行了比较分析。得到如下主要结论：

（一）基于损失厌恶电商平台的双渠道供应链管理优化研究

（1）在补偿契约模型和退货契约模型下，电商平台网络销售价格均随着电商平台损失厌恶系数的增大而增大，且补偿契约模型下的电商平台网络销售价格小于退货契约模型下的电商平台网络销售价格。

（2）在补偿契约模型和退货契约模型下，制造商网络销售价格均随着电商平台损失厌恶系数的增大而增大，且补偿契约模型下的制造商网络销售价格小于退货契约模型下的制造商网络销售价格。

（3）在补偿契约模型下，电商平台效用是正值，且其随着电商平台损失厌恶系数的增大而增大。然而，在退货契约模型下，电商平台效用是负值，且其随着电商平台损失厌恶系数的增大而减小。

（4）在补偿契约模型和退货契约模型下，制造商利润均随着电商平台损失厌恶系数的增大而增大，且补偿契约模型下的制造商利润小于退货契约模型下的制造商利润。

（5）在补偿契约模型下，供应链效用是正值，且其随着电商平台损失厌恶系数的增大而增大。然而，在退货契约模型下，供应链效用是负值，且其随着电商平台损失厌恶系数的增大而减小。

（6）在补偿契约模型下，随着补偿金额的增大，电商平台网络销售价格、制造商网络销售价格、电商平台效用、制造商利润、供应链效用均将增大。

（二）基于损失厌恶制造商的双渠道供应链管理优化研究

（1）在补偿契约模型和退货契约模型下，电商平台网络销售价格均随着制造商损失厌恶系数的增大而增大，且补偿契约模型下的电商平台网络销售价格小于退货契约模型下的电商平台网络销售价格。

（2）在补偿契约模型和退货契约模型下，制造商网络销售价格均随着制造商损失厌恶系数的增大而增大，且补偿契约模型下的制造商网络销售价格小于退货契约模型下的制造商网络销售价格。

（3）在补偿契约模型和退货契约模型下，电商平台利润均随着制造商损失厌恶系数的增大而增大，且补偿契约模型下的电商平台利润小于退货契约模型下的电商平台利润。

（4）在补偿契约模型下，制造商效用是正值，且其随着制造商损失厌恶系数的增大而增大。然而，在退货契约模型下，制造商效用是负值，且其随着制造商损失厌恶系数的增大而减小。

（5）在补偿契约模型下，供应链效用是正值，且其随着制造商损失厌恶系数的增大而增大。然而，在退货契约模型下，供应链效用是负值，且其随着制造商损失厌恶系数的增大而减小。

（6）在补偿契约模型下，随着补偿金额的增大，电商平台网络销售价格、制造商网络销售价格、电商平台利润、制造商效用、供应链效用均将增大。

接下来，本书将假设消费者和企业决策者心中存在损失厌恶参照点，在此基础上，研究双渠道供应链管理优化问题，并进一步探讨参照点对企业决策优化及双渠道供应链激励契约的影响。

第四章　基于损失厌恶参照点的双渠道供应链管理优化研究

一、引言

第三章考虑了企业存在损失厌恶心理，在此基础上，分析了损失厌恶心理对双渠道供应链企业决策优化、补偿契约和退货契约的影响。本章以消费者和企业的损失厌恶心理存在参照点作为研究视角，将参照点因素引入消费者和企业效用函数模型中，深入研究参照点因素对于双渠道供应链企业决策优化与契约模式产生的不同影响。

目前，很少有学者将参照点因素引入供应链管理。而参照点的变化可能促使人们的收益或损失发生偏移，进而改变人们的效用水平。近两年，会员制在电商平台逐渐兴起，越来越多的消费者充值成为付费会员。2021 年，在“6·18”购物狂欢节中，不少电商平台选择为会员提供更多的优惠政策，这大大刺激了会员的消费力。京东大数据显示，PLUS 用户量持续增长，截止到 2021 年 6 月，PLUS 用户消费带动了 2 万个品牌，销售额呈现了两倍以上的同比增长，展现了 PLUS 用户的品牌认知能力和强大的消费能力。充会员是消费者对电商平台的一份信任，也是消费者心中存在参照点的重要体现，这将成为未来电商平台发展的新动力，也是互联网发展的新趋势。与此同时，新冠肺炎疫情以来，流量端的变化为品牌和代运营公司提供了新的机会。抖音、快手大力布局电商平台，特别是直播电商，对品牌做差异化渠道拓展提出了新的挑战。实际上提高流量是电商平台商业模式演变的主要动力，随着年轻消费者的崛起，如今电商平台竞相争夺的对象主要来自年轻用户群体。只有深度洞察与迎合年轻人的兴趣爱好，才能获得更大的竞争优势。从某种程度上来说，也就是电商平台决策者心中的参照点需要进行调整。

鉴于此，本章将参照点因素引入消费者和企业效用函数模型中，构建了双渠道供应链企业的利润和效用函数模型，建立了供应链的补偿契约模型、退货契约模型，分析消费者和企业的损失厌恶参照点因素是如何对企业的定价决策优化与双渠道供应链契约模式产生影响的。

二、基于消费者损失厌恶参照点的双渠道供应链管理优化研究

本节考虑在双渠道供应链中，面对具有参照点的损失厌恶消费者市场，在基本模型、补偿契约模型等情形下，分析参照点是如何影响企业定价策略和激励契约的，为基于参照点的双渠道供应链管理研究提供理论参考。

（一）基本模型

考虑某个双渠道供应链由一个制造商和一个电商平台构成。电商平台通过互联网向消费者销售产品，并根据市场需求变化采取相应的网络定价策略。制造商存在两条不同的销售渠道：一是根据电商平台的订单为其提供相应的产品；二是通过制造商自身的网络销售渠道开展网络销售。制造商根据两条不同渠道的销售状况采取相应的网络定价策略。消费者在网购产品的过程中，依据其认为的某个参照点来评估自身的收益，以及可能遭受的损失，且对该损失存在厌恶心理，从而对整个网络销售市场的需求趋势产生重要影响。双渠道供应链与损失厌恶消费者关系示意图，如图 4.1 所示。

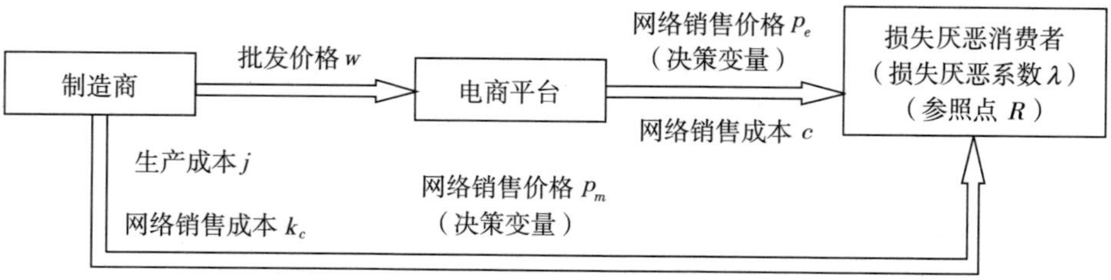

图 4.1　双渠道供应链与损失厌恶消费者关系示意图

为了便于讨论，提出如下三种假设：

H4.1：假定电商平台完全理性，其从制造商订购产品的批发价格为 w，网络销售价格为 p_e，网络销售成本为 c，且满足条件 $p_e>w+c$。

H4.2：假定制造商完全理性，其生产成本为 j，网络销售价格为 p_m，网络销

售成本为 kc，其中，k 是指制造商相对于电商平台的网络销售效率，k 越小，表明制造商的网络销售效率越高，反之，其网络销售效率越低；且满足 $w>j$，$p_m>j+kc$；一般情形下，制造商通过传统批发得到的收益大于其网络销售得到的收益，即 $w-j>p_m-j-kc$。

H4.3：假定消费者不完全理性，其依据心中的某个参照点 $R(R>0)$ 对网购产品的价值进行评估，若遭受损失，则消费者对损失存在厌恶心理，其损失厌恶系数为 $\lambda(\lambda>1)$。

根据 H4.3，假定消费者在网购过程中以参照点 R 为基准评估其网购产品的价值为 v，且 v 服从某个分布，其密度函数为 $g(v)$，分布函数为 $G(v)$。若 v 大于 p_e+R 或 p_m+R，则消费者得到收益，反之，消费者产生损失。基于前景理论，得到在电商平台网络销售渠道、制造商网络销售渠道进行网购的损失厌恶消费者效用函数分别为：

$$U(\lambda, p_e, v)=\begin{cases}\lambda(v-p_e-R), & 0<v<p_e+R \\ v-p_e-R, & v\geq p_e+R\end{cases} \tag{4.1}$$

$$U(\lambda, p_m, v)=\begin{cases}\lambda(v-p_m-R), & 0<v<p_m+R \\ v-p_m-R, & v\geq p_m+R\end{cases} \tag{4.2}$$

根据式（4.1）和式（4.2），容易得到损失厌恶消费者的期望效用函数分别为：

$$\overline{U(\lambda, p_e, v)}=\bar{v}_e+(\lambda-1)\int_0^{p_e+R} vg(v)dv-(p_e+R)[1+(\lambda-1)G(p_e+R)] \tag{4.3}$$

$$\overline{U(\lambda, p_m, v)}=\bar{v}_m+(\lambda-1)\int_0^{p_m+R} vg(v)dv-(p_m+R)[1+(\lambda-1)G(p_m+R)] \tag{4.4}$$

其中，$\bar{v}_e$、$\bar{v}_m$ 分别表示消费者评估电商平台网络销售产品价值的平均值、消费者评估制造商网络销售产品价值的平均值。

在现实的双渠道网购市场中，本渠道的市场需求与本渠道消费者的期望效用，以及竞争企业的网络销售价格存在紧密联系，可以得到电商平台和制造商的需求函数分别为：

$$q_e=\mu a+\beta p_m+\gamma\overline{U(\lambda, p_e, v)} \tag{4.5}$$

$$q_m=(1-\mu)a+\beta p_e+\gamma\overline{U(\lambda, p_m, v)}+q_e \tag{4.6}$$

其中，a（$a>0$）表示市场的基本需求，μ（$0<\mu<1$）表示电商平台占市场基本需求的比例，β（$\beta>0$）表示竞争企业的价格弹性系数，γ（$\gamma>0$）表示消费者期望效用的弹性系数；由于与其他渠道的销售价格相比较，本渠道的市场需求受到本渠道销售价格的影响会更大，所以满足条件 $\gamma>\beta$。

根据 H4.1 和 H4.2，容易得到电商平台和制造商的利润函数分别为：

$$\pi_e=(p_e-w-c)q_e \tag{4.7}$$

$$\pi_m=(p_m-j-kc)[(1-\mu)a+\beta p_e+\gamma\overline{U(\lambda, p_m, v)}]+(w-j)q_e \tag{4.8}$$

其中：π_e 表示电商平台的利润；π_m 表示制造商的利润。

供应链的利润函数为：

$$\pi_s=\pi_e+\pi_m=(p_m-j-kc)[(1-\mu)a+\beta p_e+\gamma\overline{U(\lambda, p_m, v)}]+(p_e-j-c)q_e \tag{4.9}$$

制造商与电商平台的博弈关系为静态博弈，即双方各自以自身利益最大化为目标，分别对自身的网络销售价格同时进行定价决策。下面分别推导得到各自企业的最优定价模型。

将电商平台的利润函数式（4.7）对 p_e 分别求一阶导数和二阶导数，可以得到：

$$\frac{\partial\pi_e}{\partial p_e}=(c-R+w)\gamma+a\mu+\beta p_m+\gamma\left((\lambda-1)\int_0^{p_e+R}vg(v)dv+(\lambda-1)(c-R+w-2p_e)\int_0^{p_e+R}g(v)dv-2p_e+\bar{v}_e\right) \tag{4.10}$$

$$\frac{\partial^2\pi_e}{\partial p_e^2}=-\gamma(2+2(\lambda-1)\int_0^{p_e+R}g(v)dv+(\lambda-1)g(p_e+R)(p_e-c-w)) \tag{4.11}$$

将制造商的利润函数式（4.8）对 p_m 分别求一阶导数和二阶导数，可以得到：

$$\frac{\partial\pi_m}{\partial p_m}=a+(w-j)\beta+(j+kc-R)\gamma-a\mu+\beta p_e+\gamma((\lambda-1)\int_0^{p_m+R}vg(v)dv+(\lambda-1)(j+kc-R-2p_m)\int_0^{p_m+R}g(v)dv-2p_m+\bar{v}_m) \tag{4.12}$$

$$\frac{\partial^2\pi_m}{\partial p_m^2}=-\gamma(2+2(\lambda-1)\int_0^{p_m+R}g(v)dv+(\lambda-1)g(p_m+R)(p_m-j-kc)) \tag{4.13}$$

将式（4.10）和式（4.12）分别等于 0，即 $\frac{\partial\pi_e}{\partial p_e}=0$，$\frac{\partial\pi_m}{\partial p_m}=0$，联立方程求解，可以得到基本模型下电商平台的最优网络销售价格 p_e^* 和制造商的最优网络销售价格 p_m^*。

将 p_e^* 和 p_m^* 分别代入式（4.5）、式（4.6）、式（4.7）、式（4.8）、式（4.9），可以分别得到基本模型下电商平台的需求量 q_e^*，制造商的需求量 q_m^*，电商平台的最优利润π_e^*，制造商的最优利润π_m^*，以及供应链的最优利润π_s^*。

（二）补偿契约模型分析

在第（一）部分的基础上，假设电商平台为消费者提供补偿契约模式，分析消费者的损失厌恶参照点对该契约的影响，并与基本模型进行比较研究。

考虑双渠道供应链由一个制造商和一个电商平台组成。电商平台通过互联网进行销售，并根据市场需求情况定价策略。为了缓解消费者的损失厌恶心理可能给电商平台带来的不利影响，电商平台向消费者采取补偿契约，即消费者在消费过程中遭受损失时，电商平台根据补偿契约为消费者提供相应的补偿。制造商存在两种销售渠道：一是根据电商平台的订单为其提供产品；二是通过自身的网络销售渠道进行销售。制造商根据两种销售渠道的需求情况制定定价策略。考虑补偿契约的损失厌恶双渠道供应链示意图，如图 4.2 所示。

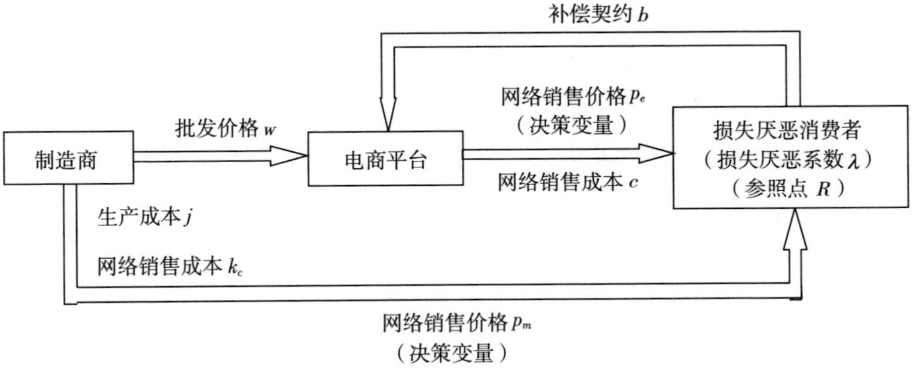

图 4.2　考虑补偿契约的损失厌恶双渠道供应链示意图

依据前文所述，可以得到在电商平台网络销售渠道（采取补偿契约模式）、制造商网络销售渠道（无补偿契约模式）进行网购的损失厌恶消费者效用函数分别为：

$$U_b(\lambda,\ p_e,\ v)=\begin{cases}\lambda(v-p_e-R+b), & 0<v<p_e+R-b\\ v-p_e-R+b, & p_e+R-b<v<p_e+R\\ v-p_e-R, & v\geqslant p_e+R\end{cases} \tag{4.14}$$

$$U(\lambda,\ p_m,\ v)=\begin{cases}\lambda(v-p_m-R), & 0<v<p_m+R\\ v-p_m-R, & v\geqslant p_m+R\end{cases} \tag{4.15}$$

根据式（4.14）和式（4.15），容易得到补偿契约模型下损失厌恶消费者的期望效用函数分别为：

$$\overline{U_b(\lambda,\ p_e,\ v)}=\begin{cases}\lambda(v-p_e-R+b), & 0<v<p_e+R-b\\ v-p_e-R+b, & p_e+R-b<v<p_e+R\\ v-p_e-R, & v\geqslant p_e+R\end{cases}$$

$$=\lambda(v-p_e-R+b)\int_0^{p_e+R-b}g(v)dv+(v-p_e-R+b)\left(\int_0^{p_e+R}g(v)dv-\int_0^{p_e+R-b}g(v)dv\right)+(v-p_e-R)\int_{p_e+R}^{+\infty}g(v)dv$$

$$=\lambda(-p_e-R+b)\int_0^{p_e+R-b}g(v)dv+(-p_e-R+b)\left(\int_0^{p_e+R}g(v)dv-\int_0^{p_e+R-b}g(v)dv\right)+(-p_e-R)\int_{p_e+R}^{+\infty}g(v)dv+\lambda\int_0^{p_e+R-b}vg(v)dv+\left(\int_0^{p_e+R}vg(v)dv-\int_0^{p_e+R-b}vg(v)dv\right)+\int_{p_e+R}^{+\infty}vg(v)dv$$

$$=(\lambda-1)(-p_e-R+b)\int_0^{p_e+R-b}g(v)dv+(-p_e-R+b)\left(\int_0^{p_e+R}g(v)dv\right)+(-p_e-R)\int_{p_e+R}^{+\infty}g(v)dv+(\lambda-1)\int_0^{p_e+R-b}vg(v)dv+\int_0^{p_e+R}vg(v)dv+\bar{v}_e-\int_0^{p_e+R}vg(v)dv$$

$$=(\lambda-1)(v-p_e-R+b)\int_0^{p_e+R-b}g(v)dv+(-p_e-R+b)\left(\int_0^{p_e+R}g(v)dv\right)+(-p_e-R)\left(1-\int_0^{p_e+R}g(v)dv\right)+\bar{v}_e$$

$$=\bar{v}_e+(\lambda-1)\int_0^{p_e+R-b}(v-p_e-R+b)g(v)dv-(p_e+R)+bG(p_e+R) \tag{4.16}$$

$$\overline{U(\lambda,\ p_m,\ v)}=\bar{v}_m+(\lambda-1)\int_0^{p_m+R}vg(v)dv-(p_m+R)[1+(\lambda-1)G(p_m+R)] \tag{4.17}$$

在现实生活中，企业产品市场需求的大小取决于消费者的期望效用大小，同时，也受到竞争企业的网络销售价格影响。所以，可以得到电商平台和制造商的需求函数分别是：

$$q_e=\mu a+\beta p_m+\gamma\overline{U_b(\lambda, p_e, v)} \tag{4.18}$$

$$q_m=(1-\mu)a+\beta p_e+\gamma\overline{U(\lambda, p_m, v)}+q_e \tag{4.19}$$

根据假设，容易得到电商平台的利润函数π_e为：

$$\pi_e=(p_e-w-c)q_e \tag{4.20}$$

制造商的利润函数π_m为：

$$\pi_m=(p_m-j-kc)[(1-\mu)a+\beta p_e+\gamma\overline{U(\lambda, p_m, v)}]+(w-j)q_e \tag{4.21}$$

供应链的利润函数π_s为：

$$\pi_s=\pi_e+\pi_m \tag{4.22}$$

电商平台与制造商的博弈关系为静态博弈，即双方各自以自身利益最大化为目标，分别对自身的网络销售价格同时进行定价决策。下面分别推导得到各自企业的最优定价模型。

将电商平台的利润函数式（4.20）对 p_e 分别求一阶导数和二阶导数，可以得到：

$$\frac{\partial \pi_e}{\partial p_e}= a\mu+\gamma\left(-1+bg(R+p_e)-(\lambda-1)\int_0^{p_e-b+R}g(v)dv\right)(p_e-w-c)+\beta p_m+ \gamma\left(-R+b\int_0^{R+p_e}g(v)dv+(\lambda-1)\int_0^{p_e-b+R}(b-R+v-p_e)g(v)dv-p_e+\bar{v}_e\right) \tag{4.23}$$

$$\frac{\partial^2 \pi_e}{\partial p_e^2}=2\gamma(-1+bg(p_e+R)-(\lambda-1)\int_0^{-b+R+p_e}g(v)dv)+ \gamma(p_e-w-c)(-(\lambda-1)g(p_e-b+R)+bg'(p_e+R)) \tag{4.24}$$

将制造商的利润函数式（4.21）对 p_m 分别求一阶导数和二阶导数，可以得到：

$$\frac{\partial \pi_m}{\partial p_m}=a+(w-j)\beta+(j+ck-R)\gamma-a\mu+\beta p_e+\gamma((\lambda-1)\int_0^{p_m+R}vg(v)dv+ (\lambda-1)(j+ck-R-2p_m)\int_0^{p_m+R}g(v)dv-2p_m+\bar{v}_m) \tag{4.25}$$

$$\frac{\partial^2 \pi_m}{\partial p_m^2}=-\gamma(2+2(\lambda-1)\int_0^{p_m+R}g(v)dv+(\lambda-1)g(p_m+R)(p_m-j-ck)) \tag{4.26}$$

将式（4.23）和式（4.25）分别等于0，即$\frac{\partial \pi_e}{\partial p_e}=0$，$\frac{\partial \pi_m}{\partial p_m}=0$，联立方程求解，可以得到补偿契约模型下电商平台的最优网络销售价格 p_e^{**} 和制造商的最优

网络销售价格 p_m^{**}。

将 p_e^{**} 和 p_m^{**} 分别代入式（4.18）、式（4.19）、式（4.20）、式（4.21）、式（4.22），可以分别得到补偿契约模型下电商平台的需求量 q_e^{**}，制造商的需求量 q_m^{**}，电商平台的最优利润π_e^{**}，制造商的最优利润π_m^{**}，以及供应链的最优利润π_s^{**}。

（三）算例分析

假设在某网络销售市场环境下，由一个电商平台和一个制造商组成双渠道供应链。电商平台通过自身的网络销售渠道向消费者销售产品；制造商存在两条销售渠道：一是通过电商平台的订单对其批发产品；二是通过制造商自身的网络销售渠道向消费者销售产品。损失厌恶消费者对网购产品的评估值服从均匀分布 $v \sim U[1, 6]$，其他参数设置为 $w=5$，$j=1$，$\mu=0.5$，$\gamma=3$，$a=20$，$\beta=2$，$k=2$，$c=1$，$\lambda=1.2$。在基本模型下，当消费者的损失厌恶参照点 R 发生改变时，根据优化公式，可以得到各个变量的优化值，如表 4.1 所示；在补偿契约模型下，令 $b=0.2$，当消费者的损失厌恶参照点 R 发生改变时，根据优化公式，可以得到各个变量的优化值，如表 4.2 所示；令 $R=0.2$，当补偿金额 b 发生改变时，根据优化公式，可以得到各个变量的优化值，如表 4.3 所示。

表 4.1　在基本模型下不同 R 的各变量优化值

变量	R						
	0.05	0.10	0.15	0.20	0.25	0.30	0.35
p_e^*	7.96536	7.93111	7.89688	7.86266	7.82846	7.79428	7.76011
p_m^*	7.59363	7.55882	7.52403	7.48926	7.4545	7.41976	7.38503
q_e^*	7.78643	7.6544	7.5223	7.39014	7.25792	7.12564	6.99329
q_m^*	17.7808	17.5207	17.2605	17.0002	16.7398	16.4792	16.2186
π_e^*	15.3031	14.7815	14.2689	13.7653	13.2708	12.7854	12.309
π_m^*	77.0559	75.5963	74.1452	72.7026	71.2687	69.8432	68.4264
π_s^*	92.3591	90.3778	88.4141	86.4680	84.5395	82.6286	80.7353

表 4.2　在补偿契约模型下不同 R 的各变量优化值（b=0.2）

变量	R						
	0.05	0.10	0.15	0.20	0.25	0.30	0.35
p_e^{**}	8.15847	8.12388	8.08930	8.05474	8.02019	7.98566	7.95115
p_m^{**}	7.63964	7.60476	7.56989	7.53503	7.50019	7.46537	7.43057

续表

变量	R						
	0.05	0.10	0.15	0.20	0.25	0.30	0.35
q_e^{**}	8.29074	8.16178	8.03277	7.90369	7.77455	7.64536	7.5161
q_m^{**}	18.4909	18.2335	17.9759	17.7182	17.4604	17.2025	16.9445
π_e^{**}	17.8953	17.3346	16.7829	16.2400	15.7061	15.1811	14.665
π_m^{**}	80.4882	79.0248	77.5701	76.1240	74.6865	73.2577	71.8374
π_s^{**}	98.3835	96.3595	94.3530	92.3640	90.3926	88.4388	86.5025

表 4.3　在不同 b 下的变量优化值（$R=0.2$）

变量	b						
	1	2	3	4	5	6	7
p_e^{**}	8.96265	10.5209	12.7723	15.9838	20.3126	25.6788	31.8354
p_m^{**}	7.75019	8.11498	8.63239	9.35202	10.2906	11.4093	12.6386
q_e^{**}	10.0123	12.8689	16.2311	20.5871	26.6429	35.1358	46.6134
q_m^{**}	20.7947	25.3176	31.0980	38.9241	49.6929	64.0790	82.3787
π_e^{**}	29.6629	58.1799	109.923	205.537	381.328	691.433	1204.28
π_m^{**}	91.2676	115.150	148.660	198.826	274.621	383.936	531.180
π_s^{**}	120.931	173.330	258.583	404.363	655.949	1075.37	1735.46

1. 损失厌恶参照点对企业定价决策的影响

根据表 4.1、表 4.2 可得图 4.3。

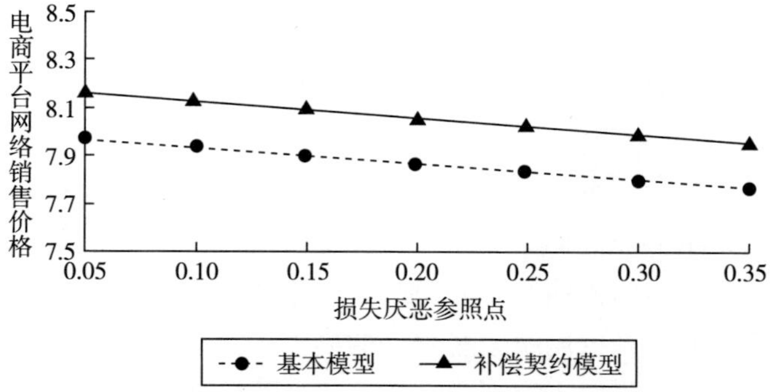

图 4.3　电商平台网络销售价格与损失厌恶参照点关系

由图 4.3 可知，在基本模型和补偿契约模型下，电商平台网络销售价格均随着损失厌恶参照点的增大而降低。所以，消费者的损失厌恶参照点导致电商平台降低其网络销售价格。这是因为消费者心中的参照点促使消费者出现损失的可能性增大，导致消费者网购产品的效用下降，市场需求可能出现萎缩，进而对电商平台的收益带来不利影响，为了提高消费者网购产品的效用，电商平台将通过降低网络销售价格的措施弥补消费者损失厌恶的参照点可能对自身造成的利益损害。

由图 4.3 可知，在补偿契约模型下的电商平台网络销售价格高于在基本模型下的电商平台网络销售价格。所以，补偿契约在为消费者带来利益的同时，电商平台通过提高其网络销售价格弥补由于补偿契约可能给电商平台带来的负面影响。

综上所述，基于消费者视角，为了降低自身的消费支出成本，可以通过增大损失厌恶参照点的方式促使电商平台降低网络销售价格。同时，消费者应当避免盲目追随电商平台的相关契约政策，理性看待商家的促销宣传，着重关注产品本身的质量及性价比。

根据表 4.1、表 4.2 可得图 4.4。

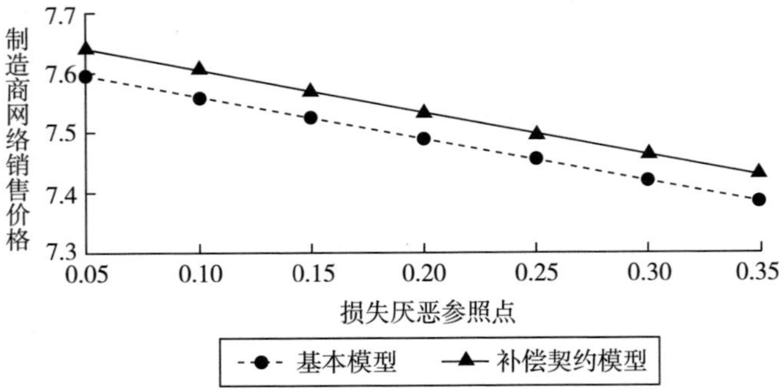

图 4.4　制造商网络销售价格与损失厌恶参照点关系

由图 4.4 可知，在基本模型和补偿契约模型下，制造商网络销售价格均随着损失厌恶参照点的增大而降低。所以，消费者的损失厌恶参照点导致制造商降低其网络销售价格。这是因为消费者心中的参照点促使消费者出现损失的可能性增大，电商平台可能制定降低网络销售价格的措施，为了能够与电商平台在激烈的市场竞争中获得一定的市场占有率，制造商通过降低其网络销售价格争取一部分网购消费者群体。

由图 4.4 可知，在补偿契约模型下的制造商网络销售价格高于在基本模型下的制造商网络销售价格。所以，补偿契约在为消费者带来利益的同时，制造商也通过提高其网络销售价格与电商平台开展市场竞争。

综上所述，基于消费者视角，为了降低自身的消费支出成本，不仅可以通过增大损失厌恶参照点的方式促使制造商降低其网络销售价格，而且消费者应当避免盲目追随企业的相关契约政策，客观看待网络平台的各类促销宣传，重点关注网购产品本身的品质和性价比。

2. 损失厌恶参照点对需求量的影响

根据表 4. 1、表 4. 2 可得图 4. 5。

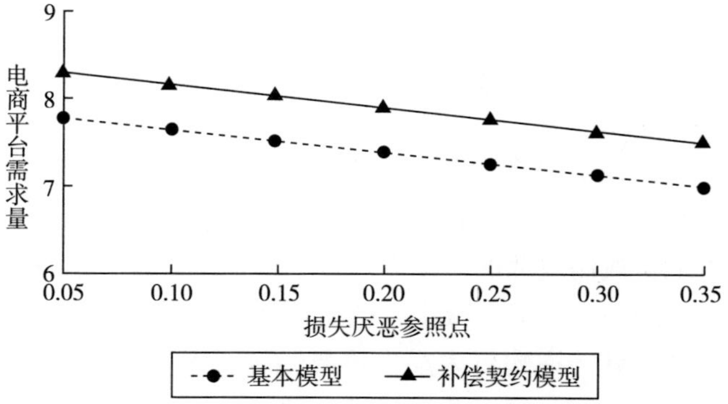

图 4. 5 电商平台需求量与损失厌恶参照点关系

由图 4. 5 可知，在基本模型和补偿契约模型下，随着损失厌恶参照点的增大，电商平台需求量均将减小。这表明，消费者的损失厌恶参照点不利于电商平台的市场销售，可能造成电商平台的市场需求量下滑。这是因为消费者的损失厌恶参照点的增大可能导致消费者效用减小，造成消费者的网购意愿下降，显然，参照点因素将会影响消费者的网购行为。作为商家，应当关注消费者的个性偏好，以及消费行为的变化趋势，避免产品市场需求出现不稳定现象。

由图 4. 5 可知，在补偿契约模型下的电商平台需求量高于在基本模型下的电商平台需求量。所以，电商平台制定的补偿契约在一定程度上刺激了消费者的网购行为，提升了电商平台的市场需求量，缓解了消费者的损失厌恶参照点对电商平台造成的不利影响。

综上所述，基于电商平台视角，为了扩大市场需求量，应当关注消费者的损失厌恶参照点情况，采取适当措施，降低消费者的损失厌恶参照点。同时，通过采取补偿契约激励消费者提高网购行为，进一步扩大网购市场消费需求。

根据表 4. 1、表 4. 2 可得图 4. 6。

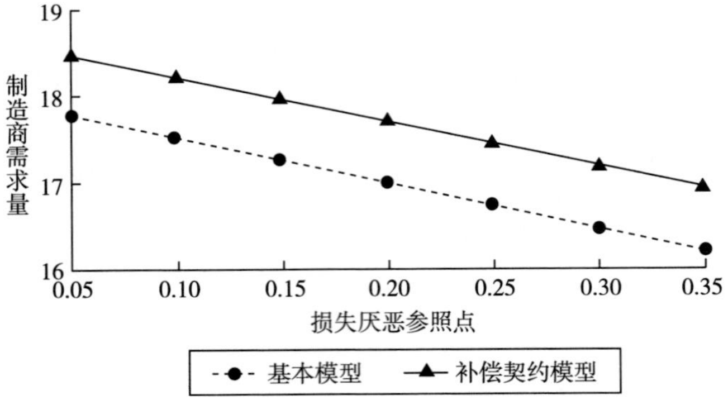

图 4.6　制造商需求量与损失厌恶参照点关系

由图 4.6 可知，在基本模型和补偿契约模型下，随着损失厌恶参照点的增大，制造商需求量均将减小。这表明，消费者的损失厌恶参照点也不利于制造商的市场销售，可能造成制造商的市场需求量下滑。这是因为消费者的损失厌恶参照点的增大可能导致消费者效用减小，造成消费者的网购意愿下滑，很明显，参照点因素将会对消费者的网购行为产生重要影响。无论是制造商还是电商平台，都应当时刻关注市场的变化情况，通过调查研究，寻求消费者的个性偏好特征，以及消费行为的总体规律，合理安排产品生产、订货和库存，满足不断变化的市场需求。

由图 4.6 可知，在补偿契约模型下的制造商需求量高于在基本模型下的制造商需求量。所以，电商平台制定的补偿契约也刺激了制造商网络销售渠道消费者的网购行为，提升了制造商的市场需求量，缓解了消费者的损失厌恶参照点对制造商造成的不利影响。

综上所述，基于制造商视角，为了扩大市场需求量，应当关注消费者的损失厌恶参照点情况，制订必要方案，削弱消费者的损失厌恶参照点。同时，希望竞争企业电商平台可以采取补偿契约等模式间接激励制造商网络销售渠道消费者提高网购行为，进一步扩大网购市场消费需求。

3. 损失厌恶参照点对企业和供应链绩效的影响

根据表 4.1、表 4.2 可得图 4.7。

由图 4.7 可知，在基本模型和补偿契约模型下，随着损失厌恶参照点的增大，电商平台利润均将减小。这表明，消费者的损失厌恶参照点给电商平台利益带来了不利影响。这是因为消费者的损失厌恶参照点的增大可能导致消费者效用减小，造成消费者的网购意愿下降，进而给电商平台收益造成冲击。对于商家而言，为了能够适应市场激烈竞争，不仅需要关注竞争企业的决策策略，还需要密

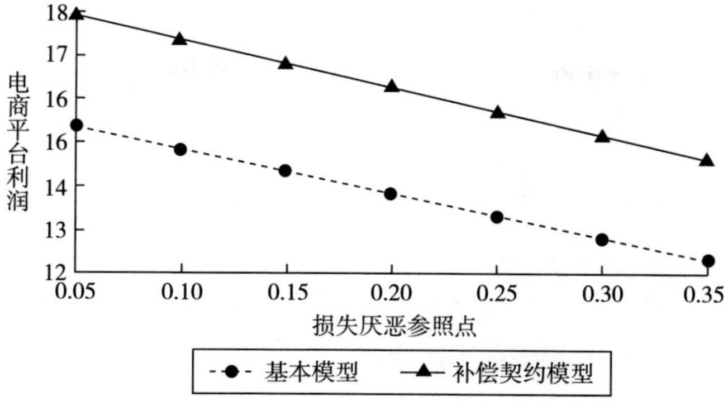

图 4.7 电商平台利润与损失厌恶参照点关系

切关注消费者对于网购产品的消费理念，以及不同类型消费者的消费特征，采取应对措施，提升企业获利能力，使企业立于不败之地。

由图 4.7 可知，在补偿契约模型下的电商平台利润高于在基本模型下的电商平台利润。所以，电商平台通过制定补偿契约可以刺激消费者的网购行为，提升自身企业的获利能力，缓解消费者的损失厌恶参照点对电商平台利益造成的负面影响。

综上所述，基于电商平台视角，为了能够提高企业收益，应当关注消费者的损失厌恶参照点情况，采取各种可能的方案，达到降低消费者损失厌恶参照点的目标。同时，可以采取补偿契约等模式激励消费者提升消费意愿，进一步改善企业的经济效益。

根据表 4. 1、表 4. 2 可得图 4. 8。

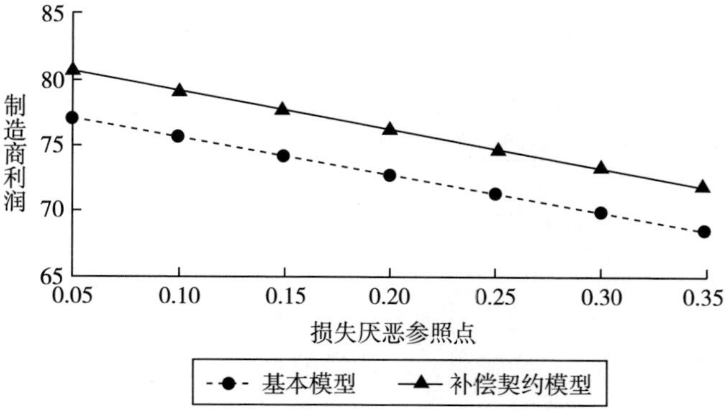

图 4. 8 制造商利润与损失厌恶参照点关系

由图 4.8 可知，在基本模型和补偿契约模型下，随着损失厌恶参照点的增大，制造商利润均将减小。这表明，消费者的损失厌恶参照点也给制造商利益带来了不利影响。这是因为消费者的损失厌恶参照点的增大可能导致消费者效用减小，造成消费者的网购意愿下降，进而给制造商收益造成冲击。对于企业而言，为了能够在激烈竞争的市场环境下求得生存，应当关注竞争对手的决策策略，同时，也应当关注不断变化的消费者网购理念，研究消费者的消费特点，通过统计分析发现隐藏在大数据背后的消费行为规律，以积极主动的态度制订应对方案，提升市场竞争力，使企业获得更大的收益。

由图 4.8 可知，在补偿契约模型下的制造商利润高于在基本模型下的制造商利润。所以，电商平台制定的补偿契约间接刺激了制造商网络销售渠道消费者的网购行为，提升了制造商的获利能力，缓解消费者的损失厌恶参照点对制造商利益造成的不利影响。

综上所述，基于制造商视角，为了能够提高企业收益，也应当密切关注消费者的损失厌恶参照点情况，采取各种可能的措施，达到削弱消费者损失厌恶参照点的目的。同时，也希望电商平台能够采取补偿契约等模式激励消费者提升消费意愿，进一步提高企业利润。

根据表 4.1、表 4.2 可得图 4.9。

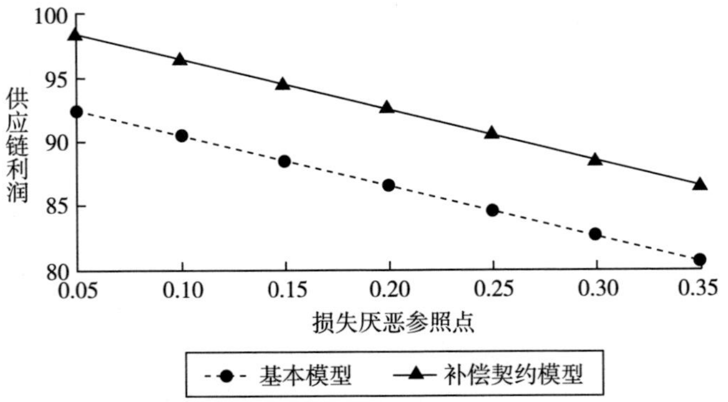

图 4.9　供应链利润与损失厌恶参照点关系

由图 4.9 可知，在基本模型和补偿契约模型下，随着损失厌恶参照点的增大，供应链利润均将减小。这表明，消费者的损失厌恶参照点也给供应链的整体利益带来了不利影响。这是因为消费者的损失厌恶参照点的增大给电商平台和制造商的收益均造成了负面冲击。对于供应链而言，面对参照点带来的负面影响，上下游产业的各个企业为了共同的目标，应当联合起来共同应对消费者损失厌恶参照点带来的挑战，从不同视角分析消费者的消费行为，掌握网购市场的变化趋势，采取联合行动，提高企业的市场快速反应能力，提升企业盈利空间，促进整个供应链的持续健康发展。

由图 4.9 可知，在补偿契约模型下的供应链利润高于在基本模型下的供应链利润。所以，电商平台制定的补偿契约不仅可以提升自身企业的获利能力，也提升了制造商的获利水平，更促进了供应链整体绩效的改善，缓解了消费者的损失厌恶参照点对供应链可能带来的不利影响。

综上所述，基于供应链视角，为了能够提高供应链收益，需要关注消费者的损失厌恶参照点变化趋势及规律，通过企业之间的相互合作，在更大程度上削弱消费者损失厌恶参照点给供应链带来的挑战。同时，企业也需要通过采取补偿契约等模式刺激整个网购消费市场，进一步提高供应链整体利润。

4. 补偿金额对企业定价决策的影响

根据表 4.3 可得图 4.10。

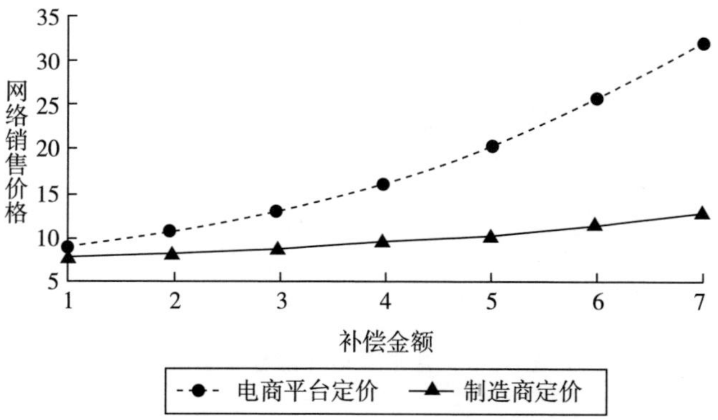

图 4.10 网络销售价格与补偿金额关系

由图 4.10 可知，在补偿契约模型下，电商平台网络销售价格和制造商网络销售价格均随着补偿金额的增大而提升。所以，电商平台制定的补偿契约不仅提升了自身企业的产品网络销售价格，同时，也间接推动了竞争对手制造商提高了其产品网络销售价格。对于消费者而言，补偿契约是一把“双刃剑”，它在为消费者带来利益的同时，也助推了商家提高其产品价格，消费者在与商家开展博弈的过程中，应当动态关注产品价格的变动趋势，切实维护自身的利益需求。

由图 4.10 可知，在补偿契约模型下，电商平台网络销售价格不仅高于制造商网络销售价格，而且随着补偿金额的不断增长，电商平台网络销售价格与制造商网络销售价格的差距也越来越大。这表明，电商平台制定的补偿契约使电商平台承担更多风险和损失，电商平台需要大幅度提高产品价格以避免自身企业收益的下滑，而补偿契约对于制造商而言，制造商具有“搭便车”的行为动机，其通过小幅度的涨价以提高自身企业的收益水平。

综上所述，基于消费者视角，为了降低自身的消费支出成本，在电商平台采取补偿契约的前提下，通过从制造商的网络销售渠道进行网购，可以较好地规避从电商平台网购带来的较高支出成本。与此同时，消费者需要谨慎对待商家的补偿契约措施，特别是补偿力度较大的产品，注意商家是否已经对该产品进行了大幅度的涨价。

5. 补偿金额对需求量的影响

根据表 4.3 可得图 4.11。

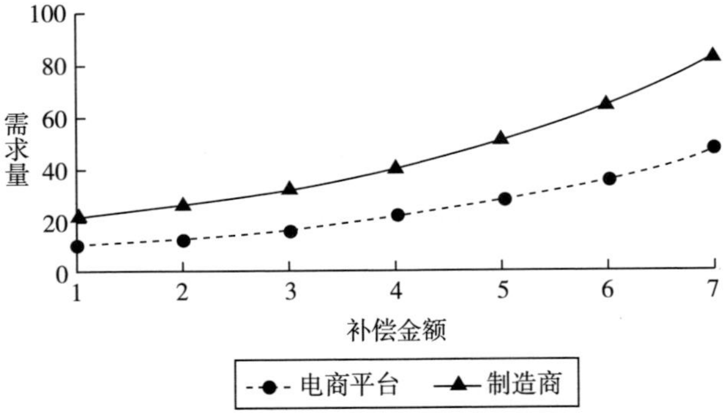

图 4.11　需求量与补偿金额关系

由图 4.11 可知，在补偿契约模型下，电商平台需求量和制造商需求量均随着补偿金额的增大而增大。所以，电商平台制定的补偿契约不仅提升了自身企业的产品需求量，同时，也间接带动了竞争对手制造商提高了其产品需求量。从企业的角度分析，为了刺激消费，扩大市场占有率，企业可以通过补偿契约等模式，提高消费者的网购意愿，带动整个网络消费市场。

由图 4.11 可知，在补偿契约模型下，电商平台需求量不仅小于制造商需求量，而且随着补偿金额的不断增大，电商平台需求量与制造商需求量的差距也越来越大。这表明，电商平台制定的补偿契约在促进消费、扩大需求方面，制造商获得的效果比电商平台更加明显，制造商存在“搭便车”现象。这是因为补偿契约导致电商平台的网络销售价格高于制造商的网络销售价格，导致部分消费者由网购电商平台产品转向网购制造商产品，从而扩大了制造商的消费需求。当补偿额度较大时，电商平台与制造商的市场需求悬殊进一步拉大，补偿契约产生的作用也更加明显。

综上所述，基于企业视角，为了扩大消费需求，可以通过补偿契约模式实现市场需求增长的目标，而制定实施补偿契约的企业也需要承担一定的风险和损失，竞争企业有可能存在“搭便车”行为。因此，企业是否采取补偿契约等模式，取决于企业的获利程度，以及决策者对风险的偏好程度。

6. 补偿金额对企业和供应链利润的影响

根据表 4.3 可得图 4.12。

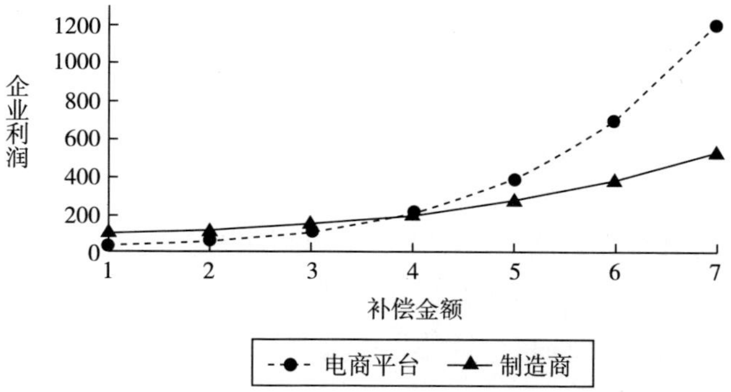

图 4.12 企业利润与补偿金额关系

由图 4.12 可知，在补偿契约模型下，电商平台利润和制造商利润均随着补偿金额的增大而增大。这表明，补偿契约对于供应链上下游企业的收益来说都会带来正面影响。与此同时，补偿契约也能够带动整个网络消费市场，形成“消费者—企业—供应链”的良性互动，为各方创造更多价值。

由图 4.12 可知，在补偿契约模型下，当补偿金额 $b<4$ 时，电商平台利润小于制造商利润；当补偿金额 $b>4$ 时，电商平台利润大于制造商利润。所以，只有当补偿金额大于某个临界值时，电商平台的收益水平才可能超越制造商收益水平。这表明，当企业之间的竞争趋于白热化时，电商平台可以通过增大补偿金额的方式赢得市场主动，但与此同时，电商平台需要承担更大的风险；反之，当企业之间的竞争并不激烈时，电商平台可以通过较小额度的补偿金额与制造商共同分享各自的市场份额。

综上所述，基于企业视角，补偿契约模式可以提高供应链上下游企业各自的收益水平，能够发挥较好的激励契约作用，实现企业之间的互利共赢。与此同时，补偿金额的大小存在某个平衡点，这个平衡点可能影响各自企业的利润增长幅度，企业是否采取补偿契约模式，取决于自身获益的多少，以及整个网购市场的竞争激烈程度。

根据表 4. 3 可得图 4. 13。

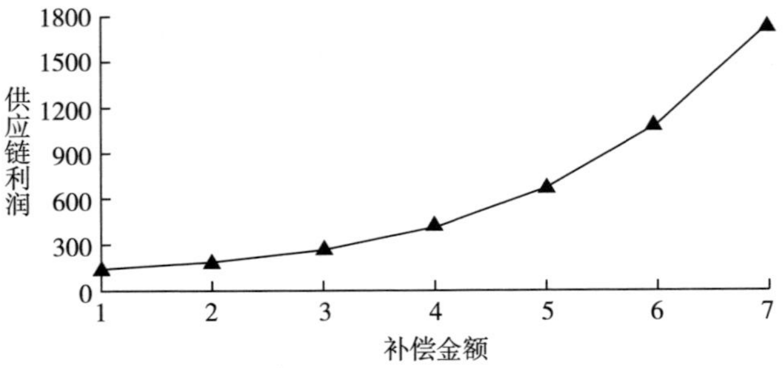

图 4. 13　供应链利润与补偿金额关系

由图 4. 13 可知，在补偿契约模型下，供应链利润随着补偿金额的增大而增大，且补偿金额越大，供应链利润增加的幅度也越大。这表明，补偿契约不仅给企业带来了更多收益，也给供应链的整体绩效带来了正面影响，并且补偿金额越大，供应链获益的程度也增大。

综上所述，基于供应链视角，补偿契约模式能够较好地发挥激励作用，带动供应链绩效快速增长。作为供应链的上下游企业，应当站在整个行业的角度，制定各种类型的契约模式，促进消费，扩大需求，谋求企业良性竞争，带动整个供应链更好发展。

三、基于企业损失厌恶参照点的双渠道供应链管理优化研究

上节讨论了消费者存在损失厌恶参照点情形，研究了双渠道供应链的最优定价决策问题，分析了消费者损失厌恶参照点对网络市场需求、企业定价、补偿契约和供应链绩效等方面的影响。本节在此基础上，假设企业存在损失厌恶参照点，分析该参照点与消费者的损失厌恶参照点在影响双渠道供应链定价决策方面存在哪些差异？企业损失厌恶参照点将对网络市场需求、补偿契约、退货契约和供应链绩效等方面产生什么影响？下面就这些问题展开分析。

（一）补偿契约模型分析

考虑某个双渠道供应链由一个损失厌恶电商平台和一个制造商组成。损失厌恶电商平台的决策者存在参照点，并通过互联网进行产品销售，其根据市场需求变化趋势，以及竞争对手的定价策略情况制定自己的定价策略。当消费者在网购过程中遭受损失时，电商平台为消费者提供一定金额的补偿。制造商存在两种销售渠道：一是根据损失厌恶电商平台的订单为其提供产品；二是通过制造商自身的网络销售渠道进行产品销售。制造商根据两种销售渠道的需求变化趋势，以及竞争对手的定价策略情况制定自己的定价策略。考虑补偿契约的损失厌恶双渠道供应链示意图，如图 4. 14 所示。

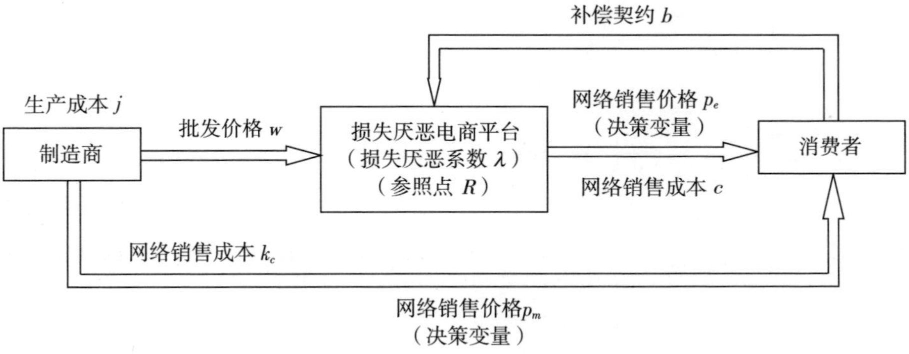

图 4. 14　考虑补偿契约的损失厌恶双渠道供应链示意图

为了方便讨论，提出以下三种假设：

H4. 4：假定损失厌恶电商平台以其效用最大化为目标，其网络销售价格为 p_e，从制造商采购产品的批发价格为 w，网络销售成本为 c，且满足条件 $p_e-w-c>0$，当消费者对从电商平台网络销售渠道购买的产品不满意时，电商平台以补偿金额 b 给予消费者补偿，且满足条件 $b<p_e$；此时，电商平台可能出现损失，令电商平台的损失厌恶系数为 λ，参照点为 R。

H4. 5：假定制造商以其利润最大化为目标，其网络销售价格为 p_m，生产成本为 j，网络销售成本为 kc，其中，k 表示制造商相对于损失厌恶电商平台的网络销售效率，k 越大，则表明相对于损失厌恶电商平台而言，制造商的网络销售效率越低，反之，制造商的网络销售效率越高，且满足条件 $p_m-j-kc>0$，$w-j>0$，通常情况下，制造商批发产品获得的单位收益大于其网络销售产品获得的单位收益，即 $w-j>p_m-j-kc$。

H4.6：假定消费者通过网络开展购物活动，由于消费者无法获知网购产品的真正价值，因此需要对网购产品的价值进行评估，这使得消费者在购买产品之后有可能遭受损失，而消费者对于损失没有任何偏好，即消费者为损失中性。

根据 H4.6，消费者在网购产品之前，对网购产品进行价值评估，令其价值为 v，假定该值服从某个分布，其密度函数为 $g(v)$，分布函数为 $G(v)$。若 v 值小于 p_e 或者 p_m，则消费者遭遇损失，反之，消费者得到收益。由此，可以得到通过损失厌恶电商平台，以及制造商的网络销售渠道进行网购的消费者效用函数分别为：

$$U(p_e, v)=\begin{cases} v-p_e+b, & 0<v<p_e \\ v-p_e, & v\geq p_e \end{cases} \tag{4.27}$$

$$U(p_m, v)=\begin{cases} v-p_m, & 0<v<p_m \\ v-p_m, & v\geq p_m \end{cases} \tag{4.28}$$

由式（4.27）、式（4.28）分别可以得到消费者的期望效用函数为：

$$\overline{U(p_e, v)}=\bar{v}_e-p_e+b\int_0^{p_e} g(v)dv \tag{4.29}$$

$$\overline{U(p_m, v)}=\bar{v}_m-p_m \tag{4.30}$$

其中，$\bar{v}_e$ 表示消费者评估电商平台网络销售产品价值的平均值，$\bar{v}_m$ 表示消费者评估制造商网络销售产品价值的平均值。

在现实生活中，企业产品市场需求的大小不仅取决于消费者的期望效用大小，同时，也受到竞争企业的网络销售价格影响。所以，可以得到损失厌恶电商平台和制造商的需求函数分别是：

$$q_e=\mu a+\beta p_m+\gamma\overline{U(p_e, v)} \tag{4.31}$$

$$q_m=(1-\mu)a+\beta p_e+\gamma\overline{U(p_m, v)}+q_e \tag{4.32}$$

其中，$a(a>0)$代表基本市场需求，$\mu(0<\mu<1)$代表损失厌恶电商平台占基本市场需求的份额，$\beta(\beta>0)$代表竞争企业产品价格的弹性系数，$\gamma(\gamma>0)$代表消费者期望效用的弹性系数。通常情况下，与其他渠道的销售价格相比较，本渠道的市场需求量受到本渠道销售价格的影响应当更加明显。所以，可以得到条件 $\gamma>\beta$。

根据 H4.4 与 H4.5，运用前景理论的核心理念，可以得到损失厌恶电商平台（存在参照点 R）的利润函数 π_e 为：

$$\pi_e=\begin{cases}\lambda(p_e-w-c-b-R)[\mu a+\beta p_m+\gamma(v-p_e+b)], & 0<v<p_e-b\\ (p_e-w-c-b-R)[\mu a+\beta p_m+\gamma(v-p_e+b)], & p_e-b<v<p_e\\ (p_e-w-c-R)[\mu a+\beta p_m+\gamma(v-p_e)], & v\geqslant p_e\end{cases} \tag{4.33}$$

可以得到损失厌恶电商平台的期望效用函数 U_e 为：

$$\begin{aligned}U_e &= \lambda(p_e-w-c-b-R)[\mu a+\beta p_m+\gamma(v-p_e+b)]\int_0^{p_e-b}g(v)dv+\\&(p_e-w-c-b-R)[\mu a+\beta p_m+\gamma(v-p_e+b)]\int_{p_e-b}^{p_e}g(v)dv+(p_e-\\&w-c-R)[\mu a+\beta p_m+\gamma(v-p_e)]\int_{p_e}^{+\infty}g(v)dv=\lambda(p_e-w-c-\\&b-R)[\mu a+\beta p_m+\gamma(b-p_e)]\int_0^{p_e-b}g(v)dv+(p_e-w-c-b-R)[\mu a+\beta p_m+\\&\gamma(b-p_e)]\int_{p_e-b}^{p_e}g(v)dv+(p_e-w-c-R)[\mu a+\beta p_m-\gamma p_e]\Big(1-\\&\int_0^{p_e}g(v)dv\Big)+\lambda\gamma(p_e-w-c-b-R)\int_0^{p_e-b}vg(v)dv+\gamma(p_e-w-c-\\&b-R)\Big(\int_0^{p_e}vg(v)dv-\int_0^{p_e-b}vg(v)dv\Big)+\gamma(p_e-w-c-R)\int_{p_e}^{+\infty}vg(v)dv\\&=\lambda(p_e-w-c-b-R)[\mu a+\beta p_m+\gamma(b-p_e)]\int_0^{p_e-b}g(v)dv+(p_e-w-c-\\&b-R)[\mu a+\beta p_m+\gamma(b-p_e)]\int_{p_e-b}^{p_e}g(v)dv+(p_e-w-c-R)[\mu a+\beta p_m-\\&\gamma p_e]\Big(1-\int_0^{p_e}g(v)dv\Big)+(\lambda-1)\gamma(p_e-w-c-b-R)\int_0^{p_e-b}vg(v)dv+\\&\gamma(p_e-w-c-b-R)\int_0^{p_e}vg(v)dv+\gamma(p_e-w-c-R)\Big(\bar{v}_e-\int_0^{p_e}vg(v)dv\Big)\end{aligned} \tag{4.34}$$

可以得到制造商的利润函数π_m 为：

$$\pi_m=(p_m-j-kc)[(1-\mu)a+\beta p_e+\gamma\overline{U(p_m,\ v)}]+(w-j)q_e \tag{4.35}$$

供应链的效用函数 U_s 为：

$$U_s=U_e+\pi_m \tag{4.36}$$

损失厌恶电商平台与制造商的博弈关系为静态博弈，即双方各自以自身利益最大化为目标，分别对自身的网络销售价格同时进行定价决策。下面分别推导得到各自企业的最优定价模型。

将损失厌恶电商平台（存在参照点 R）的效用函数式（4.34）对 p_e 分别求一阶导数和二阶导数，可以得到：

$$\frac{\partial U_e}{\partial p_e} = \gamma(\lambda - 1)\int_0^{p_e-b} vg(v)dv - \gamma\left(\int_0^{p_e} g(v)dv - 1\right)(c + R + w - p_e) + \gamma\lambda(b + c + R + w - p_e)\int_0^{p_e-b} g(v)dv + \gamma(b + c + R + w - p_e)\int_{p_e-b}^{p_e} g(v)dv + \gamma(\lambda - 1)g(p_e - b)(b - p_e)(b + c + R + w - p_e) + \gamma g(p_e)(c + R + w - p_e)p_e - \gamma g(p_e)(b + c + R + w - p_e)p_e - \left(\int_0^{p_e} g(v)dv - 1\right)(a\mu - \gamma p_e + \beta p_m) + g(p_e)(c + R + w - p_e)(a\mu - \gamma p_e + \beta p_m) + \lambda(b\gamma + a\mu - \gamma p_e + \beta p_m)\int_0^{p_e-b} g(v)dv + (b\gamma + a\mu - \gamma p_e + \beta p_m)\int_{p_e-b}^{p_e} g(v)dv - (g(p_e) - g(p_e - b))(b + c + R + w - p_e)(b\gamma + a\mu - \gamma p_e + \beta p_m) - \lambda g(p_e - b)(b + c + R + w - p_e)(b\gamma + a\mu - \gamma p_e + \beta p_m) + \gamma\bar{v}_e \tag{4.37}$$

$$\frac{\partial^2 U_e}{\partial p_e^2} = -2\gamma + 3b\gamma g(p_e) + 2\gamma\int_0^{p_e} g(v)dv - 2\gamma\lambda\int_0^{p_e-b} g(v)dv - 2\gamma\int_{p_e-b}^{p_e} g(v)dv + (\lambda - 1)g(p_e - b)((b + c + R + w)\gamma + 2a\mu - \gamma p_e + 2\beta p_m) - b^2\gamma g'(p_e) - bc\gamma g'(p_e) - bR\gamma g'(p_e) - bw\gamma g'(p_e) - ab\mu g'(p_e) + b\gamma p_e g'(p_e) - b\beta p_m g'(p_e) - (\lambda - 1)(b + c + R + w - p_e)(a\mu + \beta p_m)g'(p_e - b) \tag{4.38}$$

将制造商的利润函数式（4.35）对 p_m 分别求一阶导数和二阶导数，可以得到：

$$\frac{\partial \pi_m}{\partial p_m} = a + (w - j)\beta + (j + kc)\gamma - a\mu + \beta p_e + \gamma(\bar{v}_m - 2p_m) \tag{4.39}$$

$$\frac{\partial^2 \pi_m}{\partial p_m^2} = -2\gamma \tag{4.40}$$

令式（4.37）和式（4.39）分别等于 0，即 $\frac{\partial U_e}{\partial p_e} = 0$，$\frac{\partial \pi_m}{\partial p_m} = 0$，联立方程求解，可以得到补偿契约模型下损失厌恶电商平台（存在参照点 R）的最优网络销售价格 p_e^* 和制造商的最优网络销售价格 p_m^*。

将 p_e^* 和 p_m^* 分别代入式（4.31）、式（4.32）、式（4.34）、式（4.35）、式（4.36），可以分别得到补偿契约模型下损失厌恶电商平台（存在参照点 R）的最优需求量 q_e^*，制造商的最优需求量 q_m^*，损失厌恶电商平台（存在参照点 R）的最优效用 U_e^*，制造商的最优利润 π_m^*，以及供应链的最优效用 U_s^*。

（二）退货契约模型分析

考虑某个双渠道供应链由一个制造商与一个损失厌恶电商平台（存在参照点）组成。制造商通过两条渠道销售产品：一条渠道是根据损失厌恶电商平台的订单销售其产品；另一条渠道是通过制造商自己的网络销售渠道向消费者销售产品。制造商分析这两条销售渠道的实际需求情况，并根据自身收益最大化原则制定其网络销售价格。损失厌恶电商平台（存在参照点）通过互联网平台向消费者销售产品，根据实际市场需求情况，并以自身效用最大化原则制定其网络销售价格。当消费者对电商平台销售的产品不满意时，电商平台采取退货契约模式，从消费者手中回收产品。考虑退货契约的损失厌恶双渠道供应链示意图，如图4.15所示。

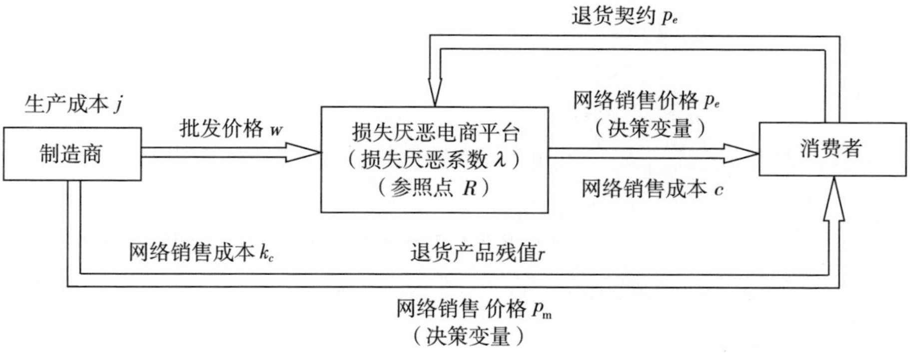

图 4.15　考虑退货契约的损失厌恶双渠道供应链示意图

为了便于分析，提出以下三种假设：

H4.7：假定损失厌恶电商平台（存在参照点）以批发价格 w 从制造商那里采购产品，并通过自己的网络渠道进行销售，其网络销售价格为 p_e，网络销售成本为 c，且满足条件 $p_e-w-c>0$，若消费者从损失厌恶电商平台渠道购买的产品不满意，电商平台以退货价格 p_e（即电商平台的网络销售价格）从消费者手中回收产品，回收产品的残值为 r，通常情形下，回收产品对于企业来说会造成损失，即满足条件 $r<w+c$；而电商平台对损失存在厌恶心理，令电商平台的损失厌恶系数为 λ，参照点为 R。

H4.8：假定制造商的决策变量为网络销售价格 p_m，制造产品的生产成本为 j，通过自建网络渠道进行销售的网络销售成本为 kc，其中，k 表示制造商相对于损失厌恶电商平台的网络销售效率，k 越大，表明相对于损失厌恶电商平台而言，制造商自建的网络销售效率越低，反之，制造商自建的网络销售效率越高，且满足条件 $p_m-j-kc>0$，$w-j>0$，一般情形下，制造商通过批发产品获得的收益大于其网络销售产品获得的收益，即满足条件 $w-j>p_m-j-kc$。

H4.9：假定消费者通过损失厌恶电商平台和制造商的网络销售渠道开展购物活动，由于消费者很难对网购产品的真正价值进行准确判断，因此需要对网购产品的价值进行评价，这有可能导致消费者在购买产品之后遭受损失。

根据 H4.9，消费者在从网络渠道进行网购产品之前，需要对网购产品进行价值评估，令其价值为 v，假定该值服从于某个分布，其密度函数为 $g(v)$，分布函数为 $G(v)$。当 v 小于 p_e、p_m 时，则消费者遭遇损失，反之，消费者获得收益。可以得到通过损失厌恶电商平台，以及制造商的网络销售渠道进行网购的消费者效用函数分别为：

$$U(p_e, v)=\begin{cases}0, & 0<v<p_e \\ v-p_e, & v\geqslant p_e\end{cases} \tag{4.41}$$

$$U(p_m, v)=\begin{cases}v-p_m, & 0<v<p_m \\ v-p_m, & v\geqslant p_m\end{cases} \tag{4.42}$$

由式（4.41）、式（4.42）可以分别得到消费者的期望效用函数为：

$$\begin{aligned}\overline{U(p_e, v)} &= (v-p_e)\int_{p_e}^{+\infty} g(v)dv \\ &= \bar{v}_e - \int_0^{p_e} vg(v)dv - p_e\left(1-\int_0^{p_e} g(v)dv\right)\end{aligned} \tag{4.43}$$

$$\overline{U(p_m, v)}=\bar{v}_m-p_m \tag{4.44}$$

其中，$\bar{v}_e$ 表示消费者评估损失厌恶电商平台网络销售产品价值的平均值；$\bar{v}_m$ 表示消费者评估制造商网络销售产品价值的平均值。

根据网络销售市场的普遍规律，一个企业产品市场需求量的多少与消费者获得的期望效用数值大小有关，同时，也受到竞争企业的网络销售价格影响。所以，可以得到损失厌恶电商平台，以及制造商的需求函数分别是：

$$q_e=\mu a+\beta p_m+\gamma\overline{U(p_e, v)} \tag{4.45}$$

$$q_m=(1-\mu)a+\beta p_e+\gamma\overline{U(p_m, v)}+q_e \tag{4.46}$$

其中，$a(a>0)$代表基本市场需求，$\mu(0<\mu<1)$代表损失厌恶电商平台占基本市场需求的份额，$\beta(\beta>0)$代表竞争企业产品价格的弹性系数，$\gamma(\gamma>0)$代表消费者期望效用的弹性系数。一般情形下，与其他渠道的网络销售价格相比较，本渠道的市场需求量受到本渠道网络销售价格的影响应当更加显著。所以，满足条件 $\gamma>\beta$。

根据 H4.7，基于前景理论，可以得到损失厌恶电商平台（存在参照点 R）的利润函数π_e 为：

$$\pi_e=\begin{cases}-\lambda(w+c-r+R)(\mu a+\beta p_m), & 0<v<p_e\\(p_e-w-c-R)[\mu a+\beta p_m+\gamma(v-p_e)], & v\geqslant p_e\end{cases} \tag{4.47}$$

根据式（4.47）可以得到损失厌恶电商平台（存在参照点 R）的期望效用函数 U_e 为：

$$U_e=-\lambda(w+c-r+R)(\mu a+\beta p_m)\int_0^{p_e}g(v)dv+(p_e-w-c-R)[\mu a+\beta p_m+\gamma(v-p_e)]\int_{p_e}^{+\infty}g(v)dv=-\lambda(w+c-r+R)(\mu a+\beta p_m)\int_0^{p_e}g(v)dv+(p_e-w-c-R)(\mu a+\beta p_m-\gamma p_e)\left(1-\int_0^{p_e}g(v)dv\right)+\gamma(p_e-w-c-R)\left(\bar{v}_e-\int_0^{p_e}vg(v)dv\right) \tag{4.48}$$

根据 H4.8，可以得到制造商的利润函数π_m 为：

$$\pi_m=(p_m-j-kc)[(1-\mu)a+\beta p_e+\gamma\overline{U(p_m,\ v)}]+(w-j)q_e \tag{4.49}$$

供应链的效用函数 U_s 为：

$$U_s=U_e+\pi_m \tag{4.50}$$

损失厌恶电商平台与制造商的博弈关系为静态博弈，即双方各自以自身利益最大化为目标，分别对自身的网络销售价格同时进行定价决策。下面分别推导得到各自企业的最优定价决策模型。

将损失厌恶电商平台的期望效用函数式（4.48）对 p_e 分别求一阶导数和二阶导数，可以得到：

$$\frac{\partial U_e}{\partial p_e}=(c+w+R)\gamma+a\mu+\beta p_m-g(p_e)(-c-R-w+(c-r+R+w)\lambda+p_e)(a\mu+\beta p_m)-\left(\int_0^{p_e}g(v)dv\right)((c+w+R)\gamma+a\mu-2\gamma p_e+\beta p_m)+\gamma\left(-\int_0^{p_e}vg(v)dv-2p_e+\bar{v}_e\right) \tag{4.51}$$

$$\frac{\partial^2 U_e}{\partial p_e^2}=2\gamma\left(-1+\int_0^{p_e}g(v)dv\right)-g(p_e)((c+w+R)\gamma+2a\mu-\gamma p_e+2\beta p_m)-(-c-R-w+(c-r+R+w)\lambda+p_e)(a\mu+\beta p_m)g'(p_e) \tag{4.52}$$

将制造商的利润函数式（4.49）对 p_m 分别求一阶导数和二阶导数，可以得到：

$$\frac{\partial \pi_m}{\partial p_m}=a+(w-j)\beta+(j+kc)\gamma-a\mu+\beta p_e+\gamma(\bar{v}_m-2p_m) \tag{4.53}$$

$$\frac{\partial^2 \pi_m}{\partial p_m^2}=-2\gamma \tag{4.54}$$

令式（4.51）和式（4.53）分别等于0，即$\frac{\partial U_e}{\partial p_e}=0$，$\frac{\partial \pi_m}{\partial p_m}=0$，联立方程求解，可以得到退货契约模式下损失厌恶电商平台（存在参照点 R）的最优网络销售价格 p_e^{**} 和制造商的最优网络销售价格 p_m^{**}。

将 p_e^{**} 和 p_m^{**} 分别代入式（4.45）、式（4.46）、式（4.48）、式（4.49）、式（4.50），可以分别得到退货契约模式下损失厌恶电商平台（存在参照点 R）的最优需求量 q_e^{**}，制造商的最优需求量 q_m^{**}，损失厌恶电商平台（存在参照点 R）的最优效用 U_e^{**}，制造商的最优利润π_m^{**}，供应链的最优效用 U_s^{**}。

（三）算例分析

假设在某个网络销售市场环境下，由一个制造商和一个损失厌恶电商平台组成双渠道供应链。损失厌恶电商平台通过自身的网络销售渠道向消费者销售产品，且该损失厌恶电商平台存在某个参照点，若消费者对从损失厌恶电商平台网购的产品不满意时，损失厌恶电商平台采取补偿契约或退货契约；而制造商存在两条销售渠道：一是通过损失厌恶电商平台的订单对其批发产品；二是通过制造商自建的网络销售渠道向消费者销售产品。制造商与消费者之间没有其他契约模式，消费者对网购产品的评估值服从某个均匀分布 $v\sim U[1, 6]$，其他参数设置为 $w=5$，$j=1$，$\mu=0.5$，$\gamma=3$，$a=20$，$\beta=2$，$k=2$，$c=1$，$\lambda=1.2$。在补偿契约模型下，令 $b=1$，当电商平台的损失厌恶参照点 R 发生改变时，根据优化公式，可以得到各个变量的优化值，如表4.4所示；令 $R=1.2$，当补偿金额 b 发生改变时，根据优化公式，可以得到各个变量的优化值，如表4.5所示；在退货契约模型下，令 $r=1$，当电商平台的损失厌恶参照点 R 发生改变时，根据优化公式，可以得到各个变量的优化值，如表4.6所示。

表4.4　在补偿契约模型下不同 R 的各变量优化值（$b=1$）

变量	R						
	0.4	0.8	1.2	1.6	2.0	2.4	2.8
p_e^*	13.1941	13.4371	13.6808	13.9252	14.1704	14.4163	14.6628
p_m^*	10.648	10.7290	10.8103	10.8917	10.9735	11.0554	11.1376

续表

变量	R						
	0.4	0.8	1.2	1.6	2.0	2.4	2.8
q_e^*	10.1303	9.70910	9.28662	8.86290	8.43796	8.01180	7.58447
q_m^*	25.0744	24.8962	24.7174	24.5382	24.3584	24.1781	23.9973
U_e^*	67.3036	61.9057	56.6332	51.4878	46.4707	41.5836	36.8279
π_m^*	154.814	156.217	157.665	159.157	160.693	162.273	163.899
U_s^*	222.117	218.123	214.298	210.645	207.163	203.857	200.727

表 4.5 在补偿契约模型下不同 b 的各变量优化值（R=1.2）

变量	b						
	0.5	1.0	1.5	2.0	2.5	3.0	3.5
p_e^*	12.2922	13.6808	15.5617	18.1511	21.6565	26.1541	31.5289
p_m^*	10.3474	10.8103	11.4372	12.3004	13.4688	14.968	16.7596
q_e^*	8.00581	9.28662	10.6949	12.4287	14.9529	19.0511	25.6432
q_m^*	22.0480	24.7174	28.0066	32.3299	38.3594	46.9552	58.9222
U_e^*	52.0310	56.6332	69.3915	98.9982	161.891	285.712	509.897
π_m^*	135.197	157.665	188.842	234.803	304.851	410.162	560.480
U_s^*	187.228	214.298	258.234	333.801	466.742	695.874	1070.38

表 4.6 在退货契约模型下不同 R 的各变量优化值（r=1）

变量	R						
	0.4	0.8	1.2	1.6	2.0	2.4	2.8
p_e^{**}	25.5019	25.8952	26.2886	26.6821	27.0757	27.4693	27.8630
p_m^{**}	14.7506	14.8817	15.0129	15.1440	15.2752	15.4064	15.5377
q_e^{**}	168.600	173.747	178.988	184.323	189.751	195.274	200.891
q_m^{**}	195.852	201.392	207.026	212.755	218.577	224.493	230.504
U_e^{**}	-1933.45	-2048.	-2166.18	-2288.04	-2413.65	-2543.07	-2676.35
π_m^{**}	994.627	1023.46	1052.78	1082.57	1112.85	1143.60	1174.84
U_s^{**}	-938.824	-1024.54	-1113.4	-1205.47	-1300.8	-1399.46	-1501.51

1. 电商平台损失厌恶参照点对网络销售价格的影响

根据表 4.4、表 4.6 可得图 4.16 和图 4.17。

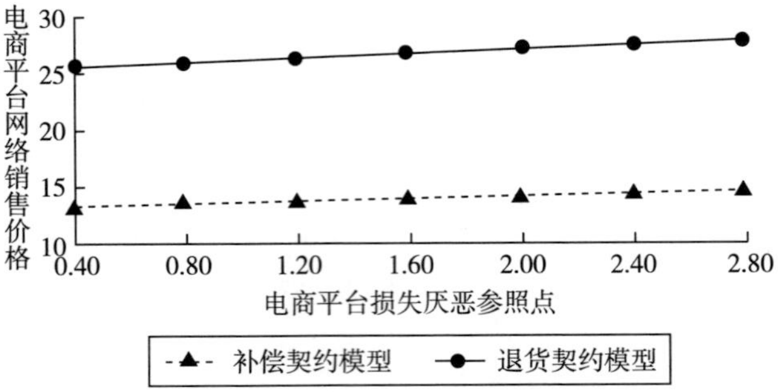

图 4.16　电商平台网络销售价格与电商平台损失厌恶参照点关系

由图 4. 16 可知，在补偿契约模型和退货契约模型下，电商平台网络销售价格均随着电商平台损失厌恶参照点 R 的增大而增大。这表明，电商平台的损失厌恶参照点作为评判损益的标准，很明显，它对于电商平台的定价决策也将产生重要影响，参照点的提高，不仅意味着电商平台的损失可能增大，而且促使电商平台通过提高其网络销售价格来减少自身损失。

由图 4. 16 可知，补偿契约模型下的电商平台网络销售价格小于退货契约模型下的电商平台网络销售价格。这表明，电商平台制定的不同契约模式将促使其改变定价决策，相较于补偿契约而言，退货契约进一步加大了电商平台的损失风险，为了规避和减少损失，大幅度提升网络销售价格是其重要的定价趋势。

综上所述，基于消费者视角，为了减少自身的消费支出，消费者更倾向于电商平台采取补偿契约模式，而不是退货契约模式；同时，消费者也更愿意与损失厌恶参照点相对较小的电商平台进行网购交易。

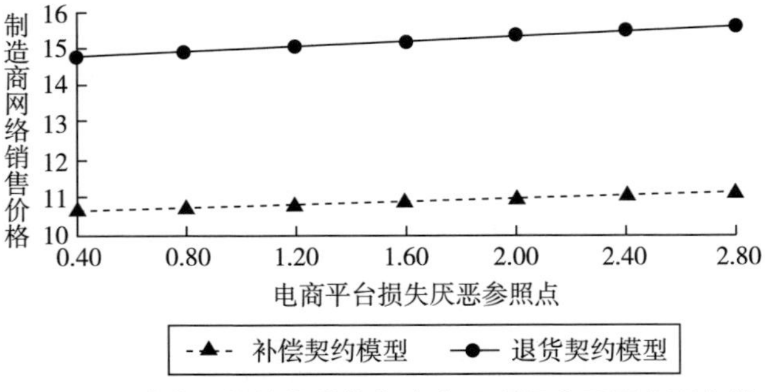

图 4.17　制造商网络销售价格与电商平台损失厌恶参照点关系

由图 4. 17 可知，在补偿契约模型和退货契约模型下，制造商网络销售价格均随着电商平台损失厌恶参照点 R 的增大而增大。这表明，电商平台的损失厌恶参照点不仅提高了自身的网络销售价格，同样也会促使制造商提高其网络销售价格，这也进一步说明企业之间的博弈均衡点伴随着参照点的变化而改变。

由图 4. 17 可知，补偿契约模型下的制造商网络销售价格小于退货契约模型下的制造商网络销售价格。这表明，电商平台制定的不同契约模式也将间接促使制造商改变定价策略，制造商根据电商平台的网络销售价格变化趋势采取相对应的网络销售价格定价策略，以适应不断变化的企业竞争环境。

综上所述，基于消费者视角，为了减少自身的消费支出，消费者也更倾向于电商平台采取补偿契约模式，而不是退货契约模式；同时，消费者也更期待损失厌恶参照点相对较小的电商平台与制造商开展竞争博弈。

2. 电商平台损失厌恶参照点对需求量的影响

根据表 4. 4、表 4. 6 可得图 4. 18 和图 4. 19。

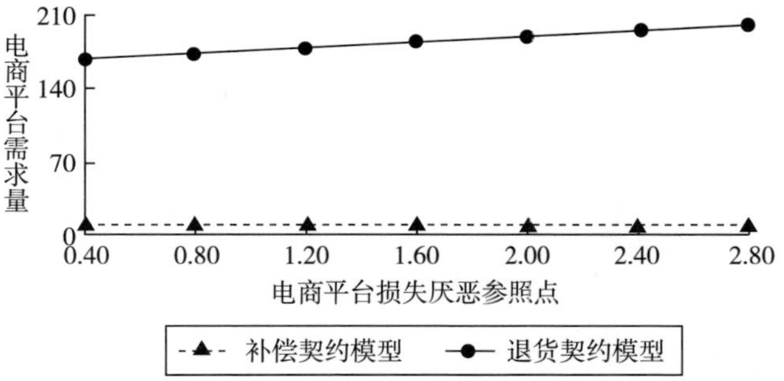

图 4. 18 电商平台需求量与电商平台损失厌恶参照点关系

由图 4. 18 可知，在补偿契约模型下，电商平台需求量随着电商平台损失厌恶参照点的增大而减小。在退货契约模型下，电商平台需求量随着电商平台损失厌恶参照点的增大而增大。这表明，在不同的契约模式下，电商平台的损失厌恶参照点作为决策者心中的损益平衡点，可以发挥调节市场需求的作用。在补偿契约模型下，电商平台的损失厌恶参照点的增大导致电商平台的网络销售价格上涨，消费者承担了较大的消费支出，从而造成需求量的下降。在退货契约模型下，电商平台的损失厌恶参照点的增大导致电商平台承受了更大的市场风险和损失，电商平台通过大幅度提高网络销售价格缓解自身的损失风险，而在退货契约的激励和保障下，只要消费者对产品不满意就可以退货，所以，即使价格上涨，消费者仍有较强的意愿网购电商平台的产品。

由图 4. 18 可知，补偿契约模型下的电商平台需求量小于退货契约模型下的电商平台需求量。这表明，电商平台制定的不同契约模式将导致需求量发生改变，相较于补偿契约而言，退货契约更加容易激励消费者网购电商平台的产品，即使电商平台大幅度提升其网络销售价格，但是，如果消费者对产品不满意，电商平台将按照退货契约回收产品，损失风险最终由电商平台承担，而不是由消费者承担。

综上所述，基于电商平台视角，为了能够加速占领网购市场，与补偿契约模式相比较，电商平台更倾向于通过退货契约模式实现该目标；但是，退货契约模式能否真正实施，这可能取决于电商平台能够获得多大程度的收益，市场需求量只是电商平台作出决策的影响因素之一。

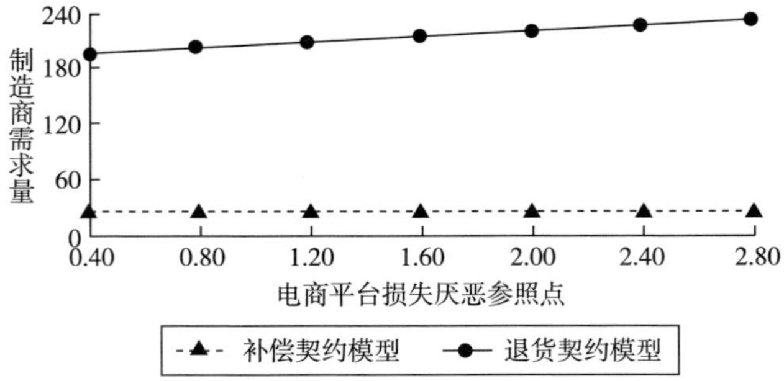

图 4.19　制造商需求量与电商平台损失厌恶参照点关系

由图 4.19 可知，在补偿契约模型下，制造商需求量随着电商平台损失厌恶参照点的增大而减小。在退货契约模型下，制造商需求量随着电商平台损失厌恶参照点的增大而增大。这表明，在不同的契约模式下，电商平台的损失厌恶参照点也可以对制造商的网络销售市场产生间接影响。在补偿契约模型下，电商平台的损失厌恶参照点的增大间接导致制造商的网络销售价格上涨，消费者承担了较大的消费支出，从而也造成需求量的下降。在退货契约模型下，当消费者对产品不满意时，有退货作为保障，即使价格上涨，消费者仍有较强的意愿网购电商平台的产品，由于制造商存在两条销售渠道，其中一条就来自电商平台的订单，当电商平台的订单增大时，制造商的需求量也相应增大，即使另一条销售渠道需求量下降，但由于退货契约刺激了整个网购消费市场，所以制造商的总体需求量也将随之大幅度增长。

由图 4.19 可知，补偿契约模型下的制造商需求量小于退货契约模型下的制造商需求量；当电商平台损失厌恶参照点越大时，补偿契约和退货契约下制造商需求量之间的差距也将越大。这表明，电商平台制定的不同契约模式也将间接导致制造商的需求量发生改变，相较于补偿契约而言，退货契约也更加容易促使制造商的产品需求量增大。如果电商平台损失厌恶参照点越大，则退货契约进一步拉动制造商产品需求量的作用也更加明显。

综上所述，基于制造商视角，为了能够获得更多的市场需求，与补偿契约模式相比较，制造商也更倾向于电商平台通过退货契约模式实现该目标；但是，退货契约模式能否真正实施，这可能取决于电商平台能够获得多大程度的收益，基于利益最大化的考虑，也许退货契约并不一定是电商平台理想的契约模式。

3. 电商平台损失厌恶参照点对企业和供应链收益的影响

根据表 4. 4、表 4. 6 可得图 4. 20、图 4. 21、图 4. 22。

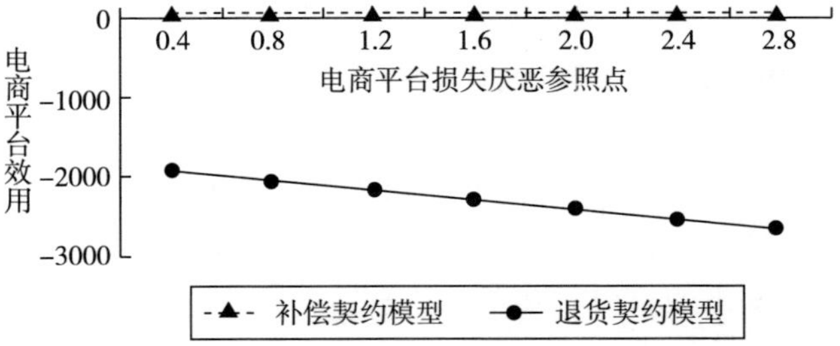

图 4. 20 电商平台效用与电商平台损失厌恶参照点关系

由图 4. 20 可知，在补偿契约模型和退货契约模型下，电商平台效用均随着电商平台损失厌恶参照点 R 的增大而减小；且电商平台损失厌恶参照点 R 越大，补偿契约模型和退货契约模型下电商平台效用之间的差距也越大。这表明，电商平台的损失厌恶参照点给电商平台收益带来了不利影响。究其原因，电商平台在实施补偿契约或退货契约时，承担了不同程度的风险和损失，而电商平台的损失厌恶参照点进一步加剧了产生损失的风险，导致电商平台的绩效下降。与此同时，如果电商平台损失厌恶参照点越大，则补偿契约和退货契约对电商平台绩效产生影响的程度也随之提高。

由图 4. 20 可知，在补偿契约模型下，电商平台效用是正值，在退货契约模型下，电商平台效用是负值。这表明，补偿契约对于电商平台来说，可以发挥一定的激励作用，但退货契约对于电商平台而言，给其造成了明显的负面影响。究其原因，相较于补偿契约而言，退货契约下电商平台承担的损失风险更大，消费者的网购风险全部转移给了电商平台。从理性的视角分析，电商平台为了避免自身收益遭受损害，针对网购消费市场，采取补偿契约模式的可能性会高于采取退货契约模式的可能性。

综上所述，基于电商平台视角，为了保障自身的收益，电商平台应当采取措施，适当降低自身的损失厌恶参照点，并通过补偿契约等模式提高其在网购市场的获利水平。

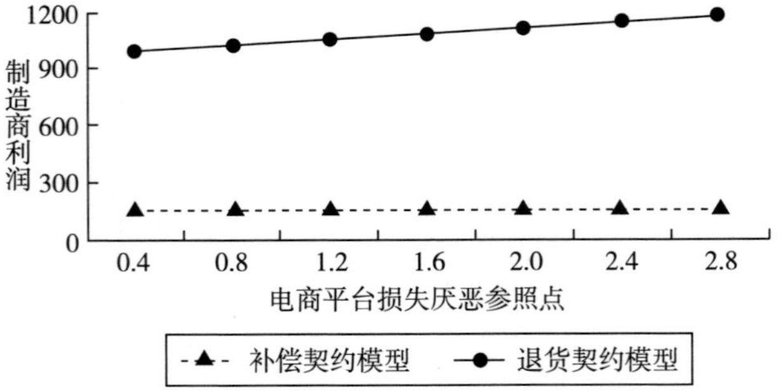

图 4.21　制造商利润与电商平台损失厌恶参照点关系

由图 4.21 可知，在补偿契约模型和退货契约模型下，制造商利润均随着电商平台损失厌恶参照点 R 的增大而增大。这表明，尽管电商平台的损失厌恶参照点对其自身产生不利影响，但有利于制造商提高其收益水平。究其原因是，电商平台的损失厌恶参照点促使制造商的网络销售价格增大，需求量上升，从而使制造商的利润提高。

由图 4.21 可知，补偿契约模型下的制造商利润小于退货契约模型下的制造商利润，且当电商平台的损失厌恶参照点越大时，补偿契约模型与退货契约模型下的制造商利润差距也越大。这表明，与补偿契约相比较，当电商平台采取退货契约时，制造商从中获得的收益更大，如果电商平台的损失厌恶参照点较大，则退货契约给制造商带来收益增长的程度也提高。

综上所述，基于制造商视角，制造商希望电商平台具备较大的损失厌恶参照点，且期待电商平台针对网购消费者采取退货契约模式。从理性的角度分析，电商平台出于自身利益的考虑，其采取补偿契约模式的概率要高于采取退货契约模式的概率。电商平台和制造商均能通过补偿契约获得相应的收益，这符合彼此互利共赢的竞争环境。

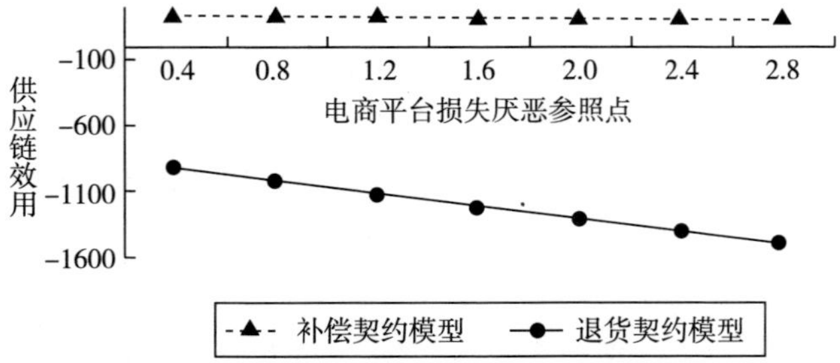

图 4.22　供应链效用与电商平台损失厌恶参照点关系

由图 4.22 可知，在补偿契约模型和退货契约模型下，供应链效用均随着电商平台损失厌恶参照点的增大而减小；且电商平台损失厌恶参照点越大，补偿契约模型和退货契约模型下供应链效用之间的差距也越大。这表明，电商平台的损失厌恶参照点给供应链收益带来了不利影响。究其原因，电商平台在实施补偿契约或退货契约时，电商平台的损失厌恶参照点导致电商平台绩效下降的程度高于电商平台的损失厌恶参照点导致制造商绩效增长的程度。与此同时，如果电商平台损失厌恶参照点越大，则补偿契约和退货契约对供应链绩效产生影响的程度也随之提高。

由图 4.22 可知，在补偿契约模型下，供应链效用是正值，在退货契约模型下，供应链效用是负值。这表明，补偿契约对于供应链来说，可以发挥一定的激励作用，但退货契约对于供应链而言，给其造成了明显的不利影响。究其原因，相较于补偿契约而言，退货契约下电商平台承担的损失风险更大，电商平台遭受的损失远大于制造商获得的收益。

综上所述，基于供应链视角，为了保障供应链的整体利益，希望电商平台能够采取补偿契约模式，而不是退货契约模式，同时，也期待电商平台能够适当降低其自身的损失厌恶参照点。

4. 补偿金额对网络销售价格的影响

根据表 4.5 可得图 4.23、图 4.24。

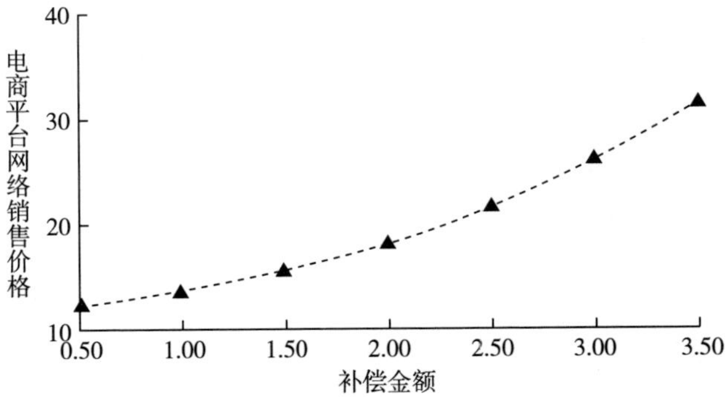

图 4.23 电商平台网络销售价格与补偿金额关系

由图 4.23 可知，在补偿契约模型下，电商平台网络销售价格随着补偿金额的增大而增大。这表明电商平台通过制定补偿契约吸引更多的消费者网购其产品，而为了自身企业的利益，电商平台将通过提高网络销售价格的措施弥补由于补偿契约给自身企业带来的损失，且如果补偿金额越大，则网络销售价格增大的幅度也越大。因此，基于消费者视角，消费者在从电商平台制定的补偿契约中获利的同时，也应当提防企业可能存在的产品涨价行为，消费者需要客观理性地看待商家的促销政策，避免盲目的消费支出。

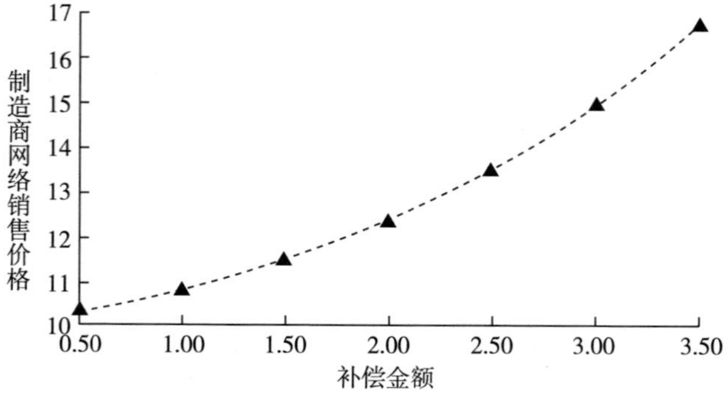

图 4.24　制造商网络销售价格与补偿金额关系

由图 4.24 可知，在补偿契约模型下，制造商网络销售价格随着补偿金额的增大而增大。这表明电商平台制定的补偿契约也间接带动制造商提高其自身的网络销售价格，且如果补偿金额越大，则制造商网络销售价格增长的程度也随之提高。

通过比较不难发现，在相同的补偿金额条件下，制造商网络销售价格小于电商平台网络销售价格。这表明，电商平台制定的补偿契约使制造商具有网络销售渠道的价格优势，消费者可以通过比较电商平台与制造商在网络销售渠道中的价格差异来选择自己理想的网购渠道。当然，消费者也希望电商平台采取的补偿额度不要太高。

5. 补偿金额对需求量的影响

根据表 4.5 可得图 4.25。

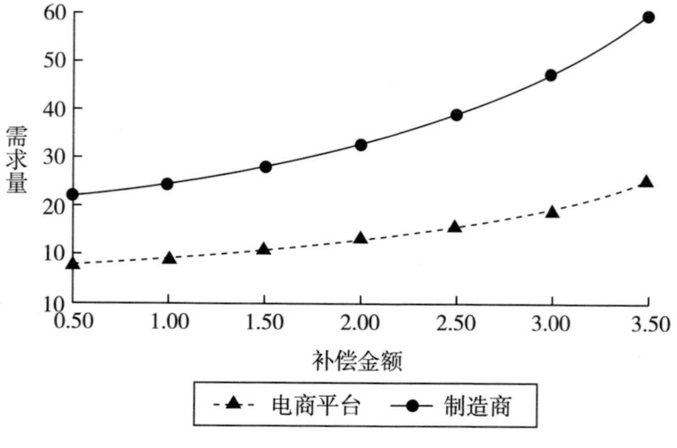

图 4.25　需求量与补偿金额关系

由图 4. 25 可知，在补偿契约模型下，制造商的需求量大于电商平台的需求量。随着补偿金额的逐渐增大，电商平台与制造商的需求量也逐渐增大，且制造商的增长幅度大于电商平台的增长幅度。这表明，电商平台制定的补偿契约能够促进双渠道网购市场需求量上升，且补偿力度越大，市场需求量的增长幅度也越大，相较于电商平台而言，补偿契约对制造商需求量的增长发挥更大的推动作用。从扩大市场需求的角度分析，补偿契约能够对双渠道供应链产生较好的效果。

6. 补偿金额对企业和供应链收益的影响

根据表 4. 5 可得图 4. 26。

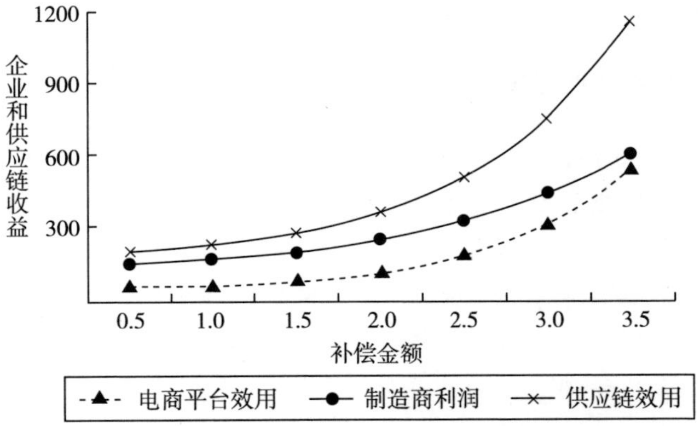

图 4. 26　企业和供应链收益与补偿金额关系

由图 4. 26 可知，在补偿契约模型下，电商平台效用、制造商利润、供应链效用均随着补偿金额的增大而增大。这表明，电商平台针对消费者制定的补偿契约不仅提高了其自身收益，也提高了制造商和整个供应链的绩效，这是多方共赢的良性竞争格局，说明补偿契约能够作为有效的契约发挥市场激励作用。

由图 4. 26 可知，在补偿契约模型下，制造商利润大于电商平台效用，且补偿金额越大，相较于制造商而言，电商平台效用增大的幅度会更大。这表明，制造商从电商平台制定的补偿契约中获得了更大的利益，制造商可能存在“搭便车”行为，但是，当补偿金额较高时，电商平台效用增长的幅度明显提升，这压缩了制造商的获利空间。

综上所述，在双渠道损失厌恶供应链环境下，电商平台制定的补偿契约有利于促进电商平台、制造商和供应链各方的绩效改善。当补偿金额较大时，其促进供应链绩效增长的作用也更加突出。与此同时，企业在制定契约的过程中，也需要考虑供应链中其他竞争企业可能存在的“搭便车”行为，采取相应的措施，避免自身企业遭受损失。

四、本章小结

本章将参照点因素引入双渠道损失厌恶供应链中，首先，考虑损失厌恶消费者存在参照点，通过比较研究，分析参照点对企业定价决策、市场需求、双渠道供应链绩效和补偿契约的影响。其次，考虑损失厌恶企业存在参照点，通过比较研究，分析参照点对企业定价决策、市场需求、双渠道供应链绩效、补偿契约和退货契约的影响。得到如下主要结论：

（一）基于消费者损失厌恶参照点的双渠道供应链管理优化研究

（1）在基本模型和补偿契约模型下，电商平台网络销售价格均随着损失厌恶参照点的增大而降低；在补偿契约模型下的电商平台网络销售价格高于在基本模型下的电商平台网络销售价格。

（2）在基本模型和补偿契约模型下，制造商网络销售价格均随着损失厌恶参照点的增大而降低；在补偿契约模型下的制造商网络销售价格高于在基本模型下的制造商网络销售价格。

（3）在基本模型和补偿契约模型下，随着损失厌恶参照点的增大，电商平台需求量均将减少；在补偿契约模型下的电商平台需求量大于在基本模型下的电商平台需求量。

（4）在基本模型和补偿契约模型下，随着损失厌恶参照点的增大，制造商需求量均将减少；在补偿契约模型下的制造商需求量大于在基本模型下的制造商需求量。

（5）在基本模型和补偿契约模型下，随着损失厌恶参照点的增大，电商平台利润均将降低；在补偿契约模型下的电商平台利润高于在基本模型下的电商平台利润。

（6）在基本模型和补偿契约模型下，随着损失厌恶参照点的增大，制造商利润均将降低；在补偿契约模型下的制造商利润高于在基本模型下的制造商利润。

（7）在基本模型和补偿契约模型下，随着损失厌恶参照点的增大，供应链利润均将降低；在补偿契约模型下的供应链利润高于在基本模型下的供应链利润。

（8）在补偿契约模型下，电商平台网络销售价格和制造商网络销售价格均随着补偿金额的增大而提高；电商平台网络销售价格不仅高于制造商网络销售价格，而且随着补偿金额的不断增长，电商平台网络销售价格与制造商网络销售价格的差距也越来越大。

（9）在补偿契约模型下，电商平台需求量和制造商需求量均随着补偿金额的增大而增大；电商平台需求量不仅小于制造商需求量，而且随着补偿金额的不断增大，电商平台需求量与制造商需求量的差距也越来越大。

（10）在补偿契约模型下，电商平台利润和制造商利润均随着补偿金额的增大而增大；当补偿金额小于某个临界值时，电商平台利润小于制造商利润；当补偿金额大于某个临界值时，电商平台利润大于制造商利润；在补偿契约模型下，供应链利润随着补偿金额的增大而增大，且补偿金额越大，供应链利润增加的幅度也越大。

（二）基于企业损失厌恶参照点的双渠道供应链管理优化研究

（1）在补偿契约模型和退货契约模型下，电商平台网络销售价格均随着电商平台损失厌恶参照点的增大而增大；补偿契约模型下的电商平台网络销售价格小于退货契约模型下的电商平台网络销售价格。

（2）在补偿契约模型和退货契约模型下，制造商网络销售价格均随着电商平台损失厌恶参照点的增大而增大；补偿契约模型下的制造商网络销售价格小于退货契约模型下的制造商网络销售价格。

（3）在补偿契约模型下，电商平台需求量随着电商平台损失厌恶参照点的增大而减小；在退货契约模型下，电商平台需求量随着电商平台损失厌恶参照点的增大而增大；补偿契约模型下的电商平台需求量小于退货契约模型下的电商平台需求量。

（4）在补偿契约模型下，制造商需求量随着电商平台损失厌恶参照点的增大而减小；在退货契约模型下，制造商需求量随着电商平台损失厌恶参照点的增大而增大；补偿契约模型下的制造商需求量小于退货契约模型下的制造商需求量；当电商平台损失厌恶参照点越大时，补偿契约和退货契约下制造商需求量之间的差距也将越大。

（5）在补偿契约模型和退货契约模型下，电商平台效用均随着电商平台损失厌恶参照点的增大而减小；且电商平台损失厌恶参照点越大，补偿契约模型和退货契约模型下电商平台效用之间的差距也越大；在补偿契约模型下，电商平台效用是正值，在退货契约模型下，电商平台效用是负值。

（6）在补偿契约模型和退货契约模型下，制造商利润均随着电商平台损失厌恶参照点的增大而增大；补偿契约模型下的制造商利润小于退货契约模型下的制造商利润，且当电商平台的损失厌恶参照点越大时，补偿契约模型与退货契约模型下的制造商利润差距也越大。

（7）在补偿契约模型和退货契约模型下，供应链效用均随着电商平台损失厌恶参照点的增大而减小；且电商平台损失厌恶参照点越大，补偿契约模型和退货契约模型下供应链效用之间的差距也越大；在补偿契约模型下，供应链效用是正值，在退货契约模型下，供应链效用是负值。

（8）在补偿契约模型下，电商平台网络销售价格和制造商网络销售价格均随着补偿金额的增大而增大。

（9）在补偿契约模型下，制造商的需求量大于电商平台的需求量；随着补偿金额的逐渐增大，电商平台与制造商的需求量也逐渐增大，且制造商的增长幅度大于电商平台的增长幅度。

（10）在补偿契约模型下，电商平台效用、制造商利润、供应链效用均随着补偿金额的增大而增大；在补偿契约模型下，制造商利润大于电商平台效用，且补偿金额越大，相较于制造商而言，电商平台效用增大的幅度会更大。

接下来，本书将在损失厌恶消费者基础上，考虑在公平关切电商平台和公平关切制造商情形下，研究企业的公平关切心理和消费者的损失厌恶心理对双渠道供应链企业决策优化和补偿契约产生的综合影响。

第五章　基于公平关切的损失厌恶双渠道供应链管理优化研究

一、引言

第四章引入了消费者和企业损失厌恶心理的参照点因素，在此基础上，研究了参照点对企业决策优化、市场需求量、双渠道供应链绩效、补偿契约和退货契约的影响。

行为研究者发现，企业决策者在决策过程中，其对于自身收益普遍存在公平关切心理。已有研究探讨了公平关切心理因素对单渠道供应链决策优化的影响，很少在损失厌恶心理基础上，融合公平关切心理因素，研究公平关切心理因素对损失厌恶多渠道供应链决策优化产生的叠加影响。

近年来，消费需求结构发生了深刻变化，网络零售快速增长，部分实体零售企业经营困难，线上线下优势互补、融合发展成为未来零售业的发展方向。政府应当引导企业瞄准消费需求新变化，利用互联网、大数据等现代技术补齐短板，实现线上线下融合发展。对于线上线下在税收和监管等方面存在不公平竞争的问题，政府应当推动电子商务信用体系建设，营造法治化的网络销售环境。

2021 年以来，为了推进公平竞争，促进中小企业健康发展，工业和信息化部作出系列部署，加强互联网市场监管，破除影响公平竞争的各种制度束缚，切实保障中小企业参与公平竞争。截至 2021 年 7 月，普惠小微贷款同比增长 29.3%，培育省级“专精特新”中小企业 4 万多家，“小巨人”企业 4700 多家，全年新增减税降费超过 7000 亿元。党的十九届六中全会通过的《中共中央　关于党的百年奋斗重大成就和历史经验的决议》指出：强化市场监管和反垄断规制，防止资本无序扩张，维护市场公平秩序，激发市场主体特别是中小微企业活力，保护广大消费者权益。

鉴于市场中广泛存在的公平问题，本章将在消费者存在损失厌恶心理的基础上，考虑电商平台和制造商决策者存在公平关切心理，在补偿契约模式下，进一步研究企业的公平关切心理对企业决策优化、市场需求量、损失厌恶双渠道供应链绩效产生的重要影响，总结相应的管理建议，为电商平台和制造商的决策优化方案提供理论依据。

二、基于公平关切电商平台的损失厌恶双渠道供应链管理优化研究

本节将在消费者存在损失厌恶心理的市场背景下，以制造商、公平关切电商平台组成的双渠道供应链作为研究对象，分析制造商和公平关切电商平台的网络销售价格策略的变化趋势，以及公平关切心理对企业决策优化、市场需求、双渠道供应链绩效和补偿契约产生的深刻影响。

（一）基本模型

考虑双渠道供应链由一个制造商和一个公平关切电商平台组成。公平关切电商平台通过互联网进行销售，并根据市场需求情况向损失厌恶消费者制定定价决策。制造商存在两种销售渠道：一是根据公平关切电商平台的订单为其提供产品；二是通过自建的网络销售渠道进行销售。制造商根据两种销售渠道的需求情况向损失厌恶消费者制定定价决策。考虑公平关切的损失厌恶双渠道供应链示意图，如图 5.1 所示。

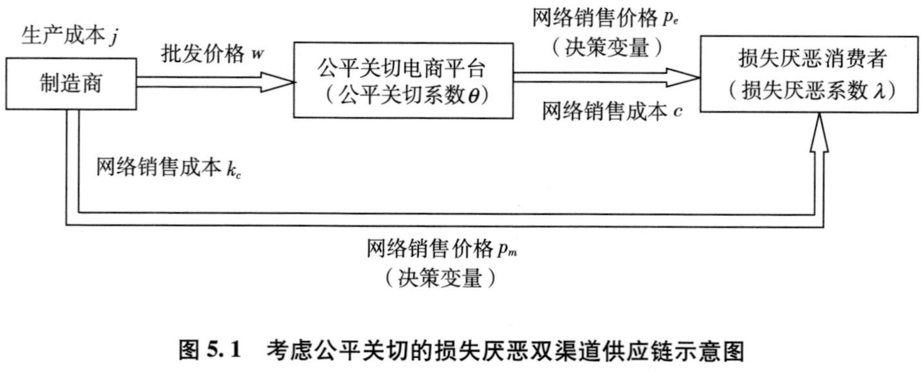

图 5.1　考虑公平关切的损失厌恶双渠道供应链示意图

为了研究方便，提出以下三种假设：

H5.1：假定电商平台以制造商的收益作为公平关切的对象，以自身效用最

大化为目标进行定价决策，其公平关切系数为 θ，网络销售价格为 p_e，从制造商采购产品的批发价格为 w，网络销售成本为 c，且满足条件 $p_e-w-c>0$。

H5.2：假定制造商以其利润最大化为目标，其网络销售价格为 p_m，生产成本为 j，网络销售成本为 kc，其中，k 表示制造商相对于公平关切电商平台的网络销售效率，k 越大，表明相对于公平关切电商平台而言，制造商的网络销售效率越低，反之，制造商的网络销售效率越高，且满足条件 $p_m-j-kc>0$，$w-j>0$，通常情况下，制造商批发产品获得的单位收益大于其网络销售产品获得的单位收益，即 $w-j>p_m-j-kc$。电商平台从网络销售产品获得的单位收益大于制造商从批发渠道获得的单位收益，即 $p_e-w-c>w-j$。

H5.3：假定损失厌恶消费者通过网络开展购物活动，由于损失厌恶消费者无法准确获知网购产品的真正价值，因此需要对网购产品的价值进行评估，这使得消费者在购买产品之后有可能遭受损失，消费者对损失存在厌恶心理，其损失厌恶系数为 λ（$\lambda>1$）。

根据 H5.3，消费者在网购产品之前，对网购产品进行价值评估，令其价值为 v，假定该值服从某个分布，其密度函数为 $g(v)$，分布函数为 $G(v)$。若 v 值小于 p_e、p_m，则消费者遭遇损失，反之，消费者得到收益。可以得到通过公平关切电商平台，以及制造商的网络销售渠道进行网购的损失厌恶消费者效用函数分别为：

$$U(p_e,\ v)=\begin{cases}-\lambda(p_e-v), & 0<v<p_e\\ v-p_e, & v\geqslant p_e\end{cases}\tag{5.1}$$

$$U(p_m,\ v)=\begin{cases}-\lambda(p_m-v), & 0<v<p_m\\ v-p_m, & v\geqslant p_m\end{cases}\tag{5.2}$$

由式（5.1）、式（5.2）分别可以得到损失厌恶消费者的期望效用函数为：

$$\overline{U(p_e,\ v)}=\bar{v}_e+(\lambda-1)\int_0^{p_e}vg(v)dv-p_e\left[1+(\lambda-1)\int_0^{p_e}g(v)dv\right]\tag{5.3}$$

$$\overline{U(p_m,\ v)}=\bar{v}_m+(\lambda-1)\int_0^{p_m}vg(v)dv-p_m\left[1+(\lambda-1)\int_0^{p_m}g(v)dv\right]\tag{5.4}$$

其中，$\bar{v}_e$ 表示损失厌恶消费者评估公平关切电商平台网络销售产品价值的平均值，$\bar{v}_m$ 表示损失厌恶消费者评估制造商网络销售产品价值的平均值。λ（$\lambda>1$）为消费者的损失厌恶系数。

在现实生活中，企业产品市场需求的大小取决于消费者的期望效用大小，同时，也受到竞争企业的网络销售价格影响。所以，可以得到公平关切电商平台和制造商的需求函数分别是：

$$q_e = \mu a + \beta p_m + \gamma \overline{U(p_e,\ v)} \tag{5.5}$$

$$q_m = (1-\mu)a + \beta p_e + \gamma \overline{U(p_m,\ v)} + q_e \tag{5.6}$$

其中，a（$a>0$）代表基本市场需求，μ（$0<\mu<1$）代表公平关切电商平台占基本市场需求的份额，β（$\beta>0$）代表竞争企业产品价格的弹性系数，γ（$\gamma>0$）代表消费者期望效用的弹性系数。通常情况下，与其他渠道的销售价格相比较，本渠道的市场需求量受到本渠道销售价格的影响应当更加明显。所以，可以得到条件 $\gamma>\beta$。

根据 H5.1 与 H5.2，可以得到制造商的利润函数π_m 为：

$$\pi_m = (p_m - j - kc)[(1-\mu)a + \beta p_e + \gamma \overline{U(p_m,\ v)}] + (w-j)q_e \tag{5.7}$$

可以得到公平关切电商平台的效用函数 U_e 为：

$$U_e = (p_e - w - c)[\mu a + \beta p_m + \gamma \overline{U(p_e,\ v)}] - \theta[\pi_m - (p_e - w - c)[\mu a + \beta p_m + \gamma \overline{U(p_e,\ v)}]] \tag{5.8}$$

式中，θ（$\theta>0$）为电商平台的公平关切系数，公平关切电商平台将制造商的利润作为其公平关切的基准。

供应链的效用函数 U_s 为：

$$U_s = \pi_m + U_e \tag{5.9}$$

制造商与公平关切电商平台的博弈关系为静态博弈，即双方各自以自身利益最大化为目标，分别对自身的网络销售价格同时进行定价决策。下面分别进行公式推导，得到各自企业的最优定价模型。

将制造商的利润函数式（5.7）对 p_m 分别求一阶导数和二阶导数，可以得到：

$$\frac{\partial \pi_m}{\partial p_m} = a - j\beta + w\beta + j\gamma + ck\gamma - a\mu + \beta p_e + \gamma\left((\lambda - 1)\int_0^{p_m} v g(v)dv + (\lambda - 1)(j + ck - 2p_m)\int_0^{p_m} g(v)dv - 2p_m + \bar{v}_m\right) \tag{5.10}$$

$$\frac{\partial^2 \pi_m}{\partial p_m^2} = -\gamma\left[2 + 2(\lambda - 1)\int_0^{p_m} g(v)dv + (\lambda - 1)(p_m - j - kc)g(p_m)\right] \tag{5.11}$$

将公平关切电商平台的效用函数式（5.8）对 p_e 分别求一阶导数和二阶导数，可以得到：

$$\frac{\partial U_e}{\partial p_e} = w\gamma + j\beta\theta - j\gamma\theta + 2w\gamma\theta + c(\gamma + k\beta\theta + \gamma\theta) + a(1+\theta)\mu +$$

$$\gamma(\lambda-1)(c+w+(c-j+2w)\theta-2(1+\theta)p_e)\int_0^{p_e}g(v)dv+\beta p_m+$$

$$\gamma(1+\theta)\left((\lambda-1)\int_0^{p_e}vg(v)dv-2p_e+\bar{v}_e\right) \tag{5.12}$$

$$\frac{\partial^2 U_e}{\partial p_e^2}=-\gamma\left[2(1+\theta)(1+(\lambda-1)\int_0^{p_e}g(v)dv)+(\lambda-1)(p_e-w-c+\right.$$

$$\left.\theta(p_e-w-c-w+j))g(p_e)\right] \tag{5.13}$$

由于 $\lambda>1$，$p_m-j-kc>0$，$g(p_m)>0$，$\theta>0$，$p_e-w-c>0$，$p_e-w-c>w-j$，$g(p_e)>0$，所以，$\frac{\partial^2\pi_m}{\partial p_m^2}<0$，$\frac{\partial^2 U_e}{\partial p_e^2}<0$。令式（5.10）和式（5.12）分别等于 0，即$\frac{\partial\pi_m}{\partial p_m}=0$，$\frac{\partial U_e}{\partial p_e}=0$，联立方程求解，可以得到基本模型下公平关切电商平台的最优网络销售价格 p_e^* 和制造商的最优网络销售价格 p_m^*。

将 p_e^* 和 p_m^* 分别代入式（5.5）、式（5.6）、式（5.7）、式（5.8）、式（5.9），可以分别得到基本模型下公平关切电商平台的最优需求量 q_e^*，制造商的最优需求量 q_m^*，制造商的最优利润π_m^*，公平关切电商平台的最优效用 U_e^*，以及供应链的最优效用 U_s^*。

（二）补偿契约模型分析

考虑双渠道供应链由一个制造商和一个公平关切电商平台组成。公平关切电商平台通过互联网进行销售，并根据市场需求情况向损失厌恶消费者制定定价决策。当损失厌恶消费者在消费过程中遭受损失时，公平关切电商平台根据补偿契约为损失厌恶消费者提供相应的补偿。制造商存在两种销售渠道：一是根据公平关切电商平台的订单为其提供产品；二是通过自建的网络销售渠道进行销售。制造商根据两种销售渠道的需求情况向损失厌恶消费者制定定价决策。考虑补偿契约的公平关切损失厌恶双渠道供应链示意图，如图 5.2 所示。

为了研究方便，提出以下三种假设：

H5.4：假定电商平台存在公平关切心理，以其效用最大化为目标制定定价决策，其公平关切系数为 θ，网络销售价格为 p_e，从制造商采购产品的批发价格为 w，网络销售成本为 c，且满足条件 $p_e-w-c>0$，当损失厌恶消费者对从公平关切电商平台网购的产品不满意时，公平关切电商平台以补偿金额 b 给予损失厌恶消费者补偿，且满足条件 $b<p_e$。

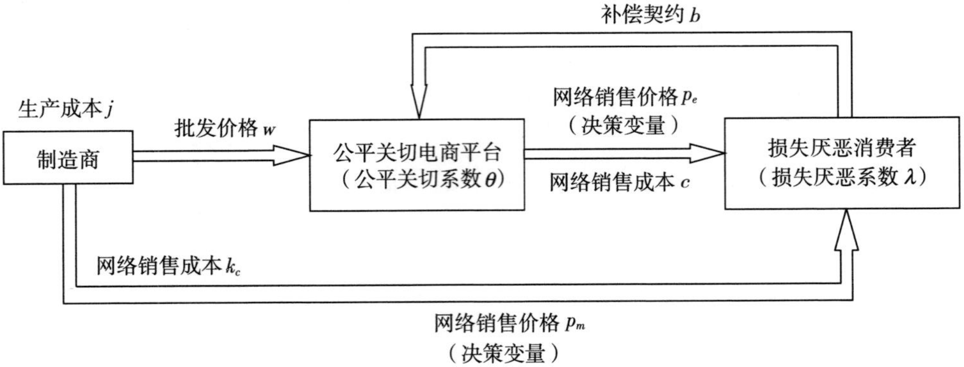

图 5.2　考虑补偿契约的公平关切损失厌恶双渠道供应链示意图

H5.5：假定制造商以其利润最大化为目标，其网络销售价格为 p_m，生产成本为 j，网络销售成本为 kc，其中，k 表示制造商相对于公平关切电商平台的网络销售效率，k 越大，表明相对于公平关切电商平台而言，制造商的网络销售效率越低；反之，制造商的网络销售效率越高，且 $p_m-j-kc>0$，$w-j>0$，通常情况下，制造商批发产品获得的单位收益大于其网络销售产品获得的单位收益，即 $w-j>p_m-j-kc$。

H5.6：假定损失厌恶消费者通过网络开展购物活动，由于损失厌恶消费者无法准确获知网购产品的真正价值，因此需要对网购产品的价值进行评估，这使得损失厌恶消费者在购买产品之后有可能遭受损失，其损失厌恶系数为 λ（$\lambda>1$）。

根据 H5.6，损失厌恶消费者在网购产品之前，对网购产品进行价值评估，令其价值为 v，假定该值服从某个分布，其密度函数为 g（v），分布函数为 G（v）。可以得到通过公平关切电商平台，以及制造商的网络销售渠道进行网购的损失厌恶消费者效用函数分别为：

$$U(p_e,\ v,\ b)=\begin{cases}-\lambda(p_e-b-v), & 0<v<p_e-b\\ v+b-p_e, & p_e-b\leqslant v<p_e\\ v-p_e, & v\geqslant p_e\end{cases} \tag{5.14}$$

$$U(p_m,\ v)=\begin{cases}-\lambda(p_m-v), & 0<v<p_m\\ v-p_m, & v\geqslant p_m\end{cases} \tag{5.15}$$

由式（5.14）、式（5.15）分别可以得到损失厌恶消费者的期望效用函数为：

$$\overline{U(p_e,\ v,\ b)}=\bar{v}_e+(\lambda-1)\int_0^{p_e-b}(v-p_e+b)g(v)dv-p_e+bG(p_e) \tag{5.16}$$

$$\overline{U(p_m, v)} = \bar{v}_m + (\lambda - 1)\int_0^{p_m} vg(v)dv - p_m\left[1 + (\lambda - 1)\int_0^{p_m} g(v)dv\right] \quad (5.17)$$

其中，$\bar{v}_e$ 表示损失厌恶消费者评估公平关切电商平台网络销售产品价值的平均值，$\bar{v}_m$ 表示损失厌恶消费者评估制造商网络销售产品价值的平均值。

在现实的网购环境中，企业产品市场需求的大小取决于消费者的期望效用大小，同时，也受到竞争企业的网络销售价格影响。所以，可以得到电商平台和制造商的需求函数分别是：

$$q_e = \mu a + \beta p_m + \gamma \overline{U(p_e, v, b)} \quad (5.18)$$

$$q_m = (1-\mu)a + \beta p_e + \gamma \overline{U(p_m, v)} + q_e \quad (5.19)$$

根据 H5.4 与 H5.5，可以得到制造商的利润函数π_m 为：

$$\pi_m = (p_m - j - kc)[(1-\mu)a + \beta p_e + \gamma \overline{U(p_m, v)}] + (w-j)q_e \quad (5.20)$$

可以得到电商平台的效用函数π_e 为：

$$\begin{aligned}\pi_e = {} & (p_e - w - c - b)[\mu a + \beta p_m + \gamma\lambda(v - p_e + b)]\int_0^{p_e - b} g(v)dv + (p_e - w - c - \\ & b)[\mu a + \beta p_m + \gamma(v - p_e + b)]\int_{p_e - b}^{p_e} g(v)dv + (p_e - w - c)[\mu a + \beta p_m + \gamma(v - \\ & p_e)]\int_{p_e}^{+\infty} g(v)dv = (p_e - w - c - b)[\mu a + \beta p_m + \gamma\lambda(b - p_e)]\int_0^{p_e - b} g(v)dv + \\ & (p_e - w - c - b)[\mu a + \beta p_m + \gamma(b - p_e)]\int_{p_e - b}^{p_e} g(v)dv + (p_e - w - \\ & c)[\mu a + \beta p_m - \gamma p_e](1 - \int_0^{p_e} g(v)dv) + \lambda\gamma(p_e - w - c - b)\int_0^{p_e - b} vg(v)dv + \\ & \gamma(p_e - w - c - b)(\int_0^{p_e} vg(v)dv - \int_0^{p_e - b} vg(v)dv) + \gamma(p_e - w - c) \\ & \int_{p_e}^{+\infty} vg(v)dv = (p_e - w - c - b)[\mu a + \beta p_m + \gamma\lambda(b - p_e)]\int_0^{p_e - b} g(v)dv + \\ & (p_e - w - c - b)[\mu a + \beta p_m + \gamma(b - p_e)]\int_{p_e - b}^{p_e} g(v)dv + (p_e - w - \\ & c)[\mu a + \beta p_m - \gamma p_e](1 - \int_0^{p_e} g(v)dv) + (\lambda - 1)\gamma(p_e - w - c - \\ & b)\int_0^{p_e - b} vg(v)dv + \gamma(p_e - w - c - b)\int_0^{p_e} vg(v)dv + \gamma(p_e - w - \\ & c)(\bar{v}_e - \int_0^{p_e} vg(v)dv)\end{aligned} \quad (5.21)$$

进一步得到公平关切电商平台的期望效用函数 U_e 为：

$$U_e = \pi_e - \theta[\pi_m - \pi_e] \quad (5.22)$$

式中，θ（$\theta>0$）为电商平台的公平关切系数，公平关切电商平台将制造商的利润作为其公平关切的基准。

供应链的效用函数 U_s 为：

$$U_s=\pi_m+U_e \tag{5.23}$$

制造商与公平关切电商平台的博弈关系为静态博弈，即双方各自以自身利益最大化为目标，分别对自身的网络销售价格同时进行定价决策。下面分别进行公式推导，得到各自企业的最优定价模型。

将制造商的利润函数式（5.20）对 p_m 分别求一阶导数和二阶导数，可以得到：

$$\frac{\partial\pi_m}{\partial p_m}=a-j\beta+w\beta+j\gamma+ck\gamma-a\mu+\beta p_e+\gamma((\lambda-1)\int_0^{p_m}vg(v)dv+(\lambda-1)(j+kc-2p_m)\int_0^{p_m}g(v)dv-2p_m+\bar{v}_m) \tag{5.24}$$

$$\frac{\partial^2\pi_m}{\partial p_m^2}=-\gamma[2+2(\lambda-1)\int_0^{p_m}g(v)dv+(\lambda-1)(p_m-j-kc)g(p_m)] \tag{5.25}$$

将公平关切电商平台的效用函数式（5.22）对 p_e 分别求一阶导数和二阶导数，可以得到：

$$\frac{\partial U_e}{\partial p_e}=j(\beta-\gamma)\theta+c(\gamma+k\beta\theta+\gamma\theta)+w(\gamma+2\gamma\theta)+a(1+\theta)\mu-(j-w)\gamma\theta(\lambda-1)\int_0^{p_e-b}g(v)dv+\beta p_m-bg(p_e)(\gamma(b+c+w+(b+c-j+2w)\theta)+a(1+\theta)\mu-\gamma(1+\theta)p_e+\beta(1+\theta)p_m)-(1+\theta)(-2b\gamma\int_{p_e-b}^{p_e}g(v)dv-c\gamma\int_{p_e-b}^{p_e}g(v)dv-w\gamma\int_{p_e-b}^{p_e}g(v)dv-a\mu\int_{p_e-b}^{p_e}g(v)dv+\gamma\int_0^{p_e-b}vg(v)dv-\gamma\lambda\int_0^{p_e-b}vg(v)dv+2\gamma p_e+2\gamma p_e\int_{p_e-b}^{p_e}g(v)dv-\beta p_m\int_{p_e-b}^{p_e}g(v)dv+((c+w)\gamma+a\mu-2\gamma p_e+\beta p_m)\int_0^{p_e}g(v)dv-((2b+c+w)\gamma\lambda+a\mu-2\gamma\lambda p_e+\beta p_m)\int_0^{p_e-b}g(v)dv-\gamma\bar{v}_e) \tag{5.26}$$

$$\frac{\partial^2 U_e}{\partial p_e^2}=3b\gamma(1+\theta)g(p_e)+2\gamma(1+\theta)(-1+\int_0^{p_e}g(v)dv-\lambda\int_0^{p_e-b}g(v)dv-\int_{p_e-b}^{p_e}g(v)dv)+\gamma(\lambda-1)g(p_e-b)(b+c+w+(b+c-j+2w)\theta-(1+$$

$$\theta)p_e) - b(\gamma(b + c + w + (b + c - j + 2w)\theta) + a(1 + \theta)\mu - \gamma(1 + \theta)p_e + \beta(1 + \theta)p_m)g'(p_e) \quad (5.27)$$

令式（5.24）和式（5.26）分别等于0，即$\frac{\partial \pi_m}{\partial p_m} = 0$，$\frac{\partial U_e}{\partial p_e} = 0$，联立方程求解，可以得到补偿契约模型下公平关切电商平台的最优网络销售价格 p_e^{**} 和制造商的最优网络销售价格 p_m^{**}。

将 p_e^{**} 和 p_m^{**} 分别代入式（5.18）、式（5.19）、式（5.20）、式（5.22）、式（5.23），可以分别得到补偿契约模型下公平关切电商平台的最优需求量 q_e^{**}，制造商的最优需求量 q_m^{**}，制造商的最优利润π_m^{**}，公平关切电商平台的最优效用 U_e^{**}，以及供应链的最优效用 U_s^{**}。

（三）算例分析

假设在某网络销售市场环境下，由一个制造商和一个公平关切电商平台组成双渠道供应链。公平关切电商平台通过自身的网络销售渠道向消费者销售产品；制造商存在两条销售渠道：一是通过公平关切电商平台的订单对其批发产品；二是通过制造商自建的网络销售渠道向消费者销售产品。消费者对损失存在厌恶心理，其对网购产品的评估值服从均匀分布 $v \sim U[1, 6]$，其他参数设置为 $w=5$，$j=1$，$\mu=0.5$，$\gamma=3$，$a=20$，$\beta=2$，$k=2$，$c=1$，$\lambda=1.2$。在基本模型下，当电商平台的公平关切系数 θ 发生改变时，根据优化公式，可以得到各个变量的优化值，如表5.1所示；在补偿契约模型下，令 $b=1$，当电商平台的公平关切系数 θ 发生改变时，根据优化公式，可以得到各个变量的优化值，如表5.2所示；在补偿契约模型下，令 $\theta=0.04$，当补偿金额 b 发生改变时，根据优化公式，可以得到各个变量的优化值，如表5.3所示。

表5.1　在基本模型下不同 θ 的各变量优化值

变量	θ						
	0.01	0.02	0.03	0.04	0.05	0.06	0.07
p_e^*	8.00810	8.01641	8.02456	8.03255	8.04038	8.04807	8.05560
p_m^*	7.63047	7.63245	7.63440	7.63630	7.63817	7.64000	7.64180
q_e^*	7.88886	7.85989	7.83149	7.80364	7.77632	7.74952	7.72323
q_m^*	18.0202	18.0001	17.9804	17.9611	17.9421	17.9235	17.9052
π_m^*	78.4683	78.4136	78.3600	78.3074	78.2558	78.2052	78.1556
U_e^*	15.2154	14.5975	13.9802	13.3634	12.7472	12.1315	11.5163
U_s^*	93.6837	93.0111	92.3402	91.6708	91.0030	90.3367	89.6719

表 5.2　在补偿契约模型下不同 θ 的各变量优化值（$b=1$）

变量	θ						
	0.01	0.02	0.03	0.04	0.05	0.06	0.07
p_e^{**}	9.22613	9.23206	9.23788	9.24359	9.24919	9.25468	9.26006
p_m^{**}	7.91914	7.92054	7.92191	7.92325	7.92457	7.92586	7.92713
q_e^{**}	10.1354	10.1181	10.1011	10.0845	10.0682	10.0521	10.0364
q_m^{**}	21.5675	21.5565	21.5458	21.5352	21.5249	21.5147	21.5048
π_m^{**}	96.7776	96.7556	96.734	96.7128	96.6921	96.6717	96.6517
U_e^{**}	8.20466	7.33175	6.45907	5.58661	4.71437	3.84233	2.97049
U_s^{**}	104.982	104.087	103.193	102.299	101.406	100.514	99.6222

表 5.3　在补偿契约模型下不同 b 的各变量优化值（$\theta=0.04$）

变量	b						
	0.7	0.8	0.9	1.0	1.1	1.2	1.3
p_e^{**}	8.83365	8.96496	9.10147	9.24359	9.39175	9.54644	9.70819
p_m^{**}	7.82651	7.85754	7.88976	7.92325	7.95812	7.99447	8.03242
q_e^{**}	9.39283	9.62339	9.85405	10.0845	10.3144	10.5433	10.7708
q_m^{**}	20.4053	20.7762	21.1528	21.5352	21.9236	22.318	22.7187
π_m^{**}	90.7233	92.6689	94.6644	96.7128	98.8174	100.982	103.21
U_e^{**}	8.28853	7.41479	6.51281	5.58661	4.64073	3.68031	2.71119
U_s^{**}	99.0118	100.084	101.177	102.299	103.458	104.662	105.921

1. 电商平台公平关切系数对网络销售价格的影响

根据表 5.1、表 5.2 可得图 5.3 和图 5.4。

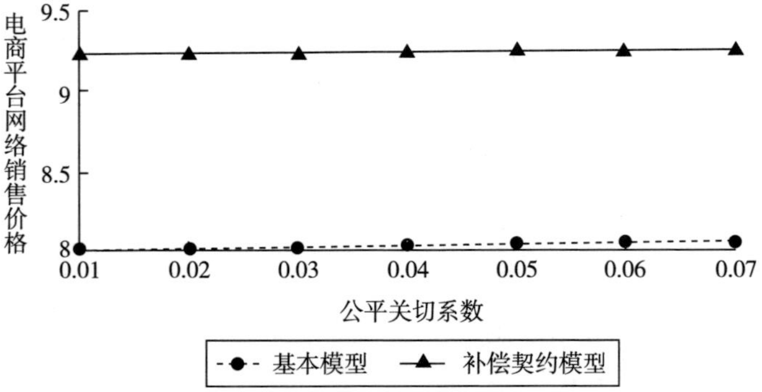

图 5.3　电商平台网络销售价格与公平关切系数关系

由图 5.3 可知，在基本模型和补偿契约模型下，电商平台网络销售价格均随着电商平台公平关切系数 θ 的增大而增大，且补偿契约模型下的电商平台网络销售价格大于基本模型下的电商平台网络销售价格。这表明，电商平台公平关切系数促使电商平台提高其网络销售价格，电商平台在进行定价决策时，不仅需要关注市场和竞争对手的情况，而且也会考虑自身的公平关切心理，从而做出有利于自身利益最大化的价格决策。而且当电商平台采取补偿契约时，电商平台制定的网络销售价格会远高于基本模型下的网络销售价格。对于消费者来说，为了减少自身的消费支出，消费者更倾向于电商平台提供基本模型模式，而不是补偿契约模式；同时，消费者也更希望电商平台的公平关切程度相对较低。

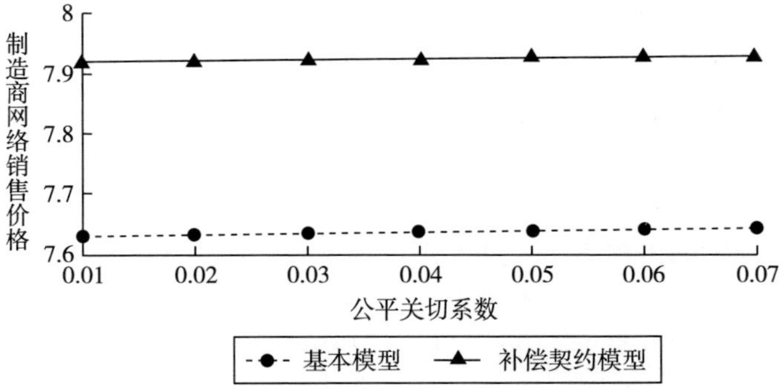

图 5.4　制造商网络销售价格与公平关切系数关系

由图 5.4 可知，在基本模型和补偿契约模型下，制造商网络销售价格均随着电商平台公平关切系数 θ 的增大而增大，且补偿契约模型下的制造商网络销售价格大于基本模型下的制造商网络销售价格。这表明，电商平台的公平关切心理也会间接导致制造商提高其自身的网络销售价格，制造商在进行定价决策时，也需要考虑市场和竞争对手的变化情况，并基于自身利益最大化制定其价格决策。而且当电商平台采取补偿契约时，制造商制定的网络销售价格也会远高于在基本模型下的制造商网络销售价格，这与电商平台的定价决策规律是相似的，也符合对现实网购环境的直观判断。因为电商平台为了自身利益，在采取补偿契约之后，提高了自身的网络销售价格，制造商为了减少由于电商平台的补偿契约给自身网络销售渠道带来的不利影响，也将会大幅度提高其自身的网络销售价格。基于消费者视角，为了减少从制造商网络销售渠道网购产品的消费支出，消费者希望电商平台能够提供基本模型模式，而不是补偿契约模式。与此同时，消费者也期待电商平台的公平关切程度相对较小。

2. 电商平台公平关切系数对需求量的影响

根据表 5.1、表 5.2 可得图 5.5 和图 5.6。

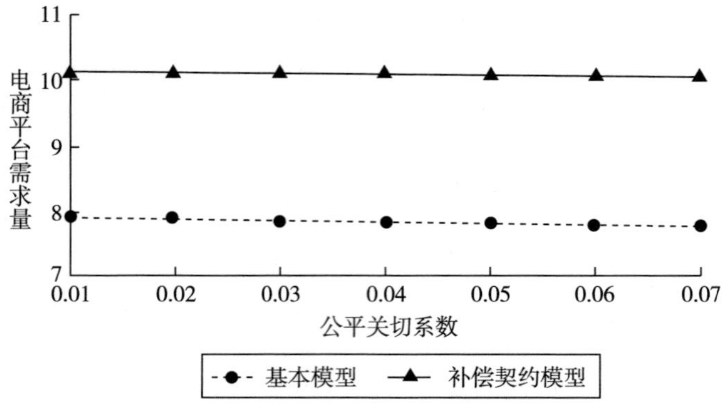

图 5.5　电商平台需求量与公平关切系数关系

由图 5.5 可知，在基本模型和补偿契约模型下，电商平台需求量均随着电商平台公平关切系数 θ 的增大而减小。这表明，电商平台公平关切程度的增大导致电商平台的需求量下降，由于电商平台公平关切心理促使其提高网络销售价格，消费者承担了较大的消费支出，从而造成需求量的下降。

由图 5.5 可知，补偿契约模型下的电商平台需求量大于基本模型下的电商平台需求量。这表明，电商平台制定的补偿契约模式将会提升消费者满意度，刺激消费者增强网购意愿，从而扩大电商平台网络销售渠道的需求量。

综上所述，从扩大市场需求的视角，与基本模型相比较，电商平台制定的补偿契约能够发挥促进消费需求增长的作用；但是，补偿契约模式能否真正实施，取决于电商平台通过补偿契约能够获得多大的收益，市场需求量只是电商平台作出决策的影响因素之一。

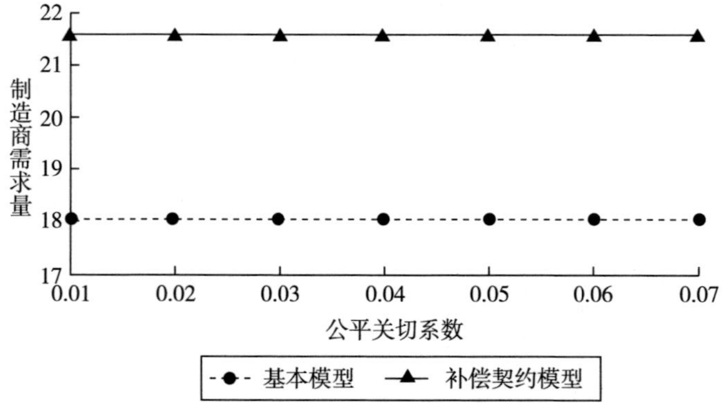

图 5.6　制造商需求量与公平关切系数关系

由图 5.6 可知，在基本模型和补偿契约模型下，制造商需求量均随着电商平台公平关切系数 θ 的增大而减小。这表明，电商平台公平关切程度的增大也导致制造商的需求量下降。由于电商平台公平关切心理也间接促使制造商提高其网络销售价格，所以，消费者也承担了较大的消费支出，导致从制造商网络销售渠道进行网购的消费者数量下降。与此同时，从传统的批发渠道获得的订单数量（即电商平台的网络渠道销售量）也减小，从而造成制造商的整体需求量下降。

由图 5.6 可知，补偿契约模型下的制造商需求量大于基本模型下的制造商需求量。这表明，电商平台制定的补偿契约模式不仅提升了自身的需求量，同时，也间接拉动了制造商需求量的增长。

综上所述，从扩大市场需求的视角，与基本模型相比较，电商平台制定的补偿契约能够发挥促进消费需求增长的作用，但是，补偿契约模式能否真正贯彻落实，这取决于电商平台通过补偿契约能够获得多大的收益。同时，电商平台的公平关切程度也应当较低，这有利于扩大整个网购市场的需求量。

3. 电商平台公平关切系数对企业和供应链收益的影响

根据表 5.1、表 5.2 可得图 5.7、图 5.8、图 5.9。

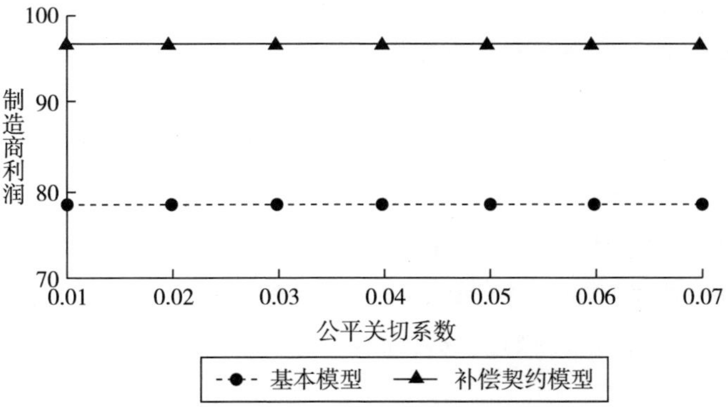

图 5.7　制造商利润与公平关切系数关系

由图 5.7 可知，在基本模型和补偿契约模型下，制造商利润均随着电商平台公平关切系数的增大而减小，且补偿契约模型下的制造商利润大于基本模型下的制造商利润。这表明，电商平台的公平关切心理对制造商的收益产生不利影响，而与基本模型相比较，当电商平台采取补偿契约时，制造商的收益会明显提升，这可以在一定程度上弥补电商平台的公平关切心理给制造商带来的负面影响。

基于制造商的视角，制造商希望电商平台具备较弱的公平关切心理特征，且期待电商平台针对网购消费者能够采取补偿契约模式。而电商平台是否愿意采取补偿契约模式，则取决于补偿契约是否可以给电商平台带来更多利益，如果与基本模型相比较，补偿契约不能为电商平台创造更多价值，那么电商平台采取补偿契约的可能性就会变小。

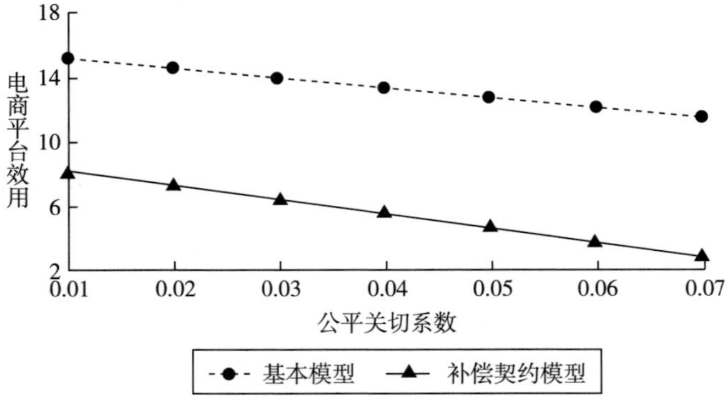

图 5.8　电商平台效用与公平关切系数关系

由图 5.8 可知，在基本模型和补偿契约模型下，电商平台效用均随着电商平台公平关切系数的增大而减小；且补偿契约模型下的电商平台效用小于基本模型下的电商平台效用；当电商平台公平关切系数较大时，补偿契约模型和基本模型下的电商平台效用差距也增大。这表明，电商平台的公平关切心理对自身企业也是不利的，而且电商平台针对消费者制定的补偿契约进一步加剧了自身企业的损失，若电商平台公平关切程度越大，则补偿契约给电商平台带来的负面影响也越大。

基于电商平台的视角，为了保障自身的利益，电商平台需要减少其公平关切程度，对待竞争对手需要保持良好的心态，补偿契约不利于电商平台创造更多价值，所以，电商平台针对网购消费者没有制定和实施补偿契约的动力。

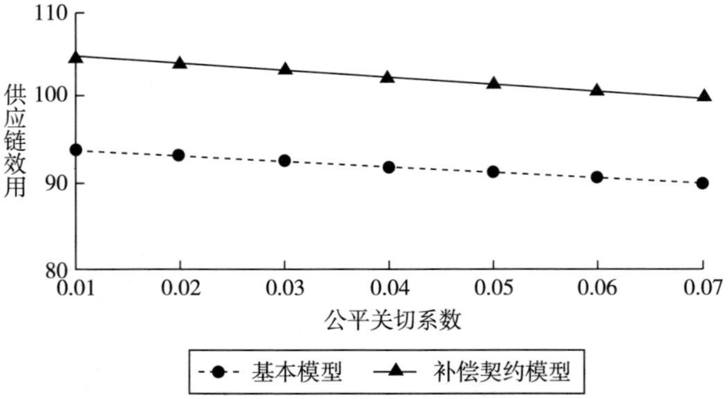

图 5.9　供应链效用与公平关切系数关系

由图5.9可知，在基本模型和补偿契约模型下，供应链效用均随着电商平台公平关切系数的增大而减小；且补偿契约模型下的供应链效用大于基本模型下的供应链效用；当电商平台公平关切系数较大时，补偿契约模型和基本模型下的供应链效用差距越小。这表明，电商平台公平关切心理对供应链绩效也会产生不利影响，这是由于电商平台公平关切心理对电商平台和制造商绩效均造成负面影响，进而导致供应链的整体绩效下降。而补偿契约给供应链带来了较大收益，这得益于补偿契约给制造商创造的价值超出了补偿契约给电商平台带来的损失。且只有当电商平台的公平关切程度较低时，补偿契约给供应链带来的收益才会越大。

基于供应链的视角，为了提高供应链的整体绩效，需要降低电商平台的公平关切程度，并且在企业合作的框架下，对电商平台给予适当的利益分配或补贴，才有可能促使电商平台针对网购消费者采取补偿契约模式，从而提高供应链的整体绩效水平。

4. 补偿金额对网络销售价格的影响

根据表5.3可得图5.10。

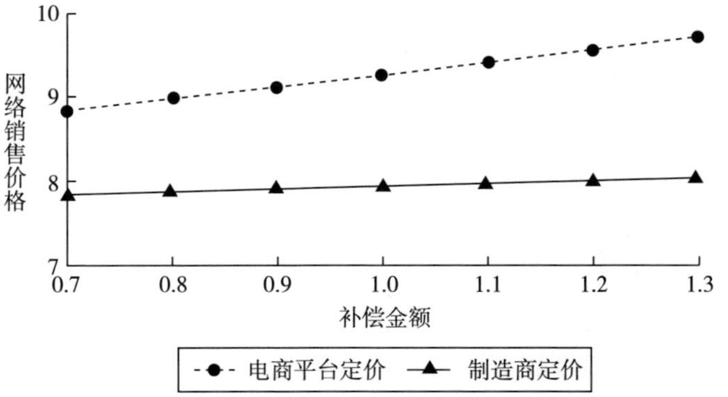

图5.10　网络销售价格与补偿金额关系

由图5.10可知，在补偿契约模型下，电商平台的网络销售价格大于制造商的网络销售价格。这表明，电商平台制定的补偿契约模式给自身企业带来了较大的损失风险，为了降低该风险损失，电商平台将大幅提高其网络销售价格，并超过制造商的网络销售价格。相较于制造商而言，补偿契约使得电商平台承担了更大的市场考验，制造商存在“搭便车”行为。

由图5.10可知，在补偿契约模型下，电商平台和制造商的网络销售价格均随着补偿金额的增大而增大，且当补偿金额较大时，电商平台和制造商的网络销售价格差距也越大。这表明，电商平台制定的补偿契约模式刺激了电商平台和制造商提高其网络销售价格，这符合人们对网购市场价格的直观判断。如果补偿金额增大，那么补偿契约对企业网络销售价格决策的影响程度也更加显著。

基于消费者视角，为了减少消费支出，在电商平台采取补偿契约模式下，补偿金额较低更有利于消费者，且制造商的网络销售价格对于消费者而言，更具有吸引力。

5. 补偿金额对需求量的影响

根据表 5. 3 可得图 5. 11。

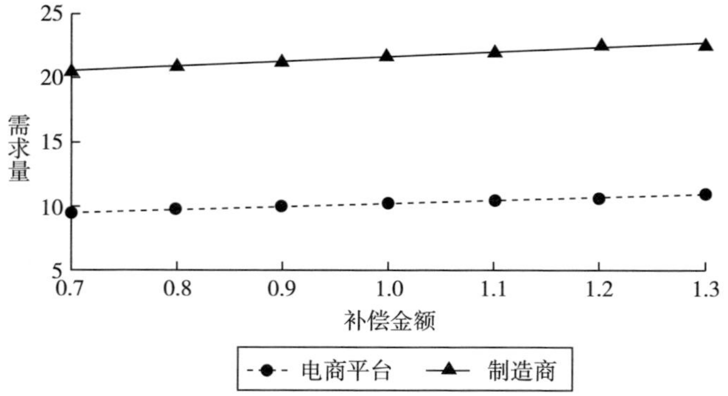

图 5. 11　需求量与补偿金额关系

由图 5. 11 可知，在补偿契约模型下，电商平台的需求量小于制造商的需求量；且电商平台和制造商的需求量均随着补偿金额的增大而增大。这表明，电商平台制定的补偿契约模式同时扩大了电商平台和制造商的网购市场需求，而且由于制造商存在双渠道销售途径，所以制造商的需求量将大于电商平台的需求量。

基于扩大网购消费市场需求的视角，若电商平台采取补偿契约模式，则补偿金额越大，扩大需求量的效果也越明显。但是电商平台是否采取补偿契约模式，这取决于电商平台的收益是否增大。

6. 补偿金额对企业和供应链收益的影响

根据表 5. 3 可得图 5. 12、图 5. 13。

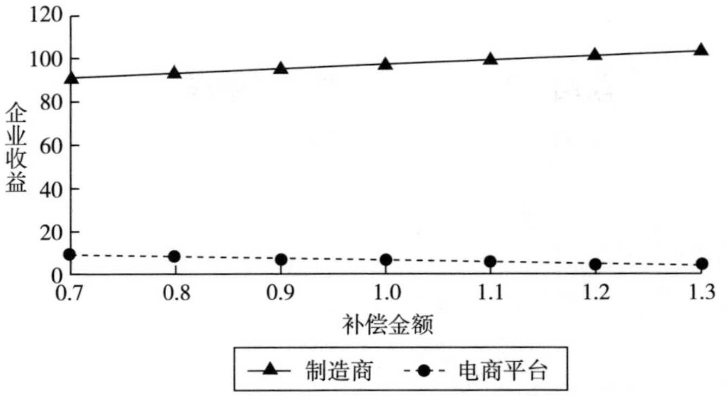

图 5.12 企业收益与补偿金额关系

由图 5.12 可知，在补偿契约模型下，电商平台效用随着补偿金额的增大而减小，而制造商利润随着补偿金额的增大而增大。这表明，电商平台制定的补偿契约对制造商企业绩效产生有利影响，却对自身企业的绩效产生负面影响。显然，公平关切电商平台不会针对消费者采取补偿契约模式，但是，如果制造商与电商平台开展合作，在供应链整体绩效提高的前提条件下，通过合理分配，彼此共赢，公平关切电商平台才有可能针对消费者采取补偿契约模式。

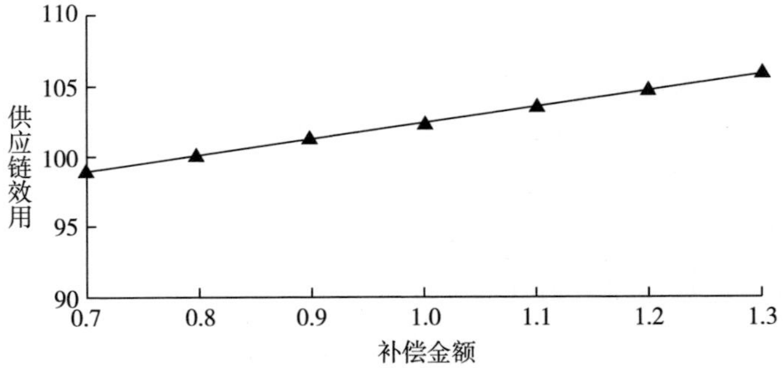

图 5.13 供应链效用与补偿金额关系

由图 5.13 可知，在补偿契约模型下，供应链效用随着补偿金额的增大而提升。这表明电商平台针对消费者制定的补偿契约可以提高供应链的整体效用。但补偿契约对于电商平台绩效却产生了不利影响，如果通过合作博弈，将供应链的整体绩效在制造商与电商平台之间进行公平分配，互利共赢，那么电商平台才有动机制定和实施补偿契约，从而实现供应链的整体绩效获得提升和改善。

三、基于公平关切制造商的损失厌恶双渠道供应链管理优化研究

本节将在损失厌恶型消费者主导的市场背景下，以电商平台、公平关切制造商组成的双渠道供应链作为研究对象，分析电商平台和公平关切制造商的网络销售价格策略的变化趋势，以及公平关切心理对企业决策优化、市场需求量、双渠道供应链绩效和补偿契约产生的重要影响。

（一）基本模型

考虑双渠道供应链由一个公平关切制造商和一个电商平台组成。电商平台通过互联网进行销售，并根据市场需求情况向损失厌恶消费者制定定价决策。公平关切制造商存在两种销售渠道：一是根据电商平台的订单为其提供产品；二是通过自建的网络销售渠道进行销售。公平关切制造商根据两种销售渠道的需求情况向损失厌恶消费者制定定价决策。考虑公平关切的损失厌恶双渠道供应链示意图，如图 5.14 所示。

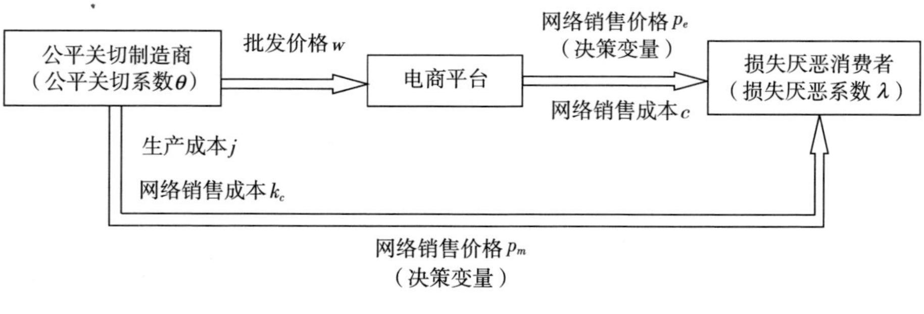

图 5.14　考虑公平关切的损失厌恶双渠道供应链示意图

为了研究方便，提出以下三种假设：

H5.7：假定电商平台以其利润最大化为目标，其网络销售价格为 p_e，从制造商采购产品的批发价格为 w，网络销售成本为 c，且满足条件 $p_e-w-c>0$。

H5.8：假定制造商以电商平台的收益作为公平关切的对象，其公平关切系数为 θ，网络销售价格为 p_m，生产成本为 j，网络销售成本为 kc，其中，k 表示公平关切制造商相对于电商平台的网络销售效率，k 越大，表明相对于电商平台而

言，公平关切制造商的网络销售效率越低；反之，公平关切制造商的网络销售效率越高，且满足条件 $p_m-j-kc>0$，$w-j>0$，通常情况下，制造商批发产品获得的单位收益大于其网络销售产品获得的单位收益，即 $w-j>p_m-j-kc$。

H5.9：假定损失厌恶消费者通过网络开展购物活动，由于损失厌恶消费者无法准确获知网购产品的真正价值，因此需要对网购产品的价值进行评估，这使得消费者在购买产品之后有可能遭受损失，消费者对损失存在厌恶心理，其损失厌恶系数为 λ（$\lambda>1$）。

根据 H5.9，消费者在网购产品之前，对网购产品进行价值评估，令其价值为 v，假定该值服从某个分布，其密度函数为 g（v），分布函数为 G（v）。若 v 值小于 p_e，p_m，则消费者遭遇损失；反之，消费者得到收益。可以得到通过电商平台，以及公平关切制造商的网络销售渠道进行网购的损失厌恶消费者效用函数分别为：

$$U(p_e,\ v)=\begin{cases}-\lambda(p_e-v), & 0<v<p_e \\ v-p_e, & v\geqslant p_e\end{cases} \tag{5.28}$$

$$U(p_m,\ v)=\begin{cases}-\lambda(p_m-v), & 0<v<p_m \\ v-p_m, & v\geqslant p_m\end{cases} \tag{5.29}$$

由式（5.28）、式（5.29）分别可以得到损失厌恶消费者的期望效用函数为：

$$\overline{U(p_e,\ v)}=\bar{v}_e+(\lambda-1)\int_0^{p_e}vg(v)dv-p_e[1+(\lambda-1)\int_0^{p_e}g(v)dv] \tag{5.30}$$

$$\overline{U(p_m,\ v)}=\bar{v}_m+(\lambda-1)\int_0^{p_m}vg(v)dv-p_m[1+(\lambda-1)\int_0^{p_m}g(v)dv] \tag{5.31}$$

其中，$\bar{v}_e$ 表示损失厌恶消费者评估电商平台网络销售产品价值的平均值，$\bar{v}_m$ 表示损失厌恶消费者评估公平关切制造商网络销售产品价值的平均值。λ（$\lambda>1$）为消费者的损失厌恶系数。

在现实生活中，企业产品市场需求的大小取决于消费者的期望效用大小，同时，也受到竞争企业的网络销售价格影响。所以，可以得到电商平台和公平关切制造商的需求函数分别是：

$$q_e=\mu a+\beta p_m+\gamma\overline{U(p_e,\ v)} \tag{5.32}$$

$$q_m=(1-\mu)a+\beta p_e+\gamma\overline{U(p_m,\ v)}+q_e \tag{5.33}$$

其中，a（$a>0$）代表基本市场需求，μ（$0<\mu<1$）代表电商平台占基本市场需求的份额，β（$\beta>0$）代表竞争企业产品价格的弹性系数，γ（$\gamma>0$）代表消费者期望效用的弹性系数。通常情况下，与其他渠道的销售价格相比较，本渠道的市场需求量受到本渠道销售价格的影响应当更加明显。所以，可以得到条件 $\gamma>\beta$。

根据假设 H5.7 与 H5.8，可以得到公平关切制造商的效用函数 U_m 为：

$$U_m=(p_m-j-kc)[(1-\mu)a+\beta p_e+\gamma\overline{U(p_m, v)}]+(w-j)q_e-\theta[\pi_e-[(p_m-j-kc)[(1-\mu)a+\beta p_e+\gamma\overline{U(p_m, v)}]+(w-j)q_e]] \quad (5.34)$$

其中，θ（$\theta>0$）为制造商的公平关切系数，公平关切制造商将电商平台的利润作为其公平关切的基准。

可以得到电商平台的利润函数π_e 为：

$$\pi_e=(p_e-w-c)[\mu a+\beta p_m+\gamma\overline{U(p_e, v)}] \quad (5.35)$$

供应链的效用函数 U_s 为：

$$U_s=U_m+\pi_e \quad (5.36)$$

公平关切制造商与电商平台的博弈关系为静态博弈，即双方各自以自身利益最大化为目标，分别对自身的网络销售价格同时进行定价决策。下面分别进行公式推导，得到各自企业的最优定价模型。

将制造商的效用函数式（5.34）对 p_m 分别求一阶导数和二阶导数，可以得到：

$$\frac{\partial U_m}{\partial p_m}=w\beta+ck\gamma+c\beta\theta+2w\beta\theta+ck\gamma\theta-j(\beta-\gamma)(1+\theta)-a(1+\theta)(\mu-1)+\beta p_e+\gamma(1+\theta)((\lambda-1)\int_0^{p_m}vg(v)dv+(\lambda-1)(j+ck-2p_m)\int_0^{p_m}g(v)dv-2p_m+\bar{v}_m) \quad (5.37)$$

$$\frac{\partial^2 U_m}{\partial p_m^2}=-\gamma(1+\theta)(2+2(\lambda-1)\int_0^{p_m}g(v)dv+(\lambda-1)(p_m-j-kc)g(p_m)) \quad (5.38)$$

将电商平台的利润函数式（5.35）对 p_e 分别求一阶导数和二阶导数，可以得到：

$$\frac{\partial \pi_e}{\partial p_e}=(c+w)\gamma+a\mu+\beta p_m+\gamma((\lambda-1)\int_0^{p_e}vg(v)dv+(\lambda-1)(c+w-2p_e)\int_0^{p_e}g(v)dv-2p_e+\bar{v}_e) \quad (5.39)$$

$$\frac{\partial^2 \pi_e}{\partial p_e^2}=-\gamma(2+2(\lambda-1)\int_0^{p_e}g(v)dv+(\lambda-1)g(p_e)(p_e-w-c)) \quad (5.40)$$

由于 $\lambda>1$，$p_m-j-kc>0$，$g(p_m)>0$，$\theta>0$，$p_e-w-c>0$，$g(p_e)>0$，所以，$\frac{\partial^2 U_m}{\partial p_m^2}<0$，$\frac{\partial^2 \pi_e}{\partial p_e^2}<0$。令式（5.37）和式（5.39）分别等于 0，即 $\frac{\partial U_m}{\partial p_m}=0$，$\frac{\partial \pi_e}{\partial p_e}=0$，联立方程求解，可以得到基本模型下电商平台的最优网络销售价格 p_e^* 和公平关切制造商的最优网络销售价格 p_m^*。

将 p_e^* 和 p_m^* 分别代入式（5.32）、式（5.33）、式（5.34）、式（5.35）、式（5.36），可以分别得到基本模型下电商平台的最优需求量 q_e^*，公平关切制造商的最优需求量 q_m^*，公平关切制造商的最优效用 π_m^*，电商平台的最优利润 U_e^*，以及供应链的最优效用 U_s^*。

（二）补偿契约模型分析

考虑双渠道供应链由一个公平关切制造商和一个电商平台组成。电商平台通过互联网进行销售，并根据市场需求情况向损失厌恶消费者制定定价决策。公平关切制造商存在两种销售渠道：一是根据电商平台的订单为其提供产品；二是通过自建的网络销售渠道进行销售。公平关切制造商根据两种销售渠道的需求情况向损失厌恶消费者制定定价决策。当损失厌恶消费者在消费过程中遭受损失时，公平关切制造商根据补偿契约为损失厌恶消费者提供相应的补偿。考虑补偿契约的公平关切损失厌恶双渠道供应链示意图，如图 5.15 所示。

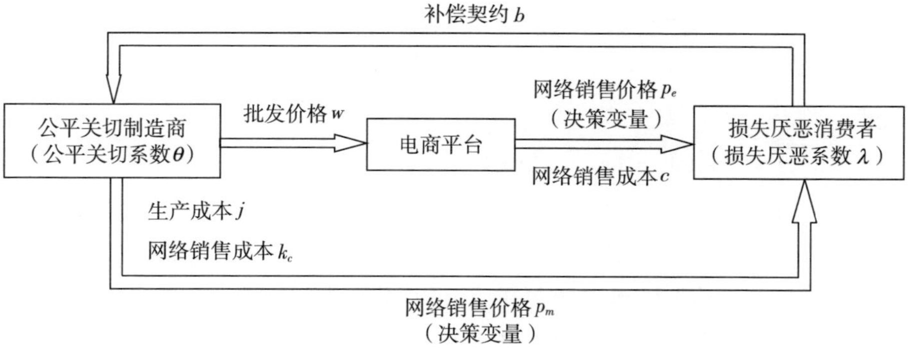

图 5.15　考虑补偿契约的公平关切损失厌恶双渠道供应链示意图

为了研究方便，提出以下三种假设：

H5.10：假定电商平台以其利润最大化为目标，其网络销售价格为 p_e，从制造商采购产品的批发价格为 w，网络销售成本为 c，且满足条件 $p_e-w-c>0$。

H5.11：假定制造商存在公平关切心理，以其效用最大化为目标制定定价决策，其公平关切系数为 θ，网络销售价格为 p_m，生产成本为 j，网络销售成本为 kc，其中，k 表示公平关切制造商相对于电商平台的网络销售效率，k 越大，表明相对于电商平台而言，公平关切制造商的网络销售效率越低，反之，公平关切制造商的网络销售效率越高，且 $p_m-j-kc>0$，$w-j>0$，通常情况下，公平关切制造商批发产品获得的单位收益大于其网络销售产品获得的单位收益，即 $w-j>p_m-j-kc$。当损失厌恶消费者对从公平关切制造商网购的产品不满意时，公平关切制造商以补偿金额 b 给予损失厌恶消费者补偿，且满足条件 $b<p_m$。

H5.12：假定损失厌恶消费者通过网络开展购物活动，由于损失厌恶消费者无法准确获知网购产品的真正价值，因此需要对网购产品的价值进行评估，这使得损失厌恶消费者在购买产品之后有可能遭受损失，其损失厌恶系数为 λ（$\lambda>1$）。

根据 H5.12，损失厌恶消费者在网购产品之前，对网购产品进行价值评估，令其价值为 v，假定该值服从某个分布，其密度函数为 $g(v)$，分布函数为 $G(v)$。可以得到通过电商平台，以及公平关切制造商的网络销售渠道进行网购的损失厌恶消费者效用函数分别为：

$$U(p_e,\ v)=\begin{cases}-\lambda(p_e-v), & 0<v<p_e \\ v-p_e, & v\geqslant p_e\end{cases} \tag{5.41}$$

$$U(p_m,\ v,\ b)=\begin{cases}-\lambda(p_m-b-v), & 0<v<p_m-b \\ v+b-p_m, & p_m-b\leqslant v<p_m \\ v-p_m, & v\geqslant p_m\end{cases} \tag{5.42}$$

由式（5.41）、式（5.42）分别可以得到损失厌恶消费者的期望效用函数为：

$$\overline{U(p_e,\ v)}=\bar{v}_e+(\lambda-1)\int_0^{p_e}vg(v)dv-p_e\left[1+(\lambda-1)\int_0^{p_e}g(v)dv\right] \tag{5.43}$$

$$\overline{U(p_m,\ v,\ b)}=\bar{v}_m+(\lambda-1)\int_0^{p_m-b}(v-p_m+b)g(v)dv-p_m+bG(p_m) \tag{5.44}$$

其中，$\bar{v}_e$ 表示损失厌恶消费者评估电商平台网络销售产品价值的平均值，$\bar{v}_m$ 表示损失厌恶消费者评估公平关切制造商网络销售产品价值的平均值。

在现实的网购环境中，企业产品市场需求的大小取决于消费者的期望效用大小，同时，也受到竞争企业的网络销售价格影响。所以，可以得到电商平台和公平关切制造商的需求函数分别是：

$$q_e=\mu a+\beta p_m+\gamma\overline{U(p_e,\ v)} \tag{5.45}$$

$$q_m=(1-\mu)a+\beta p_e+\gamma\overline{U(p_m, v, b)}+q_e \tag{5.46}$$

根据 H5.10 与 H5.11，可以得到电商平台的利润函数π_e 为：

$$\pi_e=(p_e-w-c)q_e \tag{5.47}$$

可以得到制造商的利润函数π_m 为：

$$\begin{aligned}
\pi_m &= (p_m-j-kc-b)[(1-\mu)a+\beta p_e+\gamma\lambda(v-p_m+b)]\int_0^{p_m-b}g(v)dv+\\
&\quad(p_m-j-kc-b)[(1-\mu)a+\beta p_e+\gamma(v-p_m+b)]\int_{p_m-b}^{p_m}g(v)dv+\\
&\quad(p_m-j-kc)[(1-\mu)a+\beta p_e+\gamma(v-p_m)]\int_{p_m}^{+\infty}g(v)dv+(w-j)q_e\\
&=(p_m-j-kc-b)[(1-\mu)a+\beta p_e+\gamma\lambda(b-p_m)]\int_0^{p_m-b}g(v)dv+(p_m-\\
&\quad j-kc-b)[(1-\mu)a+\beta p_e+\gamma(b-p_m)]\int_{p_m-b}^{p_m}g(v)dv+(p_m-\\
&\quad j-kc)[(1-\mu)a+\beta p_e-\gamma p_m](1-\int_0^{p_m}g(v)dv)+\lambda\gamma(p_m-j-\\
&\quad kc-b)\int_0^{p_m-b}vg(v)dv+\gamma(p_m-j-kc-b)(\int_0^{p_m}vg(v)dv-\int_0^{p_m-b}vg(v)dv)+\\
&\quad \gamma(p_m-j-kc)\int_{p_m}^{+\infty}vg(v)dv+(w-j)q_e\\
&=(p_m-j-kc-b)[(1-\mu)a+\beta p_e+\gamma\lambda(b-p_m)]\int_0^{p_m-b}g(v)dv+(p_m-j-\\
&\quad kc-b)[(1-\mu)a+\beta p_e+\gamma(b-p_m)]\int_{p_m-b}^{p_m}g(v)dv+(p_m-\\
&\quad j-kc)[(1-\mu)a+\beta p_e-\gamma p_m](1-\int_0^{p_m}g(v)dv)+(\lambda-1)\gamma(p_m-j-\\
&\quad kc-b)\int_0^{p_m-b}vg(v)dv+\gamma(p_m-j-kc-b)\int_0^{p_m}vg(v)dv+\gamma(p_m-\\
&\quad j-kc)(\bar{v}_m-\int_0^{p_m}vg(v)dv)+(w-j)q_e
\end{aligned} \tag{5.48}$$

进一步得到公平关切制造商的期望效用函数 U_m 为：

$$U_m=\pi_m-\theta[\pi_e-\pi_m] \tag{5.49}$$

其中，θ（$\theta>0$）为制造商的公平关切系数，公平关切制造商将电商平台的利润作为其公平关切的基准。

供应链的效用函数 U_s 为：

$$U_s=U_m+\pi_e \tag{5.50}$$

公平关切制造商与电商平台的博弈关系为静态博弈，即双方各自以自身利益最大化为目标，分别对自身的网络销售价格同时进行定价决策。下面分别进行公式推导，得到各自企业的最优定价模型。

将公平关切制造商的效用函数式（5.49）对 p_m 分别求一阶导数和二阶导数，可以得到：

$$\frac{\partial U_m}{\partial p_m} = a - j\beta + w\beta + j\gamma + ck\gamma + a\theta + c\beta\theta - j\beta\theta + 2w\beta\theta + j\gamma\theta + ck\gamma\theta - a(1+\theta)\mu + \beta p_e - (1+\theta)(a + j\gamma + ck\gamma - a\mu + \beta p_e - 2\gamma p_m)\int_0^{p_m} g(v)dv - b(1+\theta)g(p_m)(a + (b+j+ck)\gamma - a\mu + \beta p_e - \gamma p_m) - (1+\theta)\Big(-(a + (2b+j+ck)\gamma - a\mu + \beta p_e - 2\gamma p_m)\int_{p_m-b}^{p_m} g(v)dv + (-(2b+j+ck)\gamma\lambda + a(\mu-1) - \beta p_e + 2\gamma\lambda p_m)\int_0^{p_m-b} g(v)dv + \gamma\Big(-(\lambda-1)\int_0^{p_m-b} vg(v)dv + 2p_m - \bar{v}_m\Big)\Big) \tag{5.51}$$

$$\frac{\partial^2 U_m}{\partial p_m^2} = (1+\theta)\Big(3b\gamma g(p_m) + 2\gamma\Big(-1 + \int_0^{p_m} g(v)dv - \lambda\int_0^{p_m-b} g(v)dv - \int_{p_m-b}^{p_m} g(v)dv\Big) + \gamma(\lambda-1)g(p_m-b)(b+j+ck-p_m) - b(a + (b+j+ck)\gamma - a\mu + \beta p_e - \gamma p_m)g'(p_m)\Big) \tag{5.52}$$

将电商平台的利润函数式（5.47）对 p_e 分别求一阶导数和二阶导数，可以得到：

$$\frac{\partial \pi_e}{\partial p_e} = (c+w)\gamma + a\mu + \beta p_m + \gamma\Big((\lambda-1)\int_0^{p_e} vg(v)dv + (\lambda-1)(c+w-2p_e)\int_0^{p_e} g(v)dv - 2p_e + \bar{v}_e\Big) \tag{5.53}$$

$$\frac{\partial^2 \pi_e}{\partial p_e^2} = -\gamma\Big(2 + 2(\lambda-1)\int_0^{p_e} g(v)dv + (\lambda-1)g(p_e)(p_e - w - c)\Big) \tag{5.54}$$

令式（5.51）和式（5.53）分别等于 0，即 $\frac{\partial U_m}{\partial p_m}=0$，$\frac{\partial \pi_e}{\partial p_e}=0$，联立方程求解，可以得到补偿契约模型下电商平台的最优网络销售价格 p_e^{**} 和公平关切制造商的最优网络销售价格 p_m^{**}。

将 p_e^{**} 和 p_m^{**} 分别代入式（5.45）、式（5.46）、式（5.47）、式（5.49）、式（5.50），可以分别得到补偿契约模型下电商平台的最优需求量 q_e^{**}，公平关切制造商的最优需求量 q_m^{**}，电商平台的最优利润 π_e^{**}，公平关切制造商的最优

效用 U_m^{**}，以及供应链的最优效用 U_s^{**}。

（三）算例分析

假设在某网络销售市场环境下，由一个公平关切制造商和一个电商平台组成双渠道供应链。电商平台通过自身的网络销售渠道向消费者销售产品；公平关切制造商存在两条销售渠道：一是通过电商平台的订单对其批发产品；二是通过公平关切制造商自建的网络销售渠道向消费者销售产品。消费者对损失存在厌恶心理，其对网购产品的评估值服从均匀分布 $v\sim U$［1，6］，其他参数设置为 $w=5$，$j=1$，$\mu=0.5$，$\gamma=3$，$a=20$，$\beta=2$，$k=2$，$c=1$，$\lambda=1.2$。在基本模型下，当制造商的公平关切系数 θ 发生改变时，根据优化公式，可以得到各个变量的优化值，如表 5.4 所示；在补偿契约模型下，令 $b=1$，当制造商的公平关切系数 θ 发生改变时，根据优化公式，可以得到各个变量的优化值，如表 5.5 所示；在补偿契约模型下，令 $\theta=0.04$，当补偿金额 b 发生改变时，根据优化公式，可以得到各个变量的优化值，如表 5.6 所示。

表 5.4　在基本模型下不同 θ 的各变量优化值

变量	θ						
	0.01	0.02	0.03	0.04	0.05	0.06	0.07
p_e^*	7.99839	7.99719	7.99601	7.99485	7.99372	7.99261	7.99152
p_m^*	7.62344	7.61853	7.61372	7.60901	7.60439	7.59986	7.59542
q_e^*	7.91324	7.90819	7.90324	7.89839	7.89364	7.88898	7.88441
q_m^*	18.0527	18.0645	18.0760	18.0873	18.0983	18.1091	18.1198
π_e^*	15.8138	15.7941	15.7749	15.7561	15.7377	15.7197	15.7020
U_m^*	79.1593	79.7947	80.4303	81.066	81.7020	82.3381	82.9744
U_s^*	94.9731	95.5889	96.2052	96.8222	97.4397	98.0578	98.6764

表 5.5　在补偿契约模型下不同 θ 的各变量优化值（$b=1$）

变量	θ						
	0.01	0.02	0.03	0.04	0.05	0.06	0.07
p_e^{**}	8.33132	8.32959	8.3279	8.32625	8.32463	8.32303	8.32148
p_m^{**}	8.99166	8.98452	8.97752	8.97067	8.96395	8.95737	8.95092
q_e^{**}	9.32471	9.31733	9.31010	9.30301	9.29607	9.28927	9.28260

续表

变量	θ						
	0.01	0.02	0.03	0.04	0.05	0.06	0.07
q_m^{**}	21.0754	21.0885	21.1014	21.1140	21.1264	21.1385	21.1503
π_e^{**}	21.7389	21.7056	21.6730	21.6411	21.6099	21.5793	21.5493
U_m^{**}	83.0556	83.6763	84.2973	84.9186	85.5402	86.1621	86.7843
U_s^{**}	104.794	105.382	105.970	106.560	107.150	107.741	108.334

表 5.6 在补偿契约模型下不同 b 的各变量优化值（θ=0.04）

变量	b						
	0.7	0.8	0.9	1.0	1.1	1.2	1.3
p_e^{**}	8.21466	8.25049	8.28765	8.32625	8.36638	8.40814	8.45166
p_m^{**}	8.50997	8.65764	8.81107	8.97067	9.13689	9.31021	9.49115
q_e^{**}	8.82711	8.97958	9.13807	9.30301	9.47488	9.65419	9.84147
q_m^{**}	20.1410	20.4588	20.7831	21.1140	21.4518	21.7967	22.1488
π_e^{**}	19.5491	20.2084	20.9047	21.6411	22.4211	23.2487	24.1280
U_m^{**}	83.9029	84.2448	84.5818	84.9186	85.2606	85.6139	85.9854
U_s^{**}	103.452	104.453	105.486	106.560	107.682	108.863	110.113

1. 制造商公平关切系数对网络销售价格的影响

根据表 5.4、表 5.5 可得图 5.16 和图 5.17。

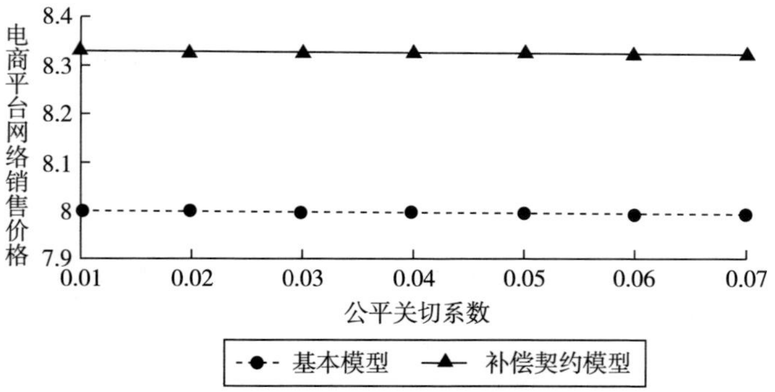

图 5.16 电商平台网络销售价格与公平关切系数关系

由图 5.16 可知，在基本模型和补偿契约模型下，电商平台网络销售价格均随着制造商公平关切系数 θ 的增大而减小，且补偿契约模型下的电商平台网络销售价格大于基本模型下的电商平台网络销售价格。这表明，制造商公平关切系数促使电商平台降低其网络销售价格，电商平台在进行定价决策时，需要关注市场和竞争对手的情况，并做出有利于自身利益最大化的价格决策。而且当制造商采取补偿契约时，电商平台制定的网络销售价格会远高于基本模型下的网络销售价格。对于消费者来说，为了减少自身的消费支出，消费者倾向于制造商提供基本模型模式，而不是补偿契约模式；同时，消费者更希望制造商的公平关切程度相对较高。

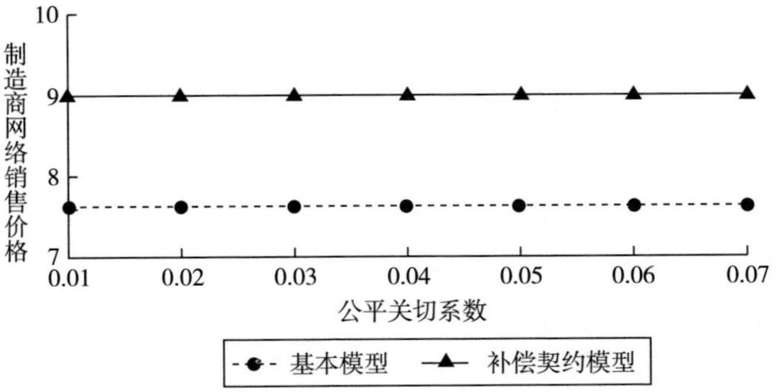

图 5. 17　制造商网络销售价格与公平关切系数关系

由图 5. 17 可知，在基本模型和补偿契约模型下，制造商网络销售价格均随着制造商公平关切系数 θ 的增大而减小，且补偿契约模型下的制造商网络销售价格大于基本模型下的制造商网络销售价格。这表明，制造商的公平关切心理也会导致制造商降低其自身的网络销售价格，制造商在进行定价决策时，也需要考虑市场和竞争对手的变化情况，并基于自身利益最大化制定其价格决策。而且当制造商采取补偿契约时，制造商制定的网络销售价格也会远高于在基本模型下的制造商网络销售价格。因为制造商为了自身利益，在采取补偿契约之后，为了减少由于补偿契约给自身网络销售渠道带来的不利影响，将大幅度提高其自身的网络销售价格。基于消费者视角，为了减少从制造商网络销售渠道网购产品的消费支出，消费者希望制造商提供基本模型模式，而不是补偿契约模式。与此同时，消费者也期待制造商的公平关切程度相对较高。

2. 制造商公平关切系数对需求量的影响

根据表 5. 4、表 5. 5 可得图 5. 18 和图 5. 19。

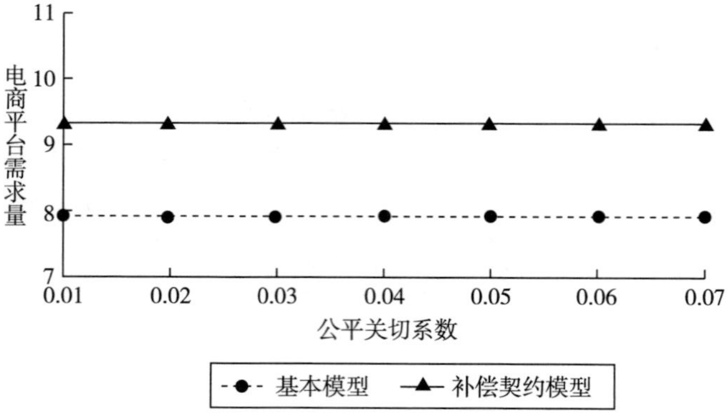

图 5.18　电商平台需求量与公平关切系数关系

由图 5.18 可知，在基本模型和补偿契约模型下，电商平台需求量均随着制造商公平关切系数 θ 的增大而减小。这表明，制造商公平关切程度的提高导致电商平台的需求量下降，因为制造商公平关切心理降低了制造商的网络销售价格，市场中的部分需求由电商平台渠道转向制造商网络销售渠道，从而造成电商平台需求量的下降。

由图 5.18 可知，补偿契约模型下的电商平台需求量大于基本模型下的电商平台需求量。这表明，制造商制定的补偿契约模式将会间接地提升从电商平台网络销售渠道进行网购的消费者满意度，刺激消费者增强网购意愿，从而扩大电商平台网络销售渠道的需求量。

综上所述，从扩大市场需求的视角，与基本模型相比较，制造商制定的补偿契约能够发挥促进消费需求增长的作用。与此同时，较弱的制造商公平关切心理有助于提高电商平台的市场需求。

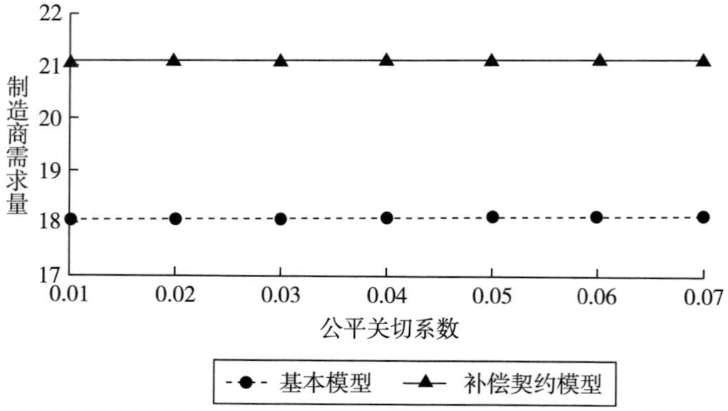

图 5.19　制造商需求量与公平关切系数关系

由图 5. 19 可知，在基本模型和补偿契约模型下，制造商需求量均随着制造商公平关切系数 θ 的增大而增大。这表明，制造商公平关切程度的提升促使自身的需求量上升。由于制造商公平关切心理导致制造商降低其网络销售价格，所以，消费者减少了消费支出，激励了更多消费者从制造商网络销售渠道进行网购。

由图 5. 19 可知，补偿契约模型下的制造商需求量大于基本模型下的制造商需求量。这表明，制造商制定的补偿契约模式直接提高了从制造商网络销售渠道网购进行网购的消费者满意度，激励了消费者的购买愿望，从而推动了制造商需求量的增长。

综上所述，从扩大市场需求的视角，与基本模型相比较，制造商制定的补偿契约能够发挥促进消费需求增长的作用。同时，制造商的公平关切程度应当较高，这有利于扩大整个网购市场的需求量。

3. 制造商公平关切系数对企业和供应链收益的影响

根据表 5. 4、表 5. 5 可得图 5. 20、图 5. 21、图 5. 22。

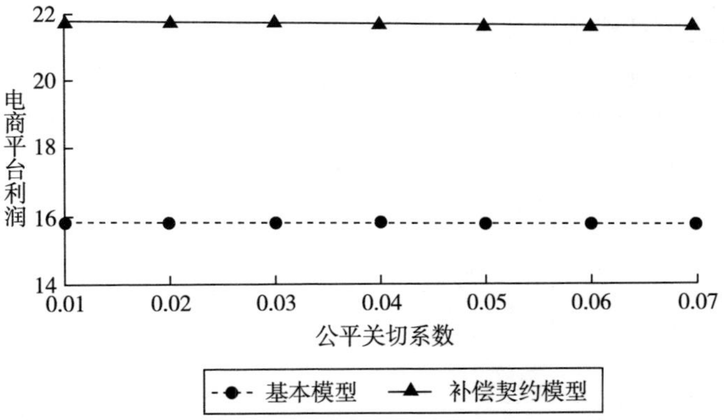

图 5. 20　电商平台利润与公平关切系数关系

由图 5. 20 可知，在基本模型和补偿契约模型下，电商平台利润均随着制造商公平关切系数的增大而减小，且补偿契约模型下的电商平台利润大于基本模型下的电商平台利润。这表明，制造商的公平关切心理对电商平台的收益产生不利影响，而与基本模型相比较，当制造商采取补偿契约时，电商平台的收益会明显提升，这可以在一定程度上弥补制造商的公平关切心理给电商平台带来的负面影响。

基于电商平台的视角，电商平台希望制造商具备较弱的公平关切心理特征，且期待制造商针对网购消费者能够采取补偿契约模式。

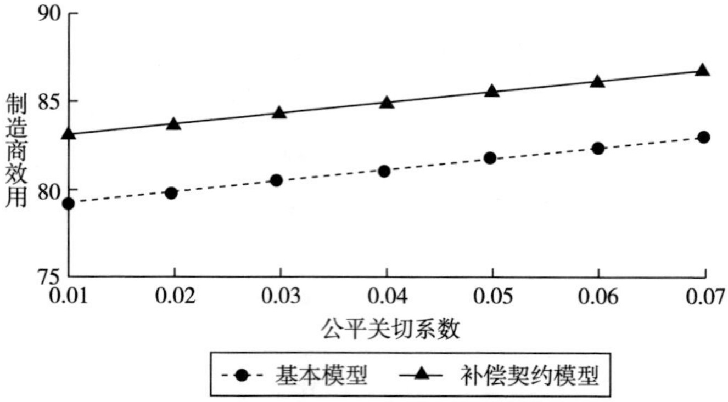

图 5.21　制造商效用与公平关切系数关系

由图 5.21 可知，在基本模型和补偿契约模型下，制造商效用均随着制造商公平关切系数的增大而增大；且补偿契约模型下的制造商效用大于基本模型下的制造商效用。这表明，制造商的公平关切心理对自身企业是有利的，而且制造商针对消费者制定的补偿契约进一步提升了自身企业的效益。

基于制造商的视角，为了保障自身的利益，制造商可以提高其公平关切程度，对竞争对手保持较强的公平关切心态，补偿契约有利于制造商获得更多价值。所以，制造商针对网购消费者具有制定和实施补偿契约的强烈意愿。

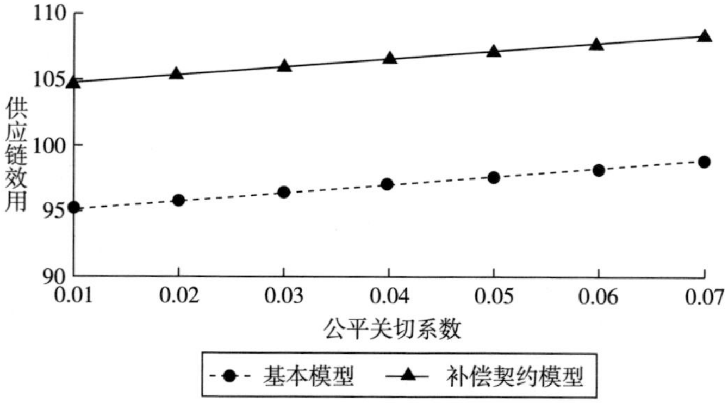

图 5.22　供应链效用与公平关切系数关系

由图 5.22 可知，在基本模型和补偿契约模型下，供应链效用均随着制造商公平关切系数的增大而增大；且补偿契约模型下的供应链效用大于基本模型下的供应链效用。这表明，制造商公平关切心理对供应链绩效会产生正面影响，这是由于制造商公平关切心理对电商平台绩效造成的负面影响小于对制造商绩效造成的正面影响，进而导致供应链的整体绩效上升。而补偿契约给供应链带来了较大收益，这得益于补偿契约给电商平台和制造商均创造了更大价值。

基于供应链的视角，为了提高供应链的整体绩效，需要提高制造商的公平关切程度，制造商针对网购消费者采取补偿契约模式可以有效提升供应链的整体绩效水平。

4. 补偿金额对网络销售价格的影响

根据表 5.6 可得图 5.23。

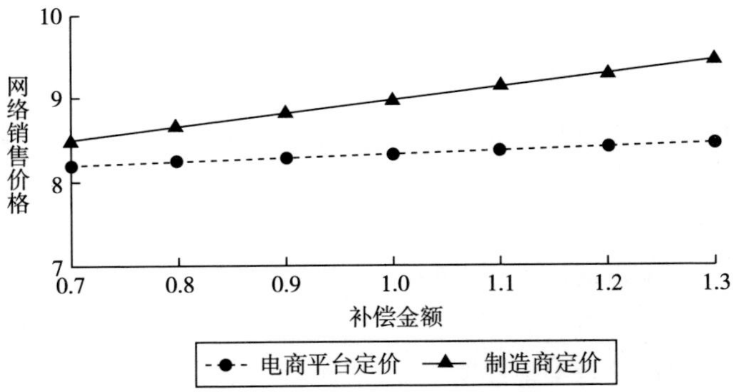

图 5.23 网络销售价格与补偿金额关系

由图 5.23 可知，在补偿契约模型下，电商平台的网络销售价格小于制造商的网络销售价格。这表明，制造商制定的补偿契约模式给自身企业带来了较大的损失风险，为了降低该损失风险，制造商将大幅提高其网络销售价格，并超过了电商平台的网络销售价格。

由图 5.23 可知，在补偿契约模型下，电商平台和制造商的网络销售价格均随着补偿金额的增大而增大，且当补偿金额较大时，电商平台和制造商的网络销售价格差距也越大。这表明，制造商制定的补偿契约模式刺激了电商平台和制造商提高其网络销售价格，这符合人们对网购市场价格的直观判断。如果补偿金额越大，那么补偿契约对不同企业网络销售价格决策的影响程度也更加显著。

基于消费者视角，为了减少自身的消费支出，在制造商采取补偿契约模式下，补偿金额较低更有利于消费者，且电商平台的网络销售价格对于消费者而言，更具有吸引力。

5. 补偿金额对需求量的影响

根据表 5.6 可得图 5.24。

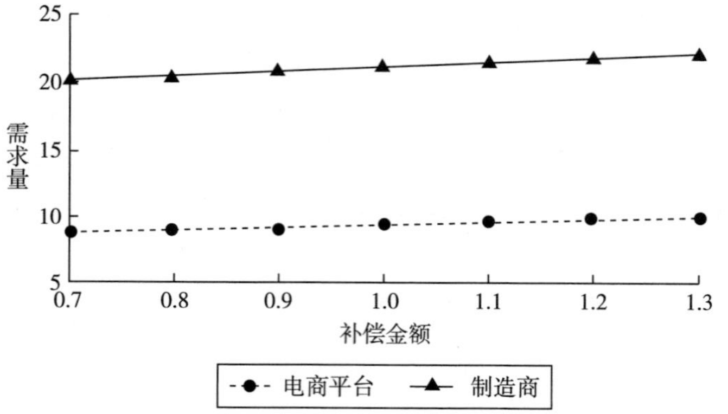

图 5.24 需求量与补偿金额关系

由图 5.24 可知，在补偿契约模型下，电商平台的需求量小于制造商的需求量；且电商平台和制造商的需求量均随着补偿金额的增大而提高。这表明，制造商制定的补偿契约模式同时扩大了电商平台和制造商的网购市场需求，而且由于制造商存在双渠道销售途径，所以制造商的需求量将大于电商平台的需求量。

基于扩大网购消费市场需求的视角，若制造商采取补偿契约模式，则补偿金额越大，扩大需求量的效果也越明显。

6. 补偿金额对企业和供应链收益的影响

根据表 5.6 可得图 5.25、图 5.26。

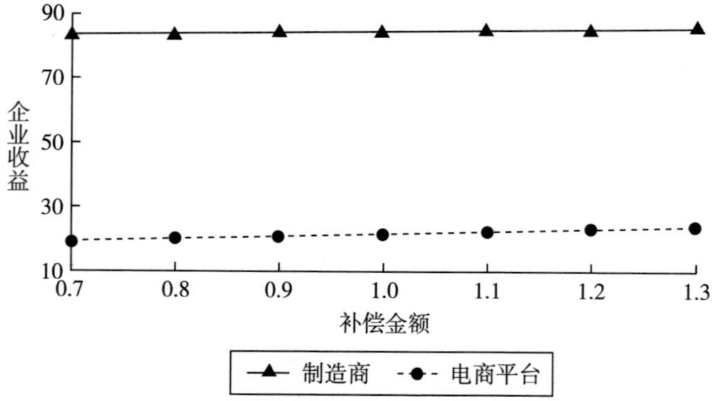

图 5.25 企业收益与补偿金额关系

由图 5.25 可知，在补偿契约模型下，电商平台利润和制造商效用均随着补偿金额的增大而增大。这表明，制造商制定的补偿契约对电商平台和制造商绩效均产生有利影响。显然，制造商针对消费者采取的补偿契约模式是互利共赢的，制造商有动力制定和实施补偿契约模式。

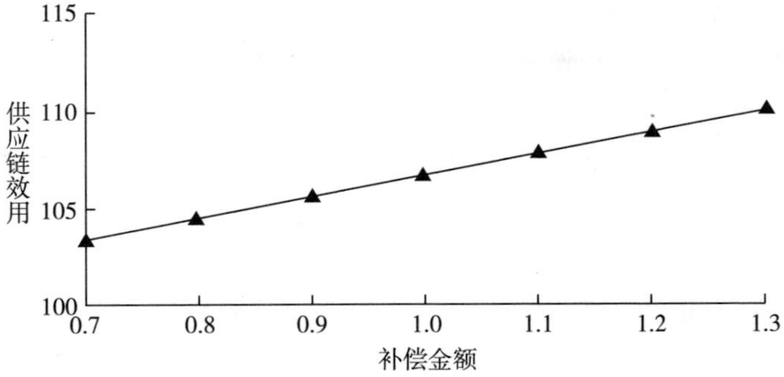

图 5.26 供应链效用与补偿金额关系

由图 5.26 可知，在补偿契约模型下，供应链效用随着补偿金额的增大而提高。这表明制造商针对消费者制定的补偿契约可以提高供应链的整体效用。与此同时，补偿契约既能够提高制造商效用，也可以提升电商平台的绩效，从而实现企业之间的互利共赢。所以，制造商有动机制定和实施补偿契约，从而实现供应链的整体绩效获得提高。

四、本章小结

本章节在损失厌恶消费者主导的市场需求背景下，首先，考虑电商平台存在公平关切心理，在基本模型和补偿契约模型下，研究公平关切心理对企业决策优化、市场需求量、双渠道供应链绩效和补偿契约产生的重要影响。其次，考虑制造商存在公平关切心理，在基本模型和补偿契约模型下，分析公平关切心理对企业决策优化、市场需求量、双渠道供应链绩效和补偿契约产生的重要影响。得到如下主要结论：

（一）基于公平关切电商平台的损失厌恶双渠道供应链管理优化研究

（1）在基本模型和补偿契约模型下，电商平台网络销售价格均随着电商平台公平关切系数的增大而增大；且补偿契约模型下的电商平台网络销售价格大于基本模型下的电商平台网络销售价格。

（2）在基本模型和补偿契约模型下，制造商网络销售价格均随着电商平台公平关切系数的增大而增大；且补偿契约模型下的制造商网络销售价格大于基本模型下的制造商网络销售价格。

（3）在基本模型和补偿契约模型下，电商平台需求量均随着电商平台公平关切系数的增大而减小；补偿契约模型下的电商平台需求量大于基本模型下的电商平台需求量。

（4）在基本模型和补偿契约模型下，制造商需求量均随着电商平台公平关切系数的增大而减小；补偿契约模型下的制造商需求量大于基本模型下的制造商需求量。

（5）基本模型和补偿契约模型下，制造商利润均随着电商平台公平关切系数的增大而减小；且补偿契约模型下的制造商利润大于基本模型下的制造商利润。

（6）在基本模型和补偿契约模型下，电商平台效用均随着电商平台公平关切系数的增大而减小；且补偿契约模型下的电商平台效用小于基本模型下的电商平台效用；当电商平台公平关切系数较大时，补偿契约模型和基本模型下的电商平台效用差距也增大。

（7）在基本模型和补偿契约模型下，供应链效用均随着电商平台公平关切系数的增大而减小；且补偿契约模型下的供应链效用大于基本模型下的供应链效用；当电商平台公平关切系数较大时，补偿契约模型和基本模型下的供应链效用差距越小。

（8）在补偿契约模型下，电商平台的网络销售价格大于制造商的网络销售价格；电商平台和制造商的网络销售价格均随着补偿金额的增大而增大；且当补偿金额较大时，电商平台和制造商的网络销售价格差距也越大。

（9）在补偿契约模型下，电商平台的需求量小于制造商的需求量；且电商平台和制造商的需求量均随着补偿金额的增大而增大。

（10）在补偿契约模型下，电商平台效用随着补偿金额的增大而减小，制造商利润、供应链效用随着补偿金额的增大而增大。

（二）基于公平关切制造商的损失厌恶双渠道供应链管理优化研究

（1）在基本模型和补偿契约模型下，电商平台网络销售价格均随着制造商公平关切系数的增大而减小；且补偿契约模型下的电商平台网络销售价格大于基本模型下的电商平台网络销售价格。

（2）在基本模型和补偿契约模型下，制造商网络销售价格均随着制造商公平关切系数的增大而减小；且补偿契约模型下的制造商网络销售价格大于基本模型下的制造商网络销售价格。

（3）在基本模型和补偿契约模型下，电商平台需求量均随着制造商公平关切系数的增大而减小；补偿契约模型下的电商平台需求量大于基本模型下的电商平台需求量。

（4）在基本模型和补偿契约模型下，制造商需求量均随着制造商公平关切系数的增大而增大；补偿契约模型下的制造商需求量大于基本模型下的制造商需求量。

（5）在基本模型和补偿契约模型下，电商平台利润均随着制造商公平关切系数的增大而减小；且补偿契约模型下的电商平台利润大于基本模型下的电商平台利润。

（6）在基本模型和补偿契约模型下，制造商效用均随着制造商公平关切系数的增大而增大；且补偿契约模型下的制造商效用大于基本模型下的制造商效用。

（7）在基本模型和补偿契约模型下，供应链效用均随着制造商公平关切系数的增大而增大；且补偿契约模型下的供应链效用大于基本模型下的供应链效用。

（8）在补偿契约模型下，电商平台的网络销售价格小于制造商的网络销售价格；在补偿契约模型下，电商平台和制造商的网络销售价格均随着补偿金额的增大而增大；且当补偿金额较大时，电商平台和制造商的网络销售价格差距也越大。

（9）在补偿契约模型下，电商平台的需求量小于制造商的需求量；且电商平台和制造商的需求量均随着补偿金额的增大而增大。

（10）在补偿契约模型下，电商平台利润、制造商效用和供应链效用均随着补偿金额的增大而增大。

接下来，本书将在消费者和企业存在损失厌恶心理的基础上，进一步将线下实体店引入双渠道供应链中，并在补偿契约和退货契约模式下，分析损失厌恶心理对企业决策优化、市场需求量、多渠道供应链绩效、补偿契约和退货契约产生的重要影响。

第六章 基于损失厌恶的多渠道线上线下企业管理优化研究

一、引言

第五章针对损失厌恶型消费者主导的消费市场，考虑了企业决策者存在公平关切心理，在基本模型和补偿契约模型下，深入研究企业的公平关切心理是如何对企业决策优化与损失厌恶多渠道供应链绩效、补偿契约产生影响的。

与此同时，线下实体店作为多渠道供应链的重要博弈主体，其决策策略对其他线上线下企业经营产生深刻影响。以零食类食品企业为例，三只松鼠股份有限公司成立于 2012 年，以坚果等休闲食品为主打产品，由于技术门槛不高，近年来，良品铺子等企业也纷纷挤入食品市场，这使得休闲食品领域竞争异常激烈，对三只松鼠的产品造成了较大冲击。在激烈的多渠道线上线下企业竞争中，企业应当以消费者需求为出发点，关注消费者需要什么产品，明白消费者可以接受的产品价格，长远谋划差异化渠道销售策略。2021 年以来，我国实体零售规模持续扩大，不断加强互联网、大数据等新技术的应用，大力发展新模式和新业态，进一步提高了流通效率，为消费者提供了更多新供给，重新获得了消费者的青睐，很多实体店的人气逐渐兴旺起来。

鉴于线下实体店的重要角色，本章考虑将线下实体店引入供应链，进一步研究多渠道线上线下企业管理优化问题。首先，考虑消费者存在损失厌恶心理，在基本模型、补偿契约模型下，对比研究消费者的损失厌恶对制造商、电商平台、线下实体店的最优销售价格决策，以及市场需求和多渠道供应链绩效产生的重要影响。其次，考虑电商平台存在损失厌恶心理，在补偿契约模型、退货契约模型下，对比研究电商平台的损失厌恶对制造商、电商平台、线下实体店的最优销售价格决策，以及市场需求和多渠道供应链绩效产生的重要影响。

二、基于损失厌恶消费者的多渠道线上线下企业管理优化研究

本节考虑在多渠道供应链中，面对损失厌恶型消费者主导的市场，在基本模型、补偿契约模型等情形下，分析消费者损失厌恶是如何影响线上线下企业定价策略和激励契约的，为基于损失厌恶消费者的多渠道线上线下企业管理优化研究提供理论参考。

（一）基本模型

考虑某个多渠道供应链由一个制造商、一个电商平台和一个线下实体店构成。电商平台通过互联网向消费者销售产品，并根据市场需求变化采取相应的网络定价策略。线下实体店通过线下方式向消费者销售产品，并根据市场需求变化采取相应的线下定价策略。制造商存在三条不同的销售渠道：一是根据电商平台的订单为其提供相应的产品；二是根据线下实体店的订单为其提供相应的产品；三是通过制造商自建的网络销售渠道开展网络销售。制造商根据三条不同渠道的销售状况采取相应的网络定价策略。消费者在网购产品的过程中，可能遭受损失，且对该损失存在厌恶心理，从而对整个线上线下销售市场的需求趋势产生重要影响。多渠道供应链与损失厌恶消费者关系示意图，如图 6.1 所示。

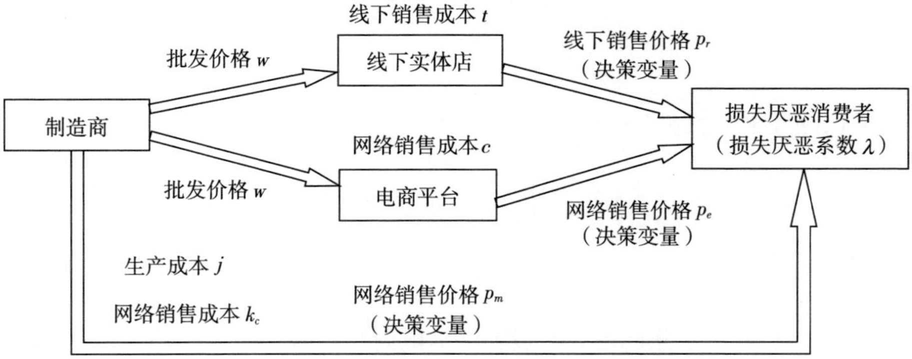

图 6.1　多渠道供应链与损失厌恶消费者关系示意图

为了便于讨论，提出如下四种假设：

H6.1：假定电商平台完全理性，其从制造商订购产品的批发价格为 w，网络销售价格为 p_e，网络销售成本为 c，且满足条件 $p_e>w+c$。

H6.2：假定制造商完全理性，其生产成本为 j，网络销售价格为 p_m，网络销售成本为 kc。其中，k 是指制造商相对于电商平台的网络销售效率，k 越小，表明制造商的网络销售效率越高，反之，其网络销售效率越低；且满足 $w>j$，$p_m>j+kc$。

H6.3：假定消费者不完全理性，若遭受损失，则消费者对损失存在厌恶心理，其损失厌恶系数为 λ（$\lambda>1$）。

H6.4：假定线下实体店完全理性，其从制造商订购产品的批发价格为 w，线下销售价格为 p_r，线下销售成本为 t，且满足条件 $p_r>w+t$。

根据 H6.3，假定消费者在购买产品过程中评估其产品的价值为 v，且 v 服从某个分布，其密度函数为 g（v），分布函数为 G（v）。若 v 大于 p_e、p_m 或 p_r，则消费者得到收益，反之，消费者产生损失。基于前景理论，得到在电商平台网络销售渠道、制造商网络销售渠道、线下实体店销售渠道进行购买的损失厌恶消费者效用函数分别为：

$$U(\lambda,\ p_e,\ v)=\begin{cases}\lambda(v-p_e), & 0<v<p_e\\ v-p_e, & v\geqslant p_e\end{cases} \tag{6.1}$$

$$U(\lambda,\ p_m,\ v)=\begin{cases}\lambda(v-p_m), & 0<v<p_m\\ v-p_m, & v\geqslant p_m\end{cases} \tag{6.2}$$

$$U(\lambda,\ p_r,\ v)=\begin{cases}\lambda(v-p_r), & 0<v<p_r\\ v-p_r, & v\geqslant p_r\end{cases} \tag{6.3}$$

根据式（6.1）、式（6.2）和式（6.3），容易得到损失厌恶消费者的期望效用函数分别为：

$$\overline{U(\lambda,\ p_e,\ v)}=\bar{v}_e+(\lambda-1)\int_0^{p_e}vg(v)dv-p_e[1+(\lambda-1)G(p_e)] \tag{6.4}$$

$$\overline{U(\lambda,\ p_m,\ v)}=\bar{v}_m+(\lambda-1)\int_0^{p_m}vg(v)dv-p_m[1+(\lambda-1)G(p_m)] \tag{6.5}$$

$$\overline{U(\lambda,\ p_r,\ v)}=\bar{v}_r+(\lambda-1)\int_0^{p_r}vg(v)dv-p_r[1+(\lambda-1)G(p_r)] \tag{6.6}$$

其中，$\bar{v}_e$、$\bar{v}_m$、$\bar{v}_r$ 分别表示消费者评估电商平台网络销售产品价值的平均值、消费者评估制造商网络销售产品价值的平均值、消费者评估线下实体店销售产品价值的平均值。

在现实的多渠道产品销售市场中，本渠道的市场需求与本渠道消费者的期望效用，以及竞争企业的销售价格存在紧密联系，可以得到电商平台、制造商和线下实体店的需求函数分别为：

$$q_e=\mu a+\beta p_m+\beta p_r+\gamma\overline{U(\lambda,\ p_e,\ v)} \tag{6.7}$$

$$q_m=(1-\mu-\phi)a+\beta p_e+\beta p_r+\gamma\overline{U(\lambda,\ p_m,\ v)}+q_e+q_r \tag{6.8}$$

$$q_r=\phi a+\beta p_e+\beta p_m+\gamma\overline{U(\lambda,\ p_r,\ v)} \tag{6.9}$$

其中，a（$a>0$）表示市场的基本需求，μ（$0<\mu<1$）表示电商平台占市场基本需求的比例，ϕ（$0<\phi<1$）表示线下实体店占市场基本需求的比例，β（$\beta>0$）表示竞争企业的价格弹性系数，γ（$\gamma>0$）表示消费者期望效用的弹性系数；由于与其他渠道的销售价格相比较，本渠道的市场需求受到本渠道销售价格的影响会更大，所以满足条件 $\gamma>\beta$。

根据 H6.1、H6.2 和 H6.4，容易得到电商平台、制造商和线下实体店的利润函数分别为：

$$\pi_e=(p_e-w-c)q_e \tag{6.10}$$

$$\pi_m=(p_m-j-kc)[(1-\mu-\phi)a+\beta p_e+\beta p_r+\gamma\overline{U(\lambda,\ p_m,\ v)}]+(w-j)q_e+(w-j)q_r \tag{6.11}$$

$$\pi_r=(p_r-w-t)q_r \tag{6.12}$$

其中，π_e 表示电商平台的利润；π_m 表示制造商的利润；π_r 表示线下实体店的利润。

供应链的利润函数为：

$$\pi_s=\pi_e+\pi_m+\pi_r=(p_m-j-kc)[(1-\mu-\phi)a+\beta p_e+\beta p_r+\gamma\overline{U(\lambda,\ p_m,\ v)}]+(p_e-j-c)q_e+(p_r-j-t)q_r \tag{6.13}$$

制造商与电商平台、线下实体店的博弈关系均为静态博弈，即三方各自以自身利益最大化为目标，分别对自身的销售价格同时进行定价决策。下面分别推导得到各自企业的最优定价模型。

将电商平台的利润函数式（6.10）对 p_e 分别求一阶导数和二阶导数，可以得到：

$$\frac{\partial\pi_e}{\partial p_e}=(c+w)\gamma+a\mu+\beta(p_m+p_r)+\gamma((\lambda-1)\int_0^{p_e}vg(v)dv+(\lambda-1)(c+w-2p_e)\int_0^{p_e}g(v)dv-2p_e+\bar{v}_e) \tag{6.14}$$

$$\frac{\partial^2\pi_e}{\partial p_e^2}=-\gamma(2+2(\lambda-1)\int_0^{p_e}g(v)dv+(\lambda-1)g(p_e)(p_e-c-w)) \tag{6.15}$$

将制造商的利润函数式（6.11）对 p_m 分别求一阶导数和二阶导数，可以得到：

$$\frac{\partial \pi_m}{\partial p_m} = a + 2(w - j)\beta + (j + kc)\gamma - a(\mu + \phi) + \beta(p_e + p_r) + \gamma((\lambda - 1)\int_0^{p_m} vg(v)dv + (\lambda - 1)(j + kc - 2p_m)\int_0^{p_m} g(v)dv - 2p_m + \bar{v}_m) \tag{6.16}$$

$$\frac{\partial^2 \pi_m}{\partial p_m^2} = -\gamma(2 + 2(\lambda - 1)\int_0^{p_m} g(v)dv + (\lambda - 1)g(p_m)(p_m - j - kc)) \tag{6.17}$$

将线下实体店的利润函数式（6.12）对 p_r 分别求一阶导数和二阶导数，可以得到：

$$\frac{\partial \pi_r}{\partial p_r} = (t + w)\gamma + a\phi + \beta(p_m + p_e) + \gamma((\lambda - 1)\int_0^{p_r} vg(v)dv + (\lambda - 1)(t + w - 2p_r)\int_0^{p_r} g(v)dv - 2p_r + \bar{v}_r) \tag{6.18}$$

$$\frac{\partial^2 \pi_r}{\partial p_r^2} = -\gamma(2 + 2(\lambda - 1)\int_0^{p_r} g(v)dv + (\lambda - 1)g(p_r)(p_r - t - w)) \tag{6.19}$$

将式（6.14）、式（6.16）和式（6.18）分别等于0，即 $\frac{\partial \pi_e}{\partial p_e} = 0$，$\frac{\partial \pi_m}{\partial p_m} = 0$，$\frac{\partial \pi_r}{\partial p_r} = 0$，联立方程求解，可以得到基本模型下电商平台的最优网络销售价格 p_e^*、制造商的最优网络销售价格 p_m^* 和线下实体店的最优销售价格 p_r^*。

将 p_e^*、p_m^* 和 p_r^* 分别代入式（6.7）、式（6.8）、式（6.9）、式（6.10）、式（6.11）、式（6.12）、式（6.13），可以分别得到基本模型下电商平台的需求量 q_e^*，制造商的需求量 q_m^*，线下实体店的需求量 q_r^*，电商平台的最优利润 π_e^*，制造商的最优利润 π_m^*，线下实体店的最优利润 π_r^*，以及供应链的最优利润 π_s^*。

（二）补偿契约模型分析

在上节的基础上，假设电商平台为消费者提供补偿契约模式，分析消费者的损失厌恶对该契约的影响，并与基本模型进行比较研究。

考虑多渠道供应链由一个制造商、一个电商平台和一个线下实体店组成。电商平台通过互联网进行销售，并根据市场需求情况制定定价策略。为了缓解消费者的损失厌恶心理可能给电商平台造成的负面影响，电商平台向消费者采取补偿契约，即消费者在消费过程中遭受损失时，电商平台根据补偿契约为消费者提供相应的补偿。制造商存在三种销售渠道：一是根据电商平台的订单为其提供产品；二是根据线下实体店的订单为其提供相应的产品；三是通过自身的网络销售渠道进行销售。制造商根据三种销售渠道的需求情况制定定价策略。考虑补偿契约的损失厌恶多渠道供应链示意图，如图 6.2 所示。

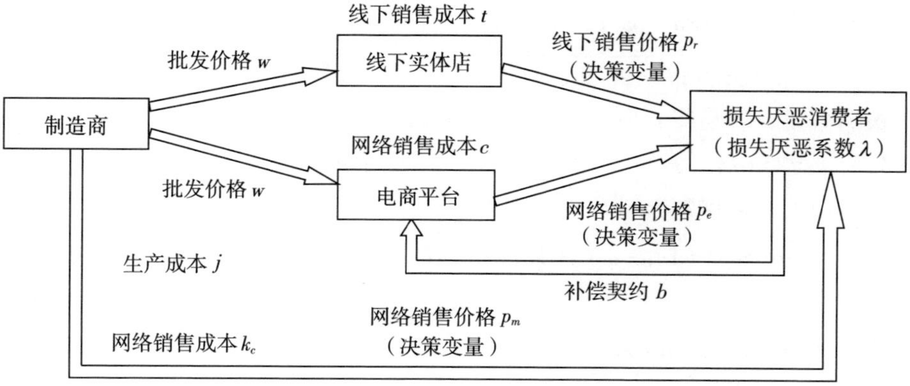

图 6.2　考虑补偿契约的损失厌恶多渠道供应链示意图

依据前文所述，可以得到在电商平台网络销售渠道（采取补偿契约模式）、制造商网络销售渠道（无补偿契约模式）、线下实体店销售渠道（无补偿契约模式）进行销售的损失厌恶消费者效用函数分别为：

$$U_b(\lambda,\ p_e,\ v)=\begin{cases}\lambda(v-p_e+b), & 0<v<p_e-b\\ v-p_e+b, & p_e-b<v<p_e\\ v-p_e, & v\geqslant p_e\end{cases} \tag{6.20}$$

$$U(\lambda,\ p_m,\ v)=\begin{cases}\lambda(v-p_m), & 0<v<p_m\\ v-p_m, & v\geqslant p_m\end{cases} \tag{6.21}$$

$$U(\lambda,\ p_r,\ v)=\begin{cases}\lambda(v-p_r), & 0<v<p_r\\ v-p_r, & v\geqslant p_r\end{cases} \tag{6.22}$$

根据式（6.20）、式（6.21）和式（6.22），容易得到补偿契约模型下损失厌恶消费者的期望效用函数分别为：

$$\overline{U_b(\lambda,\ p_e,\ v)}=\bar{v}_e+(\lambda-1)\int_0^{p_e-b}(v-p_e+b)g(v)dv-p_e+bG(p_e) \tag{6.23}$$

$$\overline{U(\lambda,\ p_m,\ v)}=\bar{v}_m+(\lambda-1)\int_0^{p_m}vg(v)dv-p_m[1+(\lambda-1)G(p_m)] \tag{6.24}$$

$$\overline{U(\lambda,\ p_r,\ v)}=\bar{v}_r+(\lambda-1)\int_0^{p_r}vg(v)dv-p_r[1+(\lambda-1)G(p_r)] \tag{6.25}$$

在现实生活中，企业产品市场需求的大小取决于消费者的期望效用大小，同时，也受到竞争企业的销售价格影响。所以，可以得到电商平台、制造商和线下实体店的需求函数分别为：

$$q_e=\mu a+\beta p_m+\beta p_r+\gamma\overline{U_b(\lambda,\ p_e,\ v)} \tag{6.26}$$

$$q_m=(1-\mu-\phi)a+\beta p_e+\beta p_r+\gamma\overline{U(\lambda,\ p_m,\ v)}+q_e+q_r \tag{6.27}$$

$$q_r=\phi a+\beta p_e+\beta p_m+\gamma\overline{U(\lambda,\ p_r,\ v)} \tag{6.28}$$

根据假设，容易得到电商平台的利润函数π_e为：

$$\pi_e=(p_e-w-c)q_e \tag{6.29}$$

制造商的利润函数π_m为：

$$\pi_m=(p_m-j-kc)[(1-\mu-\phi)a+\beta p_e+\beta p_r+\gamma\overline{U(\lambda,\ p_m,\ v)}]+(w-j)q_e+(w-j)q_r \tag{6.30}$$

线下实体店的利润函数π_r为：

$$\pi_r=(p_r-w-t)q_r \tag{6.31}$$

供应链的利润函数π_s为：

$$\pi_s=\pi_e+\pi_m+\pi_r \tag{6.32}$$

电商平台、制造商和线下实体店的博弈关系均为静态博弈，即三方各自以自身利益最大化为目标，分别对自身的销售价格同时进行定价决策。下面分别推导得到各自企业的最优定价模型。

将电商平台的利润函数式（6.29）对 p_e 分别求一阶导数和二阶导数，可以得到：

$$\frac{\partial\pi_e}{\partial p_e}=a\mu+\gamma(-1+bg(p_e)-(\lambda-1)\int_0^{p_e-b}g(v)dv)(p_e-w-c)+\beta p_m+\beta p_r\gamma(b\int_0^{p_e}g(v)dv+(\lambda-1)\int_0^{p_e-b}(b+v-p_e)g(v)dv-p_e+\bar{v}_e) \tag{6.33}$$

$$\frac{\partial^2\pi_e}{\partial p_e^2}=2\gamma(-1+bg(p_e)-(\lambda-1)\int_0^{p_e-b}g(v)dv)+\gamma(p_e-w-c)(-(\lambda-1)g(p_e-b)+bg'(p_e)) \tag{6.34}$$

将制造商的利润函数式（6.30）对 p_m 分别求一阶导数和二阶导数，可以得到：

$$\frac{\partial\pi_m}{\partial p_m}=a+2(w-j)\beta+(j+ck)\gamma-a(\mu+\phi)+\beta(p_e+p_r)+\gamma((\lambda-1)\int_0^{p_m}vg(v)dv+(\lambda-1)(j+ck-2p_m)\int_0^{p_m}g(v)dv-2p_m+\bar{v}_m) \tag{6.35}$$

$$\frac{\partial^2 \pi_m}{\partial p_m^2} = -\gamma\left(2 + 2(\lambda - 1)\int_0^{p_m} g(v)dv + (\lambda - 1)g(p_m)(p_m - j - ck)\right) \quad (6.36)$$

将线下实体店的利润函数式（6.31）对 p_r 分别求一阶导数和二阶导数，可以得到：

$$\frac{\partial \pi_r}{\partial p_r} = (t + w)\gamma + a\phi + \beta(p_e + p_m) + \gamma\Big((\lambda - 1)\int_0^{p_r} vg(v)dv\Big) +$$

$$(\lambda - 1)\int_0^{p_r}(t + w - 2p_r)g(v)dv - 2p_r + \bar{v}_r) \quad (6.37)$$

$$\frac{\partial^2 \pi_r}{\partial p_r^2} = -\gamma\left(2 + 2(\lambda - 1)\int_0^{p_r} g(v)dv + (\lambda - 1)g(p_r)(p_r - t - w)\right) \quad (6.38)$$

将式（6.33）、式（6.35）和式（6.37）分别等于 0，即 $\frac{\partial \pi_e}{\partial p_e}=0$，$\frac{\partial \pi_m}{\partial p_m}=0$，$\frac{\partial \pi_r}{\partial p_r}=0$，联立方程求解，可以得到补偿契约模型下电商平台的最优网络销售价格 p_e^{**}，制造商的最优网络销售价格 p_m^{**}，线下实体店的最优销售价格 p_r^{**}。

将 p_e^{**}、p_m^{**} 和 p_r^{**} 分别代入式（6.26）、式（6.27）、式（6.28）、式（6.29）、式（6.30）、式（6.31）、式（6.32），可以分别得到补偿契约模型下电商平台的需求量 q_e^{**}，制造商的需求量 q_m^{**}，线下实体店的需求量 q_r^{**}，电商平台的最优利润 π_e^{**}，制造商的最优利润 π_m^{**}，线下实体店的最优利润 π_r^{**}，以及供应链的最优利润 π_s^{**}。

（三）算例分析

假设在某销售市场环境下，由一个电商平台、一个制造商和一个线下实体店组成多渠道供应链。电商平台通过自身的网络销售渠道向消费者销售产品；线下实体店通过自身的线下销售渠道向消费者销售产品；制造商存在三条销售渠道：一是通过电商平台的订单对其批发产品；二是通过线下实体店的订单对其批发产品；三是通过制造商自身的网络销售渠道向消费者销售产品。损失厌恶消费者对网购产品的评估值服从均匀分布 $v \sim U[1, 6]$，其他参数设置为 $w=5$，$j=1$，$\mu=0.5$，$\phi=0.2$，$\gamma=3$，$a=20$，$\beta=2$，$k=2$，$c=1$，$t=2$。在基本模型下，当消费者的损失厌恶系数 λ 发生改变时，根据优化公式，可以得到各个变量的优化值，如表 6.1 所示；在补偿契约模型下，令 $b=0.2$，当消费者的损失厌恶 λ 发生改变时，根据优化公式，可以得到各个变量的优化值，如表 6.2 所示；令 $\lambda=1.2$，当补偿金额 b 发生改变时，根据优化公式，可以得到各个变量的优化值，如表 6.3 所示。

表 6.1 在基本模型下不同 λ 的各变量优化值

变量	λ						
	1.20	1.30	1.40	1.50	1.60	1.70	1.80
p_e^*	11.4067	10.2689	9.5044	8.94334	8.50832	8.15799	7.86796
p_m^*	11.3124	10.0724	9.23036	8.60669	8.11904	7.72330	7.39327
p_r^*	11.2616	10.1750	9.4497	8.92060	8.51261	8.18576	7.91649
q_e^*	23.6210	20.6975	18.5069	16.7270	15.2079	13.868	12.6585
q_r^*	18.5440	15.3400	12.9048	10.9017	9.17327	7.63392	6.23203
q_m^*	62.3863	54.0772	47.9049	42.9253	38.7005	34.9932	31.6611
π_e^*	127.713	88.3559	64.8555	49.2334	38.1462	29.9271	23.6456
π_m^*	336.747	271.734	228.405	196.278	170.826	149.731	131.667
π_r^*	79.0275	48.7042	31.6129	20.9378	13.8756	9.05197	5.71157
π_s^*	543.488	408.795	324.874	266.449	222.848	188.710	161.024

表 6.2 在补偿契约模型下不同 λ 的各变量优化值（b=0.2）

变量	λ						
	1.20	1.30	1.40	1.50	1.60	1.70	1.80
p_e^{**}	11.7060	10.5128	9.71603	9.13377	8.68363	8.32196	8.02308
p_m^{**}	11.3908	10.1278	9.27347	8.64218	8.14935	7.74986	7.41700
p_r^{**}	11.3435	10.2334	9.49543	8.95843	8.54501	8.21421	7.94193
q_e^{**}	24.3118	21.3738	19.1890	17.4241	15.9249	14.6080	13.4233
q_r^{**}	18.9428	15.6560	13.1731	11.1386	9.38782	7.83162	6.41654
q_m^{**}	63.8962	55.4072	49.1450	44.1175	39.8678	36.1497	32.8160
π_e^{**}	138.724	96.4549	71.3071	54.6032	42.7366	33.9192	27.1563
π_m^{**}	346.218	279.110	234.735	202.014	176.200	154.879	136.675
π_r^{**}	82.2773	50.6218	32.8726	21.8141	14.5043	9.50924	6.04392
π_s^{**}	567.219	426.186	338.915	278.431	233.441	198.308	169.875

表 6.3 在不同 b 下的变量优化值（λ=1.2）

变量	b						
	0.1	0.4	0.6	0.8	1	2	3
p_e^{**}	11.5543	12.0222	12.3562	12.7094	13.0828	15.2982	18.2068
p_m^{**}	11.3511	11.4732	11.5600	11.6514	11.7476	12.3095	13.0260

续表

变量	b						
	0.1	0.4	0.6	0.8	1	2	3
p_r^{**}	11.3020	11.4296	11.5202	11.6155	11.7159	12.3016	13.0473
q_e^{**}	23.9643	25.0200	25.7474	26.4962	27.2684	31.5748	36.9235
q_r^{**}	18.7407	19.3640	19.8092	20.2799	20.7776	23.7309	27.6099
q_m^{**}	63.1336	65.4696	67.1112	68.8263	70.6203	80.9855	94.2831
π_e^{**}	133.106	150.674	163.656	177.773	193.137	293.589	450.718
π_m^{**}	341.421	356.199	366.735	377.870	389.654	460.288	556.403
π_r^{**}	80.6228	85.7741	89.5406	93.6016	97.9839	125.811	166.965
π_s^{**}	555.150	592.648	619.931	649.244	680.775	879.688	1174.09

1. 损失厌恶对企业定价决策的影响

根据表 6.1、表 6.2 可得图 6.3。

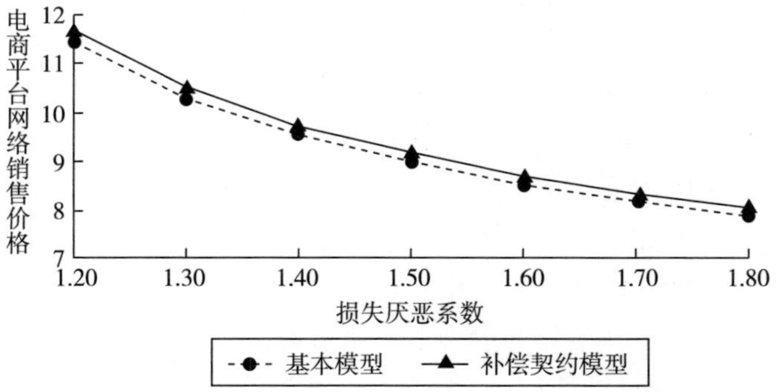

图 6.3　电商平台网络销售价格与损失厌恶系数关系

由图 6.3 可知，在基本模型和补偿契约模型下，电商平台网络销售价格均随着损失厌恶系数的增大而降低。所以，消费者的损失厌恶心理导致电商平台降低其网络销售价格。这是由于消费者的损失厌恶程度的提升导致消费者的网购效用降低，市场需求出现下滑，对电商平台的绩效造成负面影响，为了提升消费者的网购效用，电商平台通过降低网络销售价格的措施缓解消费者损失厌恶可能对自身利益造成的损害。

由图 6.3 可知，在补偿契约模型下的电商平台网络销售价格高于在基本模型下的电商平台网络销售价格。所以，电商平台制定的补偿契约在满足消费者网购效用的同时，通过提高其网络销售价格弥补补偿契约可能给电商平台带来的不利影响。

综上所述，从消费者利益出发，为了提高自身的网购效用，可以通过增大损失厌恶程度的方式促使电商平台降低网络销售价格。同时，消费者应当理性看待电商平台的契约措施，注意商家促销宣传活动背后的利益关系，重点关注产品本身的质量及其性价比。

根据表 6. 1、表 6. 2 可得图 6. 4。

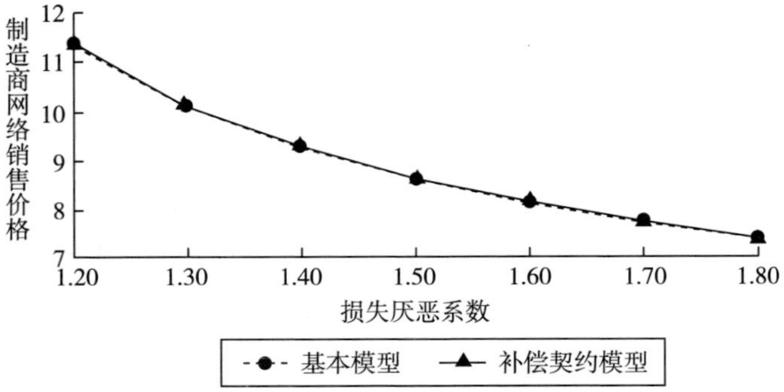

图 6. 4　制造商网络销售价格与损失厌恶系数关系

由图 6. 4 可知，在基本模型和补偿契约模型下，制造商网络销售价格均随着损失厌恶系数的增大而降低。所以，消费者的损失厌恶心理导致制造商降低其网络销售价格。这是因为消费者的损失厌恶心理导致消费者出现网购损失的可能性增大，为了能够与电商平台、线下实体店在激烈的市场竞争中获得一定的市场份额，制造商通过降低其网络销售价格赢得部分网购消费者青睐。

由图 6. 4 可知，在补偿契约模型下的制造商网络销售价格高于在基本模型下的制造商网络销售价格。所以，补偿契约在为消费者带来利益的同时，制造商也通过提高其网络销售价格与其他企业开展市场竞争。

综上所述，从消费者利益出发，为了降低自身的网购成本，不仅可以通过提高损失厌恶程度的方式促使制造商降低其网络销售价格，而且消费者也应当客观对待网络平台的各种促销宣传，通过横向和纵向的比较，理性分析产品价格的变化情况。

根据表 6. 1、表 6. 2 可得图 6. 5。

由图 6. 5 可知，在基本模型和补偿契约模型下，线下实体店线下销售价格均随着损失厌恶系数的增大而减降低。所以，消费者的损失厌恶心理也导致线下实体店降低其销售价格。这是因为消费者的损失厌恶心理导致消费者在购买商品过程中出现损失的可能性增大，为了能够与其他企业在激烈的市场竞争中获得市场优势，线下实体店通过降低其销售价格争取部分消费者群体。

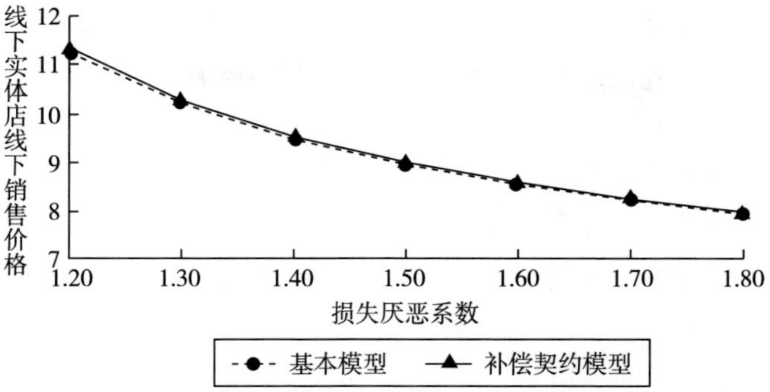

图 6.5　线下实体店线下销售价格与损失厌恶系数关系

由图 6.5 可知，在补偿契约模型下的线下实体店线下销售价格高于在基本模型下的线下实体店线下销售价格。所以，补偿契约在给消费者带来利益的同时，线下实体店也通过提高其销售价格与其他企业开展市场竞争。

综上所述，从消费者的利益出发，为了降低自身的购买成本，可以通过提高自身损失厌恶程度的方式促使线下实体店降低其线下销售价格。同时，消费者也需要客观看待商家的各种促销契约模式，通过综合比较，选择适合自身的销售渠道去采购产品。

2. 损失厌恶对需求量的影响

根据表 6.1、表 6.2 可得图 6.6。

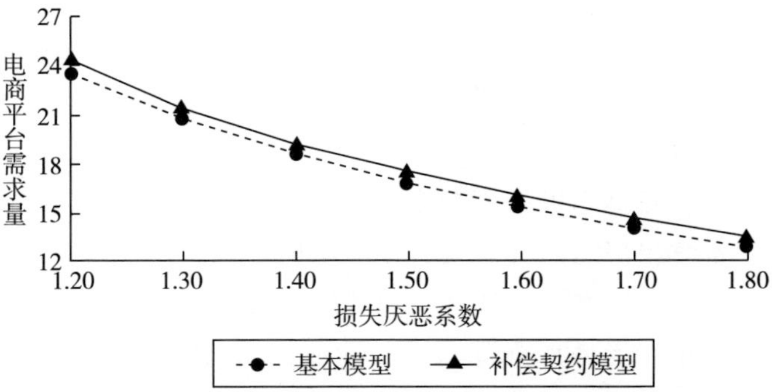

图 6.6　电商平台需求量与损失厌恶系数关系

由图 6.6 可知，在基本模型和补偿契约模型下，随着损失厌恶系数的增大，电商平台需求量均将减小。这表明，消费者的损失厌恶心理给电商平台的销售市场造成不利影响，可能导致电商平台的市场需求量下滑。这是因为消费者损失厌恶的增大可能导致消费者效用下降，进而造成消费者的网购意愿减弱。很显然，损失厌恶因素将会影响到消费者的网购行为。所以，商家需要敏锐关注消费群体的主流偏好，以及消费行为的变化趋势，满足消费者的实际购买需求。

由图 6.6 可知，在补偿契约模型下的电商平台需求量高于在基本模型下的电商平台需求量。所以，电商平台制定的补偿契约有助于提升消费者的网购行为，提高了电商平台的市场占有率，缓解了消费者的损失厌恶心理对电商平台造成的负面影响。

综上所述，从电商平台的利益出发，为了提高其产品的市场占有率，需要关注消费者的损失厌恶心理特征，采取措施满足消费者需求，降低消费者的损失厌恶程度。同时，通过实施补偿契约刺激消费者的网购行为，进一步扩大网络消费的市场需求。

根据表 6.1、表 6.2 可得图 6.7。

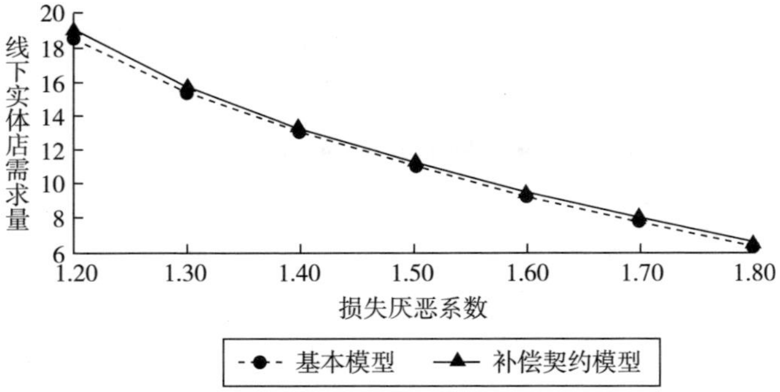

图 6.7　线下实体店需求量与损失厌恶系数关系

由图 6.7 可知，在基本模型和补偿契约模型下，随着损失厌恶系数的增大，线下实体店需求量均将降低。这表明，消费者的损失厌恶心理也不利于线下实体店的市场销售，可能造成线下实体店的市场需求量下滑。这是因为消费者损失厌恶的增大可能导致消费者效用下降，进而造成消费者线下购买产品的意愿降低。所以，损失厌恶心理将会对消费者的购买行为产生重要影响。无论是线上企业还是线下企业，都需要特别关注市场的波动变化，通过各种渠道开展问卷调查，发现市场上主流消费群体的购买特征，以及市场需求变化的总体规律，制定科学的定价决策机制，以适应瞬息变化的市场需求。

由图 6.7 可知，在补偿契约模型下的线下实体店需求量大于在基本模型下的线下实体店需求量。所以，电商平台制定的补偿契约也间接促进了线下销售渠道消费者的购买行为，提升了线下实体店的市场需求量，缓解了消费者的损失厌恶心理对线下实体店造成的不利影响。

综上所述，从线下实体店的利益出发，为了扩大市场占有率，也需要特别关注消费者的损失厌恶心理，通过各种措施和活动，满足消费者实际需求，进一步降低消费者的损失厌恶程度。同时，希望电商平台等其他竞争企业可以采取补偿契约等模式，间接刺激线下消费者增强购买行为，进一步扩大线下市场消费需求。

根据表 6.1、表 6.2 可得图 6.8。

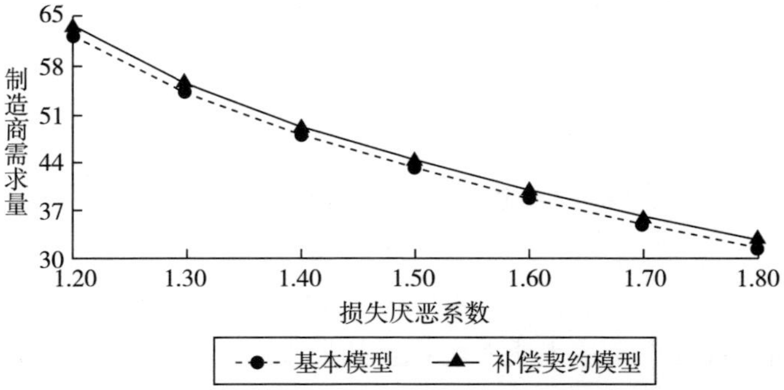

图 6.8 制造商需求量与损失厌恶系数关系

由图 6.8 可知，在基本模型和补偿契约模型下，随着损失厌恶系数的增大，制造商需求量均将减小。这表明，消费者的损失厌恶心理也不利于制造商的市场销售，制造商的市场需求量可能出现下滑。这是因为消费者损失厌恶的增大可能导致消费者效用减小，造成消费者的购买愿望下滑。与此同时，线下实体店和电商平台渠道的需求量均呈现下降趋势，这些综合因素的叠加促使制造商的需求量减少。无论是制造企业还是线上线下企业，都需要密切关注不断变化的市场需求，掌握消费者的消费行为特点，预测和判断需求量的演变趋势，按照市场规律科学安排生产规划和销售计划。

由图 6.8 可知，在补偿契约模型下的制造商需求量大于在基本模型下的制造商需求量。因此，补偿契约也间接提高了制造商的市场需求量，缓解了消费者的损失厌恶心理对制造商造成的不利影响。

综上所述，从制造商的利益出发，为了扩大产品需求量，需要重视消费者的损失厌恶心理，针对不同消费心理的消费群体，科学制订应对方案，弱化消费者的损失厌恶程度。同时，电商平台实施的补偿契约模式可以进一步扩大网购市场消费需求。

3. 损失厌恶对企业和供应链绩效的影响

根据表 6.1、表 6.2 可得图 6.9。

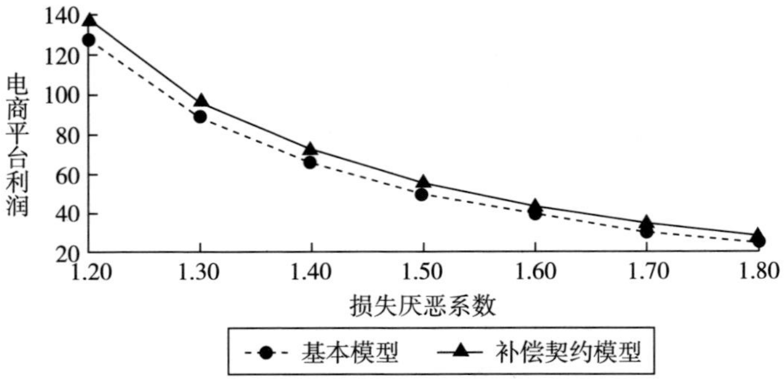

图 6.9　电商平台利润与损失厌恶系数关系

由图 6.9 可知，在基本模型和补偿契约模型下，随着损失厌恶系数的增大，电商平台利润均将减小。这表明，消费者的损失厌恶心理给电商平台收益带来了不利影响。这是因为消费者损失厌恶的增大导致电商平台的网络销售价格和市场需求量均出现下降，从而促使电商平台的收益下滑。一旦消费者的心理特征对企业的收益产生不利影响，企业就应当密切关注消费者的消费心理变化情况，及时采取措施，寻求弱化和改变消费者的消费心理特点，为企业获利提供保障。

由图 6.9 可知，在补偿契约模型下的电商平台利润高于在基本模型下的电商平台利润。所以，电商平台通过制定补偿契约可以有效引导消费者的网购行为，提升电商平台的盈利能力，缓解消费者的损失厌恶心理对电商平台收益造成的负面影响。

综上所述，从电商平台的利益出发，为了能够在激烈的市场竞争中获得市场主动权，应当及时了解消费者的损失厌恶心理，通过各种方式缓解消费者的损失厌恶心理，满足消费者需求。同时，可以实施补偿契约等模式进一步拉动市场消费，提升企业绩效。

根据表 6.1、表 6.2 可得图 6.10。

由图 6.10 可知，在基本模型和补偿契约模型下，随着损失厌恶系数的增大，制造商利润均将减小。这表明，消费者的损失厌恶心理也给制造商收益带来了不利影响。这是因为消费者损失厌恶的增大给消费者效用造成负面影响，导致消费市场低迷，从而影响了制造商绩效。对于制造企业而言，为了能够在激烈竞争的市场中赢得主动，不仅需要掌握竞争企业的相关决策方案，而且也需要关注线上线下不同消费者群体的购买特点和消费趋势，通过大数据分析研究大众消费行为规律，制定更加务实的生产计划和营销策略，快速响应消费市场变化，促进企业可持续发展。

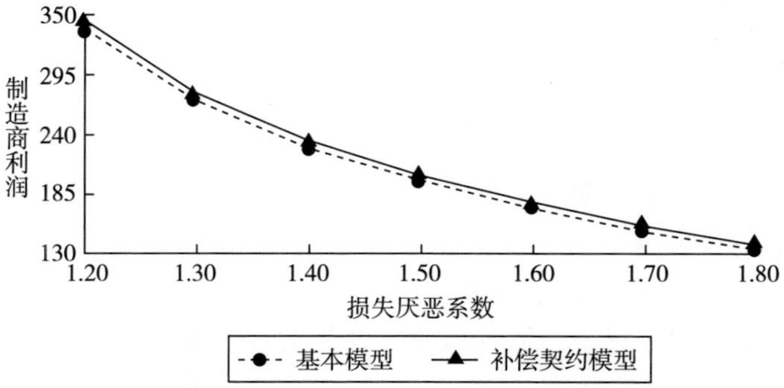

图 6. 10 制造商利润与损失厌恶系数关系

由图 6. 10 可知，在补偿契约模型下的制造商利润高于在基本模型下的制造商利润。所以，电商平台制定的补偿契约间接拉动了制造商网络销售渠道消费者的购买意愿，提高了制造商的获利水平，缓解了消费者的损失厌恶心理对制造商绩效造成的负面影响。

综上所述，从制造商的利益出发，为了能够提高企业绩效，企业需要动态关注消费者的消费心理和消费习惯，充分利用各种营销手段，降低消费者的损失厌恶程度。同时，考虑相应的契约模式提升消费者购买意愿，进一步提高企业的利润空间。

根据表 6. 1、表 6. 2 可得图 6. 11。

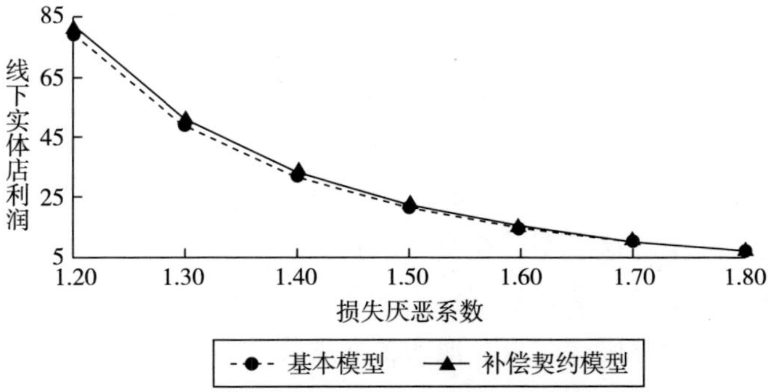

图 6. 11 线下实体店利润与损失厌恶系数关系

由图 6. 11 可知，在基本模型和补偿契约模型下，随着损失厌恶系数的增大，线下实体店利润均将减小。这表明，消费者的损失厌恶心理不仅冲击了线上企业的绩效，同时也给线下实体店利益带来了不利影响。所以，无论是线上企业还是线下企业，都应当充分关注消费者的消费心理特征，对于带来负面影响的消费心理，企业需要进行认真研究，通过销售数据研判其变化趋势，采取积极措施，克服消费心理的不利影响。

由图 6. 11 可知，在补偿契约模型下的线下实体店利润高于在基本模型下的线下实体店利润。所以，电商平台制定的补偿契约不仅可以提升自身企业的获利能力，也给线下实体店带来了更多收益，缓解了消费者的损失厌恶心理给线下实体店带来的不利影响。

综上所述，从线下实体店的利益出发，为了能够提高自身企业收益，不仅需要关注竞争企业的决策行为，而且也要重视消费者的损失厌恶心理给企业带来的负面影响，采取措施提高消费者效用，降低消费者的损失厌恶程度。同时，关注契约模式给企业绩效带来的变化，通过实践比较不同契约模式所发挥的作用大小。

根据表 6. 1、表 6. 2 可得图 6. 12。

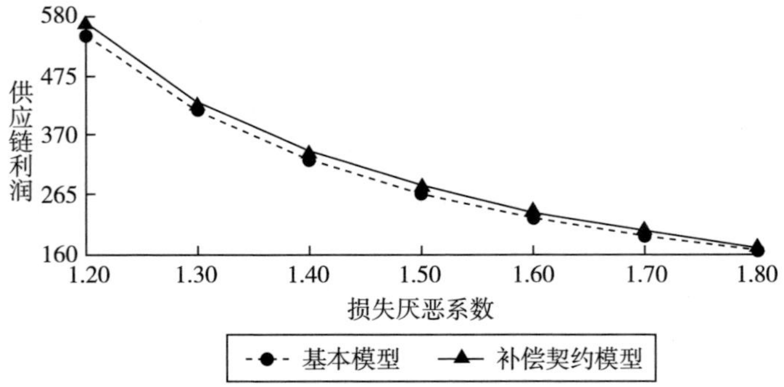

图 6. 12　供应链利润与损失厌恶系数关系

由图 6. 12 可知，在基本模型和补偿契约模型下，随着损失厌恶系数的增大，供应链利润均将减小。这表明，消费者的损失厌恶心理也对供应链的整体绩效产生了不利影响。这是因为消费者的损失厌恶心理给供应链上下游企业的收益均造成了负面冲击。对于供应链而言，面对消费者损失厌恶心理带来的负面影响，线上线下的各个上下游企业应当通过合作，共同面对消费者损失厌恶心理带来的严峻挑战，从各个层面对消费者心理进行综合分析，发现消费市场存在的各类风险，通过共同行动，对市场变化进行快速反应，占据主动地位，为企业获得更多收益提供扎实基础，促进供应链的可持续发展。

由图 6.12 可知，在补偿契约模型下的供应链利润高于在基本模型下的供应链利润。所以，电商平台制定的补偿契约不仅可以提升自身企业的获利能力，也提升了其他企业的获利水平，促进了整个供应链绩效的明显改善，缓解了消费者的损失厌恶心理对供应链造成的不利影响。

综上所述，从供应链的利益出发，为了能够提高供应链的整体绩效，需要重视消费者的损失厌恶变化规律，加强供应链上下游企业之间的协调沟通，努力减弱消费者损失厌恶心理给供应链带来的不利影响。同时，线上线下企业也可以积极采取措施，制定合理的契约模式，从而增强消费信心，提高供应链的整体绩效水平。

4. 补偿金额对企业定价决策的影响

根据表 6.3 可得图 6.13。

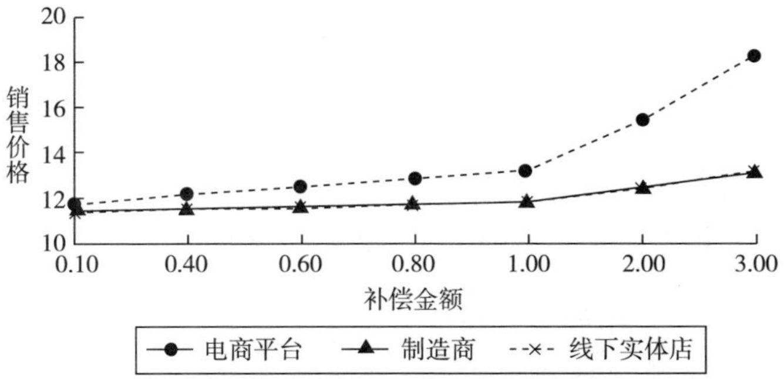

图 6.13　销售价格与补偿金额关系

由图 6.13 可知，在补偿契约模型下，电商平台网络销售价格、制造商网络销售价格和线下实体店线下销售价格均随着补偿金额的增大而提高。所以，电商平台制定的补偿契约不仅提升了自身企业的网络销售价格，而且还促使竞争对手制造商和线下实体店提高了其产品销售价格。这表明实施补偿契约可能改变供应链上下游企业的定价决策，对于消费者而言，补偿契约能否对消费者发挥激励作用，取决于消费者的效用是否得到提高，即使企业提高销售价格，但是补偿契约给消费者带来的效用仍然增大，那么补偿契约就能够在市场竞争中发挥积极作用。

由图 6.13 可知，在补偿契约模型下，电商平台网络销售价格不仅高于制造商网络销售价格和线下实体店线下销售价格，而且随着补偿金额的逐渐增大，电商平台网络销售价格与制造商网络销售价格和线下实体店线下销售价格的差距也越来越大，制造商网络销售价格与线下实体店线下销售价格非常接近。这表明，电商平台制定的补偿契约导致电商平台面临更大的损失风险，为了规避风险，基于利润最大化原则，电商平台需要大幅度提高其网络销售价格。而制造商和线下实体店均存在“搭便车”行为，为了获得更大收益，他们都会小范围提高其销售价格。

综上所述，从消费者的利益出发，若电商平台实施补偿契约，为了降低购买成本，消费者可以通过制造商或线下实体店的销售渠道进行采购，避免从电商平台网购支出较高的购买成本。与此同时，消费者针对商家的促销宣传措施，特别是看似对消费者吸引力很大的措施，消费者应当通过对比判断商家的销售价格涨幅情况，以便作出合理的购买决策。

5. 补偿金额对需求量的影响

根据表 6. 3 可得图 6. 14。

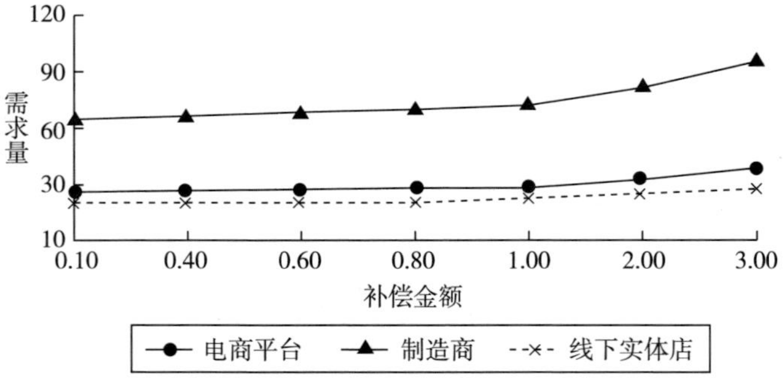

图 6. 14　需求量与补偿金额关系

由图 6. 14 可知，在补偿契约模型下，电商平台需求量、制造商需求量和线下实体店需求量均随着补偿金额的增大而增大。所以，电商平台实施的补偿契约不仅提升了自身企业的产品需求量，而且也提高了竞争企业制造商和线下实体店的市场需求。这表明，企业在面对损失厌恶消费者市场时，可以积极主动作为，通过补偿契约等模式能够引导消费者增强购买意愿，发挥扩大市场需求的作用。

由图 6. 14 可知，在补偿契约模型下，线下实体店需求量小于电商平台需求量，电商平台需求量小于制造商需求量，而且随着补偿金额的逐渐增大，线下实体店需求量、电商平台需求量与制造商需求量的差距也越来越大。这表明，电商平台实施的补偿契约模式在扩大消费需求方面，制造商获得的效果更加明显，制造商存在“搭便车”现象，而线下实体店获得的效果非常有限，尽管补偿契约在拉动供应链上下游企业市场需求方面存在一定差异，但是不可否认，补偿契约模式确实发挥了重要作用。

综上所述，从企业的利益出发，为了提高市场占有率，企业可以通过补偿契约等模式扩大线上线下消费需求。与此同时，企业实施补偿契约等模式也将承担相应的损失风险，其他相关企业也可能存在“搭便车”行为。所以，企业是否制定和实施相应的激励契约，取决于决策者的个性偏好，以及企业在多大程度上能够获得更多收益。

6. 补偿金额对企业和供应链利润的影响

根据表 6. 3 可得图 6. 15。

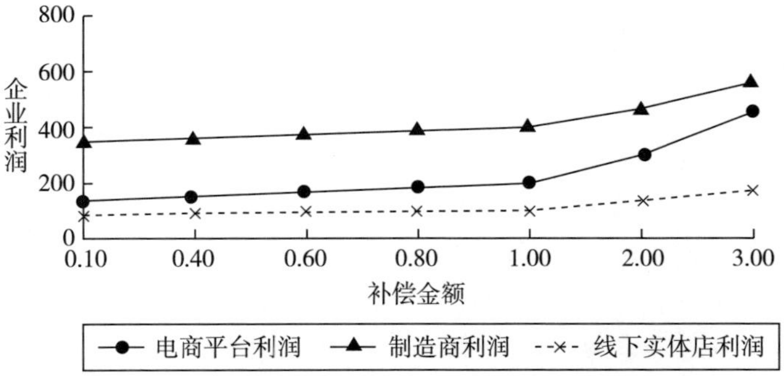

图 6. 15　企业利润与补偿金额关系

由图 6. 15 可知，在补偿契约模型下，电商平台利润、制造商利润和线下实体店利润均随着补偿金额的增大而增大。这表明，补偿契约可以促进供应链上下游的线上线下企业收益增长。与此同时，补偿契约也能够带动活跃整个线上线下消费市场，形成消费市场、线上、线下企业、供应链的整体协调，为各方带来更多收益。

由图 6. 15 可知，在补偿契约模型下，随着补偿金额的逐渐增大，电商平台利润递增的幅度最大，制造商利润递增的幅度次之，线下实体店利润递增的幅度最小。这表明，电商平台制定实施的补偿契约对提高自身收益产生的效果最大，制造商次之，线下实体店最小。而补偿金额的大小是电商平台需要考虑的重要指标，补偿金额越大，电商平台获利也越大，但承担的风险也越大，收益与风险并存，这对于决策者而言，需要慎重思考和反复斟酌。

综上所述，从企业的利益出发，补偿契约可以有效改善线上线下企业各自的利润水平，充分发挥对企业的激励作用，实现不同企业的互利共赢。与此同时，面对竞争激烈的线上线下消费市场，补偿契约等模式能否顺利实施，取决于企业通过该契约的实施能够在多大程度上获益。

根据表 6. 3 可得图 6. 16。

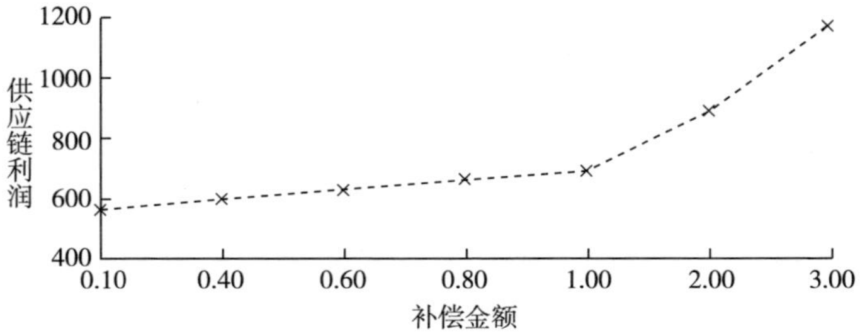

图 6. 16　供应链利润与补偿金额关系

由图 6. 16 可知，在补偿契约模型下，供应链利润随着补偿金额的增大而逐渐增大，且补偿金额越大，供应链利润增加的幅度也越大。这表明，补偿契约不仅可以给企业带来额外收益，也能够有效改善整个供应链的绩效，并且当补偿金额较大时，供应链绩效提升的幅度也将增大。

综上所述，从供应链的利益出发，补偿契约模式能够充分发挥激励效果，助力供应链绩效显著提升。为了能够促使供应链的整体绩效最大化，企业之间的相互合作非常重要，通过契约模式有效改善消费环境，提升企业绩效，降低实施契约模式的损失风险，应当成为供应链上下游企业的共识。

三、基于损失厌恶企业的多渠道线上线下企业管理优化研究

本节考虑在多渠道供应链中，面对具有损失厌恶心理特征的企业决策者，在补偿模型、退货契约模型等情形下，分析企业的损失厌恶心理是如何影响线上线下企业定价策略和激励契约的，为基于损失厌恶企业的多渠道线上线下企业管理优化研究提供理论参考和决策依据。

（一）补偿契约模型分析

考虑某个多渠道供应链由一个制造商、一个损失厌恶电商平台和一个线下实

体店共同组成。损失厌恶电商平台通过互联网渠道向消费者销售产品，如果消费者购买产品之后发生了损失，那么损失厌恶电商平台向消费者支付补偿费用。并根据市场需求变化和企业竞争环境制定相应的网络定价策略。线下实体店通过线下方式向消费者销售产品，并根据市场需求变化和企业竞争环境制定相应的线下定价策略。制造商既是生产商，也是销售商，其有三条销售渠道：一是根据损失厌恶电商平台的订单为其提供相应的产品；二是根据线下实体店的订单为其提供相应的产品；三是通过制造商自建的网络销售渠道向消费者销售产品。制造商根据三条不同渠道的销售状况和企业竞争环境制定相应的网络定价策略。消费者在线上或线下购买产品的过程中，可能遭受损失，消费者效用发生改变，从而对其购买决策产生影响，进而对整个线上线下销售市场的需求趋势产生连环效应。多渠道损失厌恶供应链与消费者关系示意图，如图 6. 17 所示。

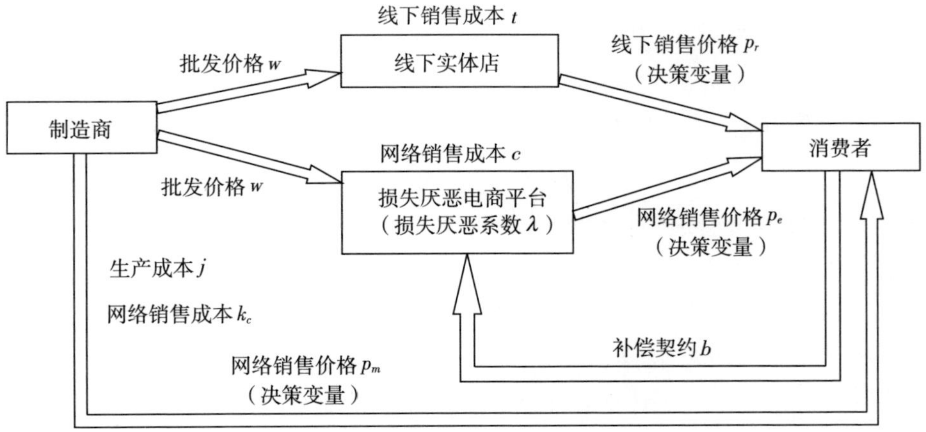

图 6. 17　考虑补偿契约的多渠道损失厌恶供应链与消费者关系示意

为了方便讨论，提出如下四种假设：

H6. 5：假定电商平台具有损失厌恶特征，其损失厌恶系数为 λ（$\lambda>1$），其从制造商订购产品的批发价格为 w，网络销售价格为 p_e，网络销售成本为 c，且满足条件 $p_e>w+c$。

H6. 6：假定制造商完全理性，其生产成本为 j，网络销售价格为 p_m，网络销售成本为 kc，其中，k 是指制造商相对于电商平台的网络销售效率，k 越小，表明制造商的网络销售效率越高，反之，其网络销售效率越低；且满足条件 $w>j$，$p_m>j+kc$。

H6. 7：假定消费者完全理性，消费者在购买产品过程中，需要对产品进行价值评估，产品评估价值为 v，且 v 服从某个分布，其密度函数为 g（v），分布函数为 G（v）。

H6.8：假定线下实体店完全理性，其从制造商订购产品的批发价格为 w，线下销售价格为 p_r，线下销售成本为 t，且满足条件 $p_r>w+t$。

根据 H6.7，若 v 大于 p_e、p_m 或 p_r，则消费者得到收益，反之，消费者产生损失。当消费者在电商平台进行购买时，若出现损失，按照补偿契约模式，电商平台需要向消费者支付补偿金额 b。基于此，可以得到在电商平台网络销售渠道、制造商网络销售渠道、线下实体店销售渠道进行购买的消费者效用函数分别为：

$$U(p_e,\ v)=\begin{cases}v-p_e+b, & 0<v<p_e\\ v-p_e, & v\geqslant p_e\end{cases} \tag{6.39}$$

$$U(p_m,\ v)=\begin{cases}v-p_m, & 0<v<p_m\\ v-p_m, & v\geqslant p_m\end{cases} \tag{6.40}$$

$$U(p_r,\ v)=\begin{cases}v-p_r, & 0<v<p_r\\ v-p_r, & v\geqslant p_r\end{cases} \tag{6.41}$$

由式（6.39）、式（6.40）、式（6.41）分别可以得到消费者的期望效用函数为：

$$\overline{U(p_e,\ v)}=\bar{v}_e-p_e+b\int_0^{p_e}g(v)\,dv \tag{6.42}$$

$$\overline{U(p_m,\ v)}=\bar{v}_m-p_m \tag{6.43}$$

$$\overline{U(p_r,\ v)}=\bar{v}_r-p_r \tag{6.44}$$

其中，$\bar{v}_e$、$\bar{v}_m$、$\bar{v}_r$ 分别表示消费者评估电商平台网络销售产品价值的平均值、消费者评估制造商网络销售产品价值的平均值、消费者评估线下实体店销售产品价值的平均值。

在现实的多渠道产品销售市场中，本渠道的市场需求与本渠道消费者的期望效用，以及竞争企业的销售价格存在紧密联系。因此，可以得到电商平台、制造商和线下实体店的需求函数分别为：

$$q_e=\mu a+\beta p_m+\beta p_r+\gamma\overline{U(p_e,\ v)} \tag{6.45}$$

$$q_m=(1-\mu-\phi)a+\beta p_e+\beta p_r+\gamma\overline{U(p_m,\ v)}+q_e+q_r \tag{6.46}$$

$$q_r=\phi a+\beta p_e+\beta p_m+\gamma\overline{U(p_r,\ v)} \tag{6.47}$$

其中，a（$a>0$）表示市场的基本需求，μ（$0<\mu<1$）表示电商平台占市场基本需求的比例，ϕ（$0<\phi<1$）表示线下实体店占市场基本需求的比例，β（$\beta>0$）表示竞争企业的价格弹性系数，γ（$\gamma>0$）表示消费者期望效用的弹性系数；由于与其他渠道的销售价格相比较，本渠道的市场需求受到本渠道销售价格的影响会更大，所以满足条件 $\gamma>\beta$。

根据 H6.5，基于前景理论，可以得到损失厌恶电商平台的利润函数π_e 为：

$$\pi_e=\begin{cases}\lambda(p_e-w-c-b)[\mu a+\beta p_m+\beta p_r+\gamma(v-p_e+b)], & 0<v<p_e-b\\(p_e-w-c-b)[\mu a+\beta p_m+\beta p_r+\gamma(v-p_e+b)], & p_e-b<v<p_e\\(p_e-w-c)[\mu a+\beta p_m+\beta p_r+\gamma(v-p_e)], & v\geqslant p_e\end{cases}\tag{6.48}$$

由式（6.48）可以得到损失厌恶电商平台的效用函数 U_e 为：

$$\begin{aligned}U_e&=\lambda(p_e-w-c-b)[\mu a+\beta p_m+\beta p_r+\gamma(v-p_e+b)]\int_0^{p_e-b}g(v)dv+(p_e-\\&w-c-b)[\mu a+\beta p_m+\beta p_r+\gamma(v-p_e+b)]\int_{p_e-b}^{p_e}g(v)dv+(p_e-w-\\&c)[\mu a+\beta p_m+\beta p_r+\gamma(v-p_e)]\int_{p_e}^{+\infty}g(v)dv=\lambda(p_e-w-c-b)[\mu a+\\&\beta p_m+\beta p_r+\gamma(b-p_e)]\int_0^{p_e-b}g(v)dv+(p_e-w-c-b)[\mu a+\beta p_m+\beta p_r+\\&\gamma(b-p_e)]\int_{p_e-b}^{p_e}g(v)dv+(p_e-w-c)[\mu a+\beta p_m+\beta p_r-\gamma p_e](1-\\&\int_0^{p_e}g(v)dv)+\lambda\gamma(p_e-w-c-b)\int_0^{p_e-b}vg(v)dv+\gamma(p_e-w-c-\\&b)(\int_0^{p_e}vg(v)dv-\int_0^{p_e-b}vg(v)dv)+\gamma(p_e-w-c)\int_{p_e}^{+\infty}vg(v)dv=\lambda(p_e-w-\\&c-b)[\mu a+\beta p_m+\beta p_r+\gamma(b-p_e)]\int_0^{p_e-b}g(v)dv+(p_e-w-c-b)[\mu a+\\&\beta p_m+\beta p_r+\gamma(b-p_e)]\int_{p_e-b}^{p_e}g(v)dv+(p_e-w-c)[\mu a+\beta p_m+\beta p_r-\\&\gamma p_e](1-\int_0^{p_e}g(v)dv)+(\lambda-1)\gamma(p_e-w-c-b)\int_0^{p_e-b}vg(v)dv+\gamma(p_e-\\&w-c-b)\int_0^{p_e}vg(v)dv+\gamma(p_e-w-c)(\bar{v}_e-\int_0^{p_e}vg(v)dv)\end{aligned}\tag{6.49}$$

根据 H6.6 和 H6.8，容易得到制造商和线下实体店的利润函数分别为：

$$\pi_m=(p_m-j-kc)[(1-\mu-\phi)a+\beta p_e+\beta p_r+\gamma\overline{U(p_m,\ v)}]+(w-j)q_e+(w-j)q_r\tag{6.50}$$

$$\pi_r=(p_r-w-t)q_r\tag{6.51}$$

其中，U_e 表示损失厌恶电商平台的效用；π_m 表示制造商的利润；π_r 表示线下实体店的利润。

供应链的效用函数为：

$$U_s=U_e+\pi_m+\pi_r\tag{6.52}$$

制造商与损失厌恶电商平台、线下实体店的博弈关系均为静态博弈，也就是三方各自以自身收益最大化为目标，分别对自身的销售价格同时进行决策优化，获得纳什均衡解。下面分别进行公式推导，得到各自企业的最优定价模型。

将损失厌恶电商平台的效用函数式（6.49）对 p_e 分别求一阶导数和二阶导数，可以得到：

$$\frac{\partial U_e}{\partial p_e} = \gamma\int_0^{p_e} vg(v)dv + \gamma(\lambda-1)\int_0^{p_e-b} vg(v)dv - \gamma\left(1-\int_0^{p_e} g(v)dv\right)(p_e-c-w) - \gamma\lambda(p_e-w-c-b)\int_0^{p_e-b} g(v)dv - \gamma(p_e-w-c-b)\int_{p_e-b}^{p_e} g(v)dv + \gamma(\lambda-1)g(p_e-b)(p_e-b)(p_e-w-c-b) - \gamma g(p_e)p_e(p_e-w-c) + \gamma g(p_e)p_e(p_e-w-c-b) + \left(1-\int_0^{p_e} g(v)dv\right)(a\mu-\gamma p_e+\beta(p_m+p_r)) - g(p_e)(p_e-w-c)(a\mu-\gamma p_e+\beta(p_m+p_r)) + \lambda(a\mu+b\gamma-\gamma p_e+\beta(p_m+p_r))\int_0^{p_e-b} g(v)dv + (a\mu+b\gamma-\gamma p_e+\beta(p_m+p_r))\int_{p_e-b}^{p_e} g(v)dv + (g(p_e)-g(p_e-b))(p_e-w-c-b)(a\mu+b\gamma-\gamma p_e+\beta(p_m+p_r)) + \lambda g(p_e-b)(p_e-w-c-b)(a\mu+b\gamma-\gamma p_e+\beta(p_m+p_r)) + \gamma\left(\bar{v}_e-\int_0^{p_e} vg(v)dv\right) \tag{6.53}$$

$$\frac{\partial^2 U_e}{\partial p_e^2} = -2\gamma + 3b\gamma g(p_e) + 2\gamma\int_0^{p_e} g(v)dv - 2\gamma\lambda\int_0^{p_e-b} g(v)dv - 2\gamma\int_{p_e-b}^{p_e} g(v)dv + (\lambda-1)g(p_e-b)((b+c+w)\gamma+2a\mu-\gamma p_e+2\beta(p_m+p_r)) - b^2\gamma g'(p_e) - bc\gamma g'(p_e) - bw\gamma g'(p_e) - ab\mu g'(p_e) + b\gamma p_e g'(p_e) - b\beta p_m g'(p_e) - b\beta p_r g'(p_e) + (\lambda-1)(p_e-c-w-b)(a\mu+\beta(p_m+p_r))g'(p_e-b) \tag{6.54}$$

将制造商的利润函数式（6.50）对 p_m 分别求一阶导数和二阶导数，可以得到：

$$\frac{\partial \pi_m}{\partial p_m} = a+2(w-j)\beta+(j+kc)\gamma-a(\mu+\phi)+\beta(p_e+p_r)+\gamma(-2p_m+\bar{v}_m) \tag{6.55}$$

$$\frac{\partial^2 \pi_m}{\partial p_m^2} = -2\gamma \tag{6.56}$$

将线下实体店的利润函数式（6.51）对 p_r 分别求一阶导数和二阶导数，可以得到：

$$\frac{\partial \pi_r}{\partial p_r} = (t+w)\gamma+a\phi+\beta(p_m+p_e)+\gamma(-2p_r+\bar{v}_r) \tag{6.57}$$

$$\frac{\partial^2 \pi_r}{\partial p_r^2}=-2\gamma \tag{6.58}$$

将式（6.53）、式（6.55）和式（6.57）分别等于0，即$\frac{\partial U_e}{\partial p_e}=0$，$\frac{\partial \pi_m}{\partial p_m}=0$，$\frac{\partial \pi_r}{\partial p_r}=0$，联立方程求解，可以得到补偿契约模型下损失厌恶电商平台的最优网络销售价格p_e^*、制造商的最优网络销售价格p_m^*和线下实体店的最优线下销售价格p_r^*。

将p_e^*、p_m^*和p_r^*分别代入式（6.45）、式（6.46）、式（6.47）、式（6.49）、式（6.50）、式（6.51）、式（6.52），可以分别得到补偿契约模型下损失厌恶电商平台的需求量q_e^*，制造商的需求量q_m^*，线下实体店的需求量q_r^*，损失厌恶电商平台的最优效用U_e^*，制造商的最优利润π_m^*，线下实体店的最优利润π_r^*，以及供应链的最优效用U_s^*。

（二）退货契约模型分析

在上一小节的基础上，假设损失厌恶电商平台为消费者提供退货契约模式，分析电商平台的损失厌恶对该契约的影响，并与补偿契约模型进行比较研究。

考虑多渠道供应链由一个制造商、一个损失厌恶电商平台和一个线下实体店组成。损失厌恶电商平台通过互联网渠道向消费者进行产品销售，并根据市场需求情况和企业竞争环境制定定价策略。为了获得竞争优势，损失厌恶电商平台向消费者承诺退货契约，即消费者在消费过程中如果遭受损失，损失厌恶电商平台根据退货契约为消费者提供产品退货服务。线下实体店通过线下方式向消费者销售产品，并根据市场需求变化和企业竞争环境制定相应的线下定价策略。制造商存在三种销售渠道：一是根据损失厌恶电商平台的订单为其提供产品；二是根据线下实体店的订单为其提供相应的产品；三是通过自身企业建立的网络销售渠道进行销售。制造商根据三种销售渠道的需求情况和企业竞争环境制定相应的定价策略。考虑退货契约的多渠道损失厌恶供应链与消费者关系示意图如图6.18所示。

为了便于分析，提出以下四种假设：

H6.9：假定损失厌恶电商平台将其效用最大化作为决策目标，其决策变量为网络销售价格p_e，以批发价格w从制造商处采购产品，通过网络渠道进行销售的网络销售成本为c，且满足条件$p_e-w-c>0$，若消费者对从损失厌恶电商平台渠道购买的产品存在不满意情形下，电商平台以退货价格p_e（即电商平台的网络销售价格）从消费者手中回收产品，回收产品的残值为r，通常情形下，回收产品

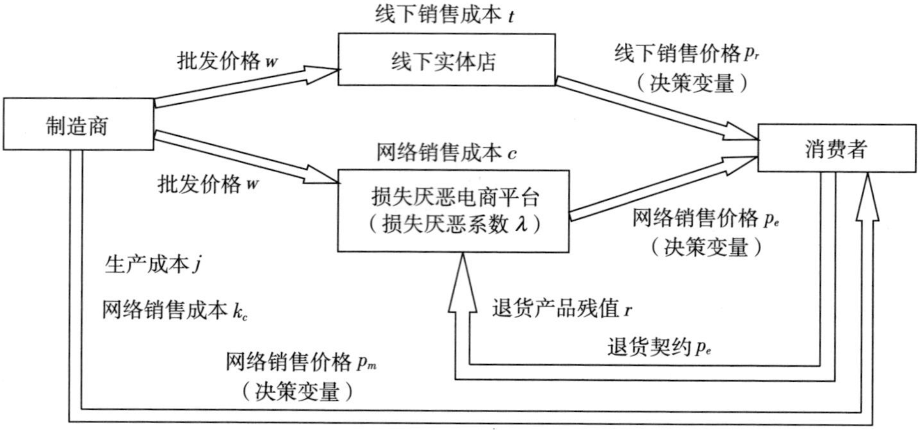

图 6.18　考虑退货契约的多渠道损失厌恶供应链与消费者关系示意图

对于企业来说会造成损失，即满足条件 r<w+c；而电商平台对损失存在厌恶心理，令电商平台的损失厌恶系数为 λ。

H6.10：假定制造商将其利润最大化作为决策目标，其决策变量为网络销售价格 p_m，制造产品的生产成本为 j，通过网络渠道进行销售的网络销售成本为 kc，其中，k 表示制造商相对于损失厌恶电商平台的网络销售效率，k 越大，则表明相对于损失厌恶电商平台而言，制造商自身的网络销售效率越低；反之，制造商自身的网络销售效率越高。且 $p_m-j-kc>0$，$w-j>0$，一般情形下，制造商通过批发产品获得的收益大于其网络销售产品获得的收益，即 $w-j>p_m-j-kc$。

H6.11：假定消费者通过损失厌恶电商平台、制造商和线下实体店的销售渠道开展购物活动，由于消费者很难对购买产品的真正价值进行准确判断，因此需要对购买产品的价值进行评价，这有可能导致消费者在购买产品之后遭受损失。

H6.12：假定线下实体店完全理性，其从制造商订购产品的批发价格为 w，线下销售价格为 p_r，线下销售成本为 t，且满足条件 $p_r>w+t$。

根据 H6.11，消费者在从不同渠道进行产品采购之前，需要对采购产品进行价值评估，令其价值为 v，假定该值服从于某个分布，其密度函数为 $g(v)$，分布函数为 $G(v)$。当 v 小于 p_e、p_m、p_r 时，则消费者遭遇损失，反之，消费者获得收益。当损失厌恶电商平台采取退货契约模式时，可以得到在损失厌恶电商平台网络销售渠道、制造商网络销售渠道、线下实体店销售渠道进行销售的消费者效用函数分别为：

$$U(p_e,\ v)=\begin{cases}0, & 0<v<p_e\\ v-p_e, & v\geqslant p_e\end{cases} \tag{6.59}$$

$$U(p_m, v)=\begin{cases}v-p_m, & 0<v<p_m\\ v-p_m, & v\geqslant p_m\end{cases} \tag{6.60}$$

$$U(p_r, v)=\begin{cases}v-p_r, & 0<v<p_r\\ v-p_r, & v\geqslant p_r\end{cases} \tag{6.61}$$

根据式（6.59）、式（6.60）和式（6.61），容易得到退货契约模型下消费者的期望效用函数分别为：

$$\overline{U(p_e, v)}=(v-p_e)\int_{p_e}^{+\infty}g(v)dv$$
$$=\bar{v}_e-\int_0^{p_e}vg(v)dv-p_e(1-\int_0^{p_e}g(v)dv) \tag{6.62}$$

$$\overline{U(p_m, v)}=\bar{v}_m-p_m \tag{6.63}$$

$$\overline{U(p_r, v)}=\bar{v}_r-p_r \tag{6.64}$$

在现实的消费生活中，产品的市场销售量取决于消费者的期望效用大小，同时，也受到竞争企业销售价格的冲击。所以，容易得到损失厌恶电商平台、制造商和线下实体店的需求函数分别为：

$$q_e=\mu a+\beta p_m+\beta p_r+\gamma\overline{U(p_e, v)} \tag{6.65}$$

$$q_m=(1-\mu-\phi)a+\beta p_e+\beta p_r+\gamma\overline{U(p_m, v)}+q_e+q_r \tag{6.66}$$

$$q_r=\phi a+\beta p_e+\beta p_m+\gamma\overline{U(p_r, v)} \tag{6.67}$$

根据假设，可以得到损失厌恶电商平台的利润函数π_e为：

$$\pi_e=\begin{cases}-\lambda(w+c-r)(\mu a+\beta p_m+\beta p_r), & 0<v<p_e\\ (p_e-w-c)[\mu a+\beta p_m+\beta p_r+\gamma(v-p_e)], & v\geqslant p_e\end{cases} \tag{6.68}$$

根据式（6.68）可以得到损失厌恶电商平台的效用函数 U_e 为：

$$U_e=-\lambda(w+c-r)(\mu a+\beta p_m+\beta p_r)\int_0^{p_e}g(v)dv+$$
$$(p_e-w-c)[\mu a+\beta p_m+\beta p_r+\gamma(v-p_e)]\int_{p_e}^{+\infty}g(v)dv$$
$$=-\lambda(w+c-r)(\mu a+\beta p_m+\beta p_r)\int_0^{p_e}g(v)dv+$$
$$(p_e-w-c)(\mu a+\beta p_m+\beta p_r-\gamma p_e)(1-\int_0^{p_e}g(v)dv)+$$
$$\gamma(p_e-w-c)(\bar{v}_e-\int_0^{p_e}vg(v)dv) \tag{6.69}$$

制造商的利润函数π_m 为：

$$\pi_m=(p_m-j-kc)\left[(1-\mu-\phi)a+\beta p_e+\beta p_r+\gamma\overline{U(\lambda,\ p_m,\ v)}\right]+(w-j)q_e+(w-j)q_r \tag{6.70}$$

线下实体店的利润函数π_r 为：

$$\pi_r=(p_r-w-t)q_r \tag{6.71}$$

供应链的效用函数 U_s 为：

$$U_s=U_e+\pi_m+\pi_r \tag{6.72}$$

损失厌恶电商平台、制造商和线下实体店相互之间的博弈关系均为静态博弈，即三方各自以自身收益最大化为目标，分别对自身的销售价格同时进行定价决策，得到纳什均衡解。下面分别进行公式推导得到各自企业的最优定价模型。

将损失厌恶电商平台的效用函数式（6.69）对 p_e 分别求一阶导数和二阶导数，可以得到：

$$\frac{\partial U_e}{\partial p_e}=(c+w)\gamma+a\mu+\beta p_m+\beta p_r-g(p_e)(p_e-w-c+\lambda(w+c-r))(a\mu+\beta p_m+\beta p_r)-((c+w)\gamma+a\mu-2\gamma p_e+\beta p_m+\beta p_r)\int_0^{p_e}g(v)dv-\gamma\left(2p_e+\int_0^{p_e}vg(v)dv-\bar{v}_e\right) \tag{6.73}$$

$$\frac{\partial^2 U_e}{\partial p_e^2}=2\gamma\left(-1+\int_0^{p_e}g(v)dv\right)-g(p_e)((c+w)\gamma+2a\mu-\gamma p_e+2\beta(p_m+p_r))-(p_e-c-w+(c-r+w)\lambda+p_e)(a\mu+\beta(p_m+p_r))g'(p_e) \tag{6.74}$$

将制造商的利润函数式（6.70）对 p_m 分别求一阶导数和二阶导数，可以得到：

$$\frac{\partial\pi_m}{\partial p_m}=a+2(w-j)\beta+(j+ck)\gamma-a(\mu+\phi)+\beta(p_e+p_r)+\gamma(-2p_m+\bar{v}_m) \tag{6.75}$$

$$\frac{\partial^2\pi_m}{\partial p_m^2}=-2\gamma \tag{6.76}$$

将线下实体店的利润函数式（6.71）对 p_r 分别求一阶导数和二阶导数，可以得到：

$$\frac{\partial\pi_r}{\partial p_r}=(t+w)\gamma+a\phi+\beta(p_e+p_m)+\gamma(-2p_r+\bar{v}_r) \tag{6.77}$$

$$\frac{\partial^2\pi_r}{\partial p_r^2}=-2\gamma \tag{6.78}$$

将式（6.73）、式（6.75）和式（6.77）分别等于 0，即$\frac{\partial U_e}{\partial p_e}=0$，$\frac{\partial\pi_m}{\partial p_m}=0$，

$\frac{\partial \pi_r}{\partial p_r}=0$，联立方程求解，可以得到退货契约模型下损失厌恶电商平台的最优网络销售价格 p_e^{**}，制造商的最优网络销售价格 p_m^{**}，线下实体店的最优线下销售价格 p_r^{**}。

将 p_e^{**}、p_m^{**} 和 p_r^{**} 分别代入式（6.65）、式（6.66）、式（6.67）、式（6.69）、式（6.70）、式（6.71）、式（6.72），可以分别得到退货契约模型下损失厌恶电商平台的需求量 q_e^{**}，制造商的需求量 q_m^{**}，线下实体店的需求量 q_r^{**}，损失厌恶电商平台的最优效用 U_e^{**}，制造商的最优利润 π_m^{**}，线下实体店的最优利润 π_r^{**}，以及供应链的最优效用 U_s^{**}。

（三）算例分析

假设在某线上线下多渠道销售市场环境下，由一个损失厌恶电商平台、一个制造商和一个线下实体店组成多渠道损失厌恶供应链。损失厌恶电商平台通过自建的网络销售渠道向消费者销售产品；线下实体店通过自身的线下销售渠道向消费者销售产品；制造商存在三条不同的销售渠道：一是通过损失厌恶电商平台的订单对其批发产品；二是通过线下实体店的订单对其批发产品；三是通过制造商自建的网络销售渠道向消费者销售产品。消费者对采购产品的评估价值服从均匀分布 $v \sim U[1, 6]$，其他参数设置为 $w=5$，$j=1$，$\mu=0.5$，$\phi=0.2$，$\gamma=3$，$a=20$，$\beta=2$，$k=2$，$c=1$，$t=2$。在补偿契约模型下，令 $b=0.01$，当电商平台的损失厌恶系数 λ 发生改变时，根据优化公式，可以得到各个变量的优化值，如表 6.4 所示；在退货契约模型下，令 $r=18$，当电商平台的损失厌恶系数 λ 发生改变时，根据优化公式，可以得到各个变量的优化值，如表 6.5 所示；在补偿契约模型下，令 $\lambda=1.1$，当补偿金额 b 发生改变时，根据优化公式，可以得到各个变量的优化值，如表 6.6 所示；在退货契约模型下，令 $\lambda=1.1$，当退货产品残值 r 发生改变时，根据优化公式，可以得到各个变量的优化值，如表 6.7 所示。

表 6.4 在补偿契约模型下不同 λ 的各变量优化值（$b=0.01$）

变量	λ						
	1.02	1.03	1.04	1.05	1.06	1.08	1.10
p_e^*	20.9362	21.8779	22.9094	24.0418	25.2872	28.1719	31.6814
p_m^*	20.4681	20.9389	21.4547	22.0209	22.6436	24.0859	25.8407
p_r^*	19.7181	20.1889	20.7047	21.2709	21.8936	23.3359	25.0907
q_e^*	38.1894	37.2534	36.2281	35.1025	33.8646	30.9972	27.5086

续表

变量	λ						
	1. 02	1. 03	1. 04	1. 05	1. 06	1. 08	1. 10
q_r^*	38. 1543	39. 5668	41. 1141	42. 8126	44. 6807	49. 0078	54. 2722
q_m^*	112. 748	114. 637	116. 706	118. 978	121. 476	127. 263	134. 303
U_e^*	641. 627	712. 684	795. 506	892. 722	1007. 67	1308. 86	1748. 87
π_m^*	941. 288	985. 674	1035. 82	1092. 71	1157. 49	1316. 49	1526. 77
π_r^*	485. 249	521. 844	563. 457	610. 974	665. 456	800. 588	981. 823
U_s^*	2068. 16	2220. 20	2394. 78	2596. 40	2830. 62	3425. 95	4257. 46

表 6.5　在退货契约模型下不同 λ 的各变量优化值（$r=18$）

变量	λ						
	1. 02	1. 03	1. 04	1. 05	1. 06	1. 08	1. 10
p_e^{**}	183. 178	182. 589	182. 000	181. 410	180. 819	179. 635	178. 448
p_m^{**}	101. 589	101. 295	101. 000	100. 705	100. 41	99. 8177	99. 2242
p_r^{**}	100. 839	100. 545	100. 250	99. 9550	99. 6597	99. 0677	98. 4742
q_e^{**}	9942. 04	9878. 06	9814. 20	9750. 48	9686. 87	9560. 04	9433. 70
q_r^{**}	281. 516	280. 634	279. 750	278. 865	277. 979	276. 203	274. 423
q_m^{**}	10503. 3	10437. 6	10372. 0	10306. 5	10241. 1	10110. 7	9980. 80
U_e^{**}	−745288	−736593	−727953	−719368	−710837	−693938	−677255
π_m^{**}	68476	68047. 5	67619. 8	67192. 9	66766. 8	65916. 9	65070. 2
π_r^{**}	26417. 2	26251. 8	26086. 7	25921. 9	25757. 4	25429. 4	25102. 6
U_s^{**}	−650394	−642294	−634246	−626253	−618313	−602592	−587083

表 6.6　在不同 b 下的变量优化值（$\lambda=1.1$）

变量	b						
	0. 001	0. 005	0. 01	0. 1	0. 2	0. 3	0. 4
p_e^*	31. 5697	31. 6193	31. 6814	32. 8583	34. 3067	35. 9266	37. 7471
p_m^*	25. 7849	25. 8096	25. 8407	26. 4292	27. 1533	27. 9633	28. 8736
p_r^*	25. 0349	25. 0596	25. 0907	25. 6792	26. 4033	27. 2133	28. 1236
q_e^*	27. 4492	27. 4756	27. 5086	28. 1132	28. 8101	29. 5402	30. 3122
q_r^*	54. 1046	54. 1789	54. 2722	56. 0375	58. 2100	60. 6399	63. 3707
q_m^*	133. 908	134. 083	134. 303	138. 438	143. 480	149. 070	155. 304

续表

变量	b						
	0.001	0.005	0.01	0.1	0.2	0.3	0.4
U_e^*	1739.27	1743.52	1748.87	1853.12	1989.09	2151.37	2346.82
π_m^*	1519.11	1522.50	1526.77	1608.51	1711.78	1830.81	1969.08
π_r^*	975.769	978.450	981.823	1046.73	1129.47	1225.73	1338.61
U_s^*	4234.14	4244.47	4257.46	4508.37	4830.34	5207.91	5654.51

表 6.7　在不同 r 下的变量优化值（$\lambda=1.1$）

变量	r						
	16	18	20	22	24	26	28
p_e^{**}	189.216	178.448	167.400	155.988	144.087	131.488	117.794
p_m^{**}	104.608	99.2242	93.7000	87.9941	82.0437	75.7440	68.8972
p_r^{**}	103.858	98.4742	92.9500	87.2441	81.2937	74.9940	68.1472
q_e^{**}	10610.6	9433.70	8298.43	7202.72	6143.27	5114.25	4103.87
q_r^{**}	290.573	274.423	257.850	240.732	222.881	203.982	183.442
q_m^{**}	11190.0	9980.80	8812.38	7682.43	6587.28	5520.46	4469.00
U_e^{**}	-838368	-677255	-534234	-408519	-299331	-205902	-127464
π_m^{**}	72951.2	65070.2	57453.4	50085.9	42943.6	35984.1	29122.2
π_r^{**}	28144.3	25102.6	22162.2	19317.4	16558.7	13869.6	11216.9
U_s^{**}	-737272	-587083	-454619	-339115	-239828	-156048	-87125

1. 损失厌恶对企业定价决策的影响

根据表 6.4、表 6.5 可得图 6.19。

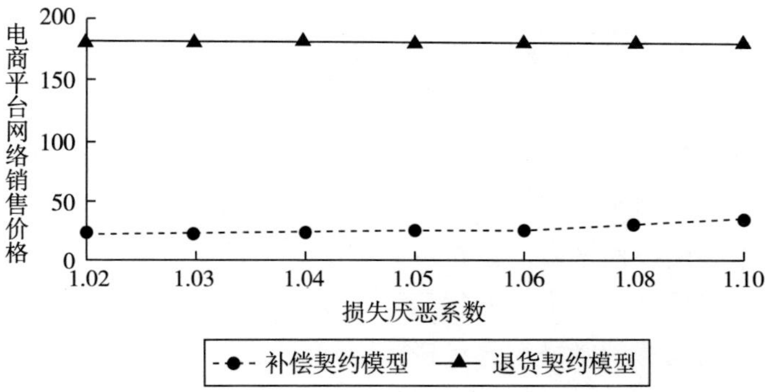

图 6.19　电商平台网络销售价格与损失厌恶系数关系

由图 6. 19 可知，在补偿契约模型下，电商平台网络销售价格随着损失厌恶系数的增大而增大。在退货契约模型下，电商平台网络销售价格随着损失厌恶系数的增大而减小。所以，在不同的契约模式下，电商平台的损失厌恶心理可能导致电商平台的网络销售价格呈现相反的变化趋势。这是由于与补偿契约相比较，退货契约使得电商平台承担了更大的损失风险，为了尽可能减小消费者的退货给电商平台造成的不利影响，电商平台通过降低销售价格的措施缓解损失风险。

由图 6. 19 可知，在补偿契约模型下的电商平台网络销售价格小于在退货契约模型下的电商平台网络销售价格。这表明，与补偿契约相比较，电商平台制定的退货契约促使其大幅度提高网络销售价格，从而减小因为消费者退货可能给电商平台带来的效用下降。

综上所述，从消费者的利益出发，消费者在面对电商平台制定的契约模式时，需要甄别不同契约模式对电商平台销售价格产生的变化，通过比较判断哪种契约模式下的产品销售价格最符合自身实际情况，从而增强采购商品的获得感和满足感。

根据表 6. 4、表 6. 5 可得图 6. 20。

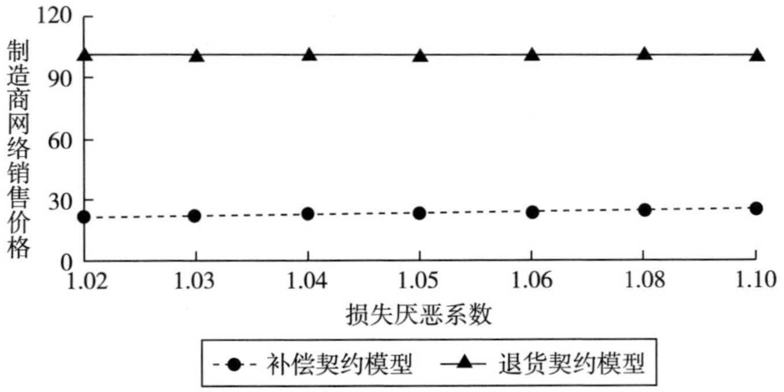

图 6. 20　制造商网络销售价格与损失厌恶系数关系

由图 6. 20 可知，在补偿契约模型下，制造商网络销售价格随着损失厌恶系数的增大而增大。在退货契约模型下，制造商网络销售价格随着损失厌恶系数的增大而减小。这表明电商平台向消费者制定的契约模式也影响到制造商的定价决策，制造商根据电商平台的定价变化趋势，按照自身利益最大化原则，制定出与电商平台相似变化趋势的网络销售价格。

由图 6. 20 可知，在补偿契约模型下的制造商网络销售价格小于在退货契约模型下的制造商网络销售价格。这表明与补偿契约相比较，电商平台制定的退货契约模式在提高制造商网络销售价格方面的影响更大，制造商通过大幅度提升定价的措施从退货契约中间接获取更多利益。

综上所述，与补偿契约相比较，退货契约模式大幅度提高了销售价格，从消费者的利益出发，消费者应当更加倾向于补偿契约给消费者自身带来的收益，同时，需要通过对比分析判断商家制定的退货契约是否真正给消费者带来实实在在的利益。

根据表 6.4、表 6.5 可得图 6.21。

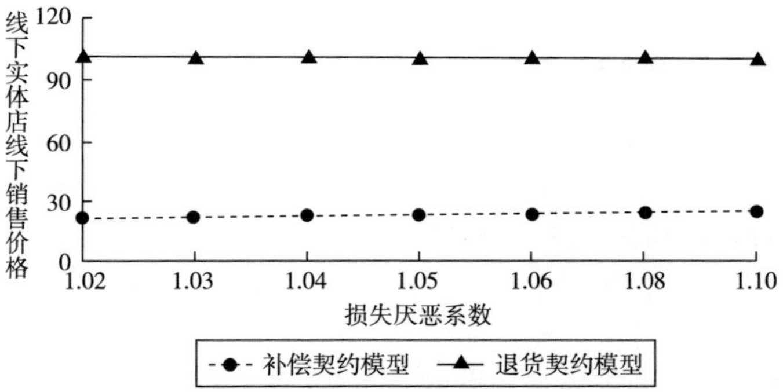

图 6.21　线下实体店线下销售价格与损失厌恶系数关系

由图 6.21 可知，在补偿契约模型下，线下实体店线下销售价格随着损失厌恶系数的增大而增大。在退货契约模型下，线下实体店线下销售价格随着损失厌恶系数的增大而减小。这表明线下实体店的定价趋势与电商平台、制造商的定价趋势相似，当电商平台的损失厌恶心理增强时，企业定价在补偿契约和退货契约模式下呈现相反的变化趋势。

由图 6.21 可知，在补偿契约模型下的线下实体店线下销售价格小于在退货契约模型下的线下实体店线下销售价格。这表明与补偿契约相比较，退货契约模式下的线下销售价格也将会明显增大。线下实体店与制造商均存在“搭便车”行为。

综上所述，从消费者的利益出发，与补偿契约相比较，尽管退货契约给消费者提供了更宽松的权益保障，但是退货契约却给消费者带来了更多的消费支出，从消费者的购买效用角度，补偿契约对于消费者而言可能是较好的选项。

2. 损失厌恶对需求量的影响

根据表 6.4、表 6.5 可得图 6.22。

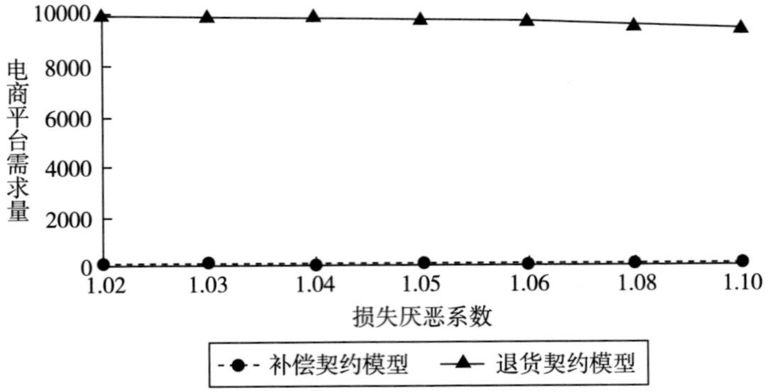

图 6.22　电商平台需求量与损失厌恶系数关系

由图 6.22 可知，在补偿契约模型和退货契约模型下，随着损失厌恶系数的增大，电商平台需求量均将减小。这表明无论是在补偿契约模式下还是在退货契约模式下，电商平台的损失厌恶心理给自身的市场需求量带来了不利影响。所以，电商平台需要克服损失厌恶心理造成的市场萎缩，尽可能减小自身的损失厌恶程度。

由图 6.22 可知，在补偿契约模型下的电商平台需求量小于在退货契约模型下的电商平台需求量。这表明在拉动需求增长方面，退货契约相对于补偿契约而言将会发挥更加重要的作用。在现实生活中，很多电商平台都会向消费者承诺无理由退货的促销方式，该方式在一定程度上激发了部分消费者的购买意愿。

综上所述，从电商平台的利益出发，为了能够大幅度提高市场占有率，电商平台可以考虑制定和实施退货契约。同时，降低自身的损失厌恶程度，从而改变定价决策策略，满足消费者需求，提高自建网络销售渠道的市场需求。

根据表 6.4、表 6.5 可得图 6.23。

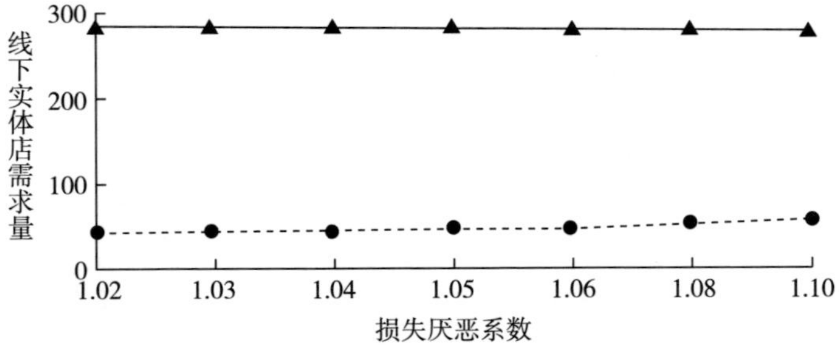

图 6.23　线下实体店需求量与损失厌恶系数关系

由图 6. 23 可知，在补偿契约模型下，随着损失厌恶系数的增大，线下实体店需求量将增大。在退货契约模型下，随着损失厌恶系数的增大，线下实体店需求量将减小。这表明当电商平台存在损失厌恶心理时，电商平台向消费者制定的补偿契约和退货契约模式给线下实体店的需求量带来了相反的变化趋势。

由图 6. 23 可知，在补偿契约模型下的线下实体店需求量小于在退货契约模型下的线下实体店需求量。这表明与补偿契约相比较，退货契约在提升线下实体店需求量方面也能够发挥更大作用。线下企业与线上企业的博弈关系促使市场竞争的激烈程度加剧，一家企业的销售策略可能会影响另一家企业的市场需求。

综上所述，从线下实体店的利益出发，为了提高市场占有率，需要关注电商平台的损失厌恶心理。同时，电商平台制定的退货契约能够大幅度提高线下实体店的消费需求量，同步增强线上与线下消费者的购买意愿。

根据表 6. 4、表 6. 5 可得图 6. 24。

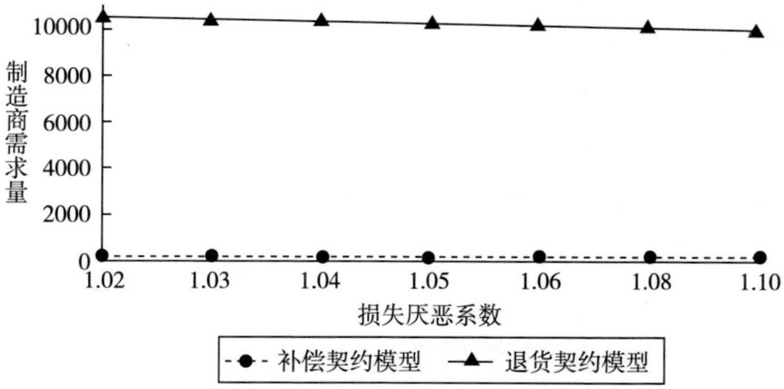

图 6. 24 制造商需求量与损失厌恶系数关系

由图 6. 24 可知，在补偿契约模型下，随着损失厌恶系数的增大，制造商需求量将增大。在退货契约模型下，随着损失厌恶系数的增大，制造商需求量将减小。这表明电商平台向消费者制定的补偿契约和退货契约模式给制造商的市场需求量间接带来了相反的变化趋势。制造商作为供应链的重要组成部分，需要关注竞争企业的销售政策，采取适当措施防止对自身企业造成负面冲击。

由图 6. 24 可知，在补偿契约模型下的制造商需求量小于在退货契约模型下的制造商需求量。所以，退货契约也促使制造商的需求量大幅度增长。同时，制造商需要对三种不同渠道的需求量进行梳理和分析，判断退货契约对哪种渠道的需求量影响最大，从而有针对性地对生产计划和销售计划进行合理安排。

综上所述，从制造商的利益出发，为了提高制造商的市场需求量，制造商需要密切关注竞争企业的销售策略，根据订单量的变化情况进行科学分析，对不同渠道的订单进行充分协调，开展生产资源的有效配置和管理优化，保障市场需求的正常供应。

3. 损失厌恶对企业和供应链绩效的影响

根据表 6.4、表 6.5 可得图 6.25。

由图 6.25 可知，在补偿契约模型和退货契约模型下，随着损失厌恶系数的增大，电商平台效用均将增大。这表明电商平台的损失厌恶心理在一定程度上有助于提升电商平台的效用水平。这是因为随着电商平台损失厌恶程度的增强，其通过不同的契约模式对产品网络销售价格进行调整，从而带动了市场需求的变化，进一步提高了自身的企业绩效。

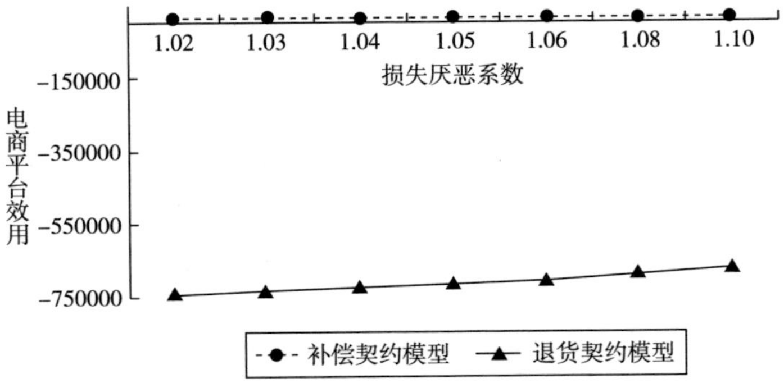

图 6.25　电商平台效用与损失厌恶系数关系

由图 6.25 可知，在补偿契约模型下的电商平台效用高于在退货契约模型下的电商平台效用，且退货契约模型下的电商平台效用是负值。这表明与退货契约相比较，补偿契约可以对电商平台产生更大的激励效果。由于退货契约模型下的电商平台效用是负值，说明退货契约不能给电商平台带来收益，所以电商平台实施补偿契约的概率要远大于实施退货契约的概率。

综上所述，从电商平台的利益出发，为了能够最大限度地获得效益，电商平台可以向消费者提供补偿契约模式，同时，提高自身的损失厌恶程度，从而作出有利于自身企业的定价决策。

根据表 6.4、表 6.5 可得图 6.26。

由图 6.26 可知，在补偿契约模型下，随着损失厌恶系数的增大，制造商利润将增大。在退货契约模型下，随着损失厌恶系数的增大，制造商利润将减小。这表明在电商平台向消费者制定不同的契约模式下，电商平台的损失厌恶心理可能导致制造商利润呈现相反的变化趋势。与退货契约相比较，制造商在补偿契约模式下可以从电商平台较大的损失厌恶心理中获得更多收益。

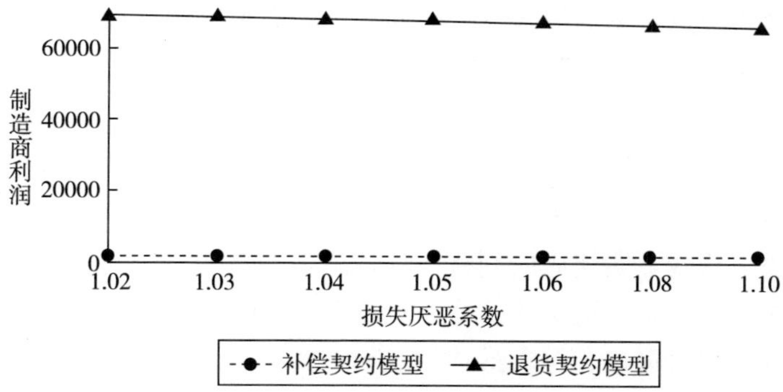

图 6.26 制造商利润与损失厌恶系数关系

由图 6.26 可知，在补偿契约模型下的制造商利润小于在退货契约模型下的制造商利润。所以，与补偿契约相比较，制造商可以从电商平台的退货契约模式中获得更多收益。当然，电商平台是否会制定和实施退货契约取决于电商平台能否获得更大的收益。

综上所述，从制造商的利益出发，为了能够提高企业绩效，企业需要动态关注竞争企业的损失厌恶心理变化情况，根据市场需求及时调整定价策略。与此同时，竞争企业制定的退货契约模式比补偿契约模式给制造商带来的收益更加明显。

根据表 6.4、表 6.5 可得图 6.27。

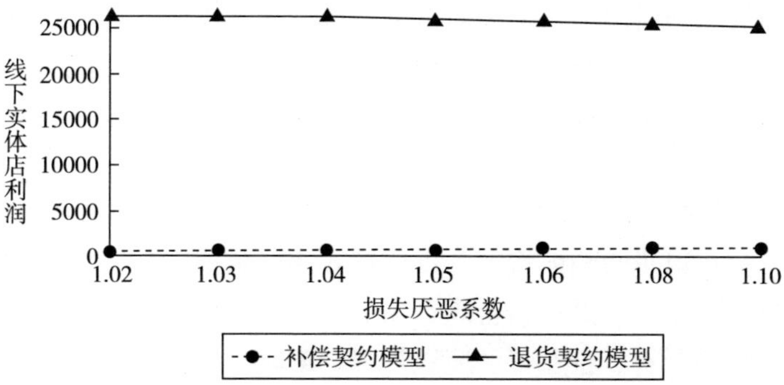

图 6.27 线下实体店利润与损失厌恶系数关系

由图 6.27 可知，在补偿契约模型下，随着损失厌恶系数的增大，线下实体店利润将逐渐增大。在退货契约模型下，随着损失厌恶系数的增大，线下实体店利润将逐渐减小。这表明电商平台制定的契约模式也会对线下实体店产生重要影响，在补偿契约和退货契约模式下，电商平台的损失厌恶心理变化可能对线下实体店利润呈现相反的变化趋势。

由图 6.27 可知，在补偿契约模型下的线下实体店利润小于在退货契约模型下的线下实体店利润。这表明与补偿契约相比较，线下实体店更希望电商平台向消费者采取退货契约模式，因为这会给线下实体店带来更多的收益。

综上所述，从线下实体店的利益出发，为了能够获得较高的收益，线下实体店需要密切关注竞争企业的损失厌恶变化情况，根据竞争企业的不同契约模式，有针对性地调整定价策略，寻求最佳的盈利方式。

根据表 6.4、表 6.5 可得图 6.28。

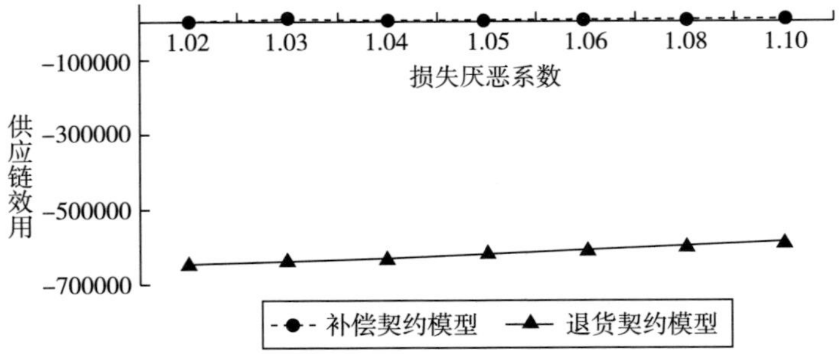

图 6.28　供应链效用与损失厌恶系数关系

由图 6.28 可知，在补偿契约模型和退货契约模型下，随着损失厌恶系数的增大，供应链效用均将增大。这表明电商平台的损失厌恶心理对供应链的整体绩效产生正面影响。尽管在不同的契约模式下，损失厌恶心理可能对一些企业的利益造成负面影响，但是从提升上下游企业整体供应链绩效的角度，损失厌恶心理还是有利的。

由图 6.28 可知，在补偿契约模型下的供应链效用高于在退货契约模型下的供应链效用，且在退货契约模型下的供应链效用是负值。这表明退货契约对于整个供应链来说，可能并不是一个合理选项。因此，企业在制定契约模式时，需要权衡不同契约给消费者、企业、供应链带来的影响，只有实现所有博弈主体的共赢才可能是比较好的选择。

综上所述，从供应链的利益出发，为了能够提高供应链的整体绩效，需要重视企业的损失厌恶心理特征，充分发挥该心理特征对供应链绩效可能产生的积极影响。与此同时，关注企业制定的不同契约模式，有些契约模式可以发挥正面作用，而有些契约模式可能会给供应链带来负面影响。

4. 补偿金额对企业定价决策的影响

根据表 6. 6 可得图 6. 29。

由图 6. 29 可知，在补偿契约模型下，电商平台网络销售价格、制造商网络销售价格和线下实体店线下销售价格均随着补偿金额的增大而增大。所以，电商平台制定的补偿契约不仅提升了自身企业的网络销售价格，而且还促使竞争对手制造商和线下实体店提高了其产品销售价格。这表明电商平台向消费者制定和实施的补偿契约可能改变其他线上线下企业的定价策略。基于消费者的角度，补偿契约促使企业提高了销售价格，这显然在一定程度上增加了消费者的购买成本，但是如果消费者从补偿契约中获得的收益大于消费者付出的代价，那么补偿契约就可以激励消费者增强购买意愿，从而扩大整个市场需求。

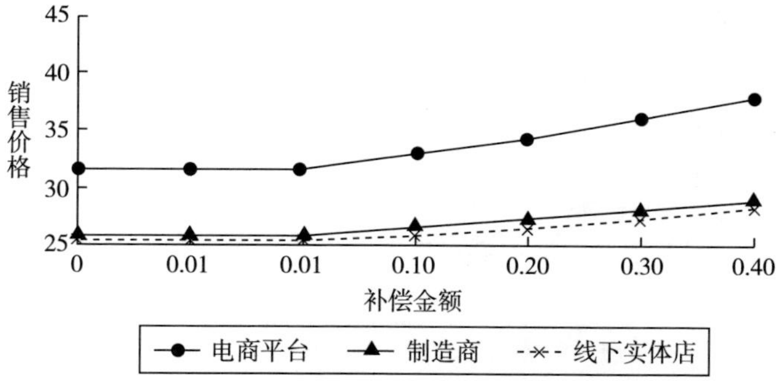

图 6. 29 销售价格与补偿金额关系

由图 6. 29 可知，在补偿契约模型下，电商平台的网络销售价格最高，制造商的网络销售价格次之，线下实体店的线下销售价格最小。而且随着补偿金额的逐渐增大，电商平台的网络销售价格与制造商的网络销售价格和线下实体店的线下销售价格的差距也越来越大。这表明电商平台通过大幅度提高网络销售价格来弥补补偿契约可能给其带来的不利影响，线下实体店的线下销售相对于线上销售而言，其受到补偿契约带来的影响相对较小。因此，线下实体店的销售价格很低。

综上所述，从消费者的利益出发，如果电商平台采取补偿契约模式，那么消费者从线下实体店的销售渠道进行商品采购，可以有效规避从电商平台采购产品的较高成本支出。对于消费者而言，不要盲目选择商家的促销宣传方式，通过前后对比来甄别可能的销售价格陷阱。

5. 补偿金额对需求量的影响

根据表 6. 6 可得图 6. 30。

由图 6. 30 可知，在补偿契约模型下，电商平台需求量、制造商需求量和线下实体店需求量均随着补偿金额的增大而增大。所以，补偿契约不仅提高了电商平台的产品需求量，而且也提高了其他竞争企业的市场需求量。这表明补偿契约在提升消费者购买意愿、扩大市场需求方面可以发挥积极作用。

由图 6. 30 可知，在补偿契约模型下，电商平台需求量小于线下实体店需求量，线下实体店需求量小于制造商需求量，而且随着补偿金额的逐渐增大，线下实体店需求量、电商平台需求量与制造商需求量的差距也越来越大。这表明在扩大消费需求方面，补偿契约模式为制造商发挥了更大的作用，而电商平台自身获得的效果则相当有限，电商平台需要承担实施补偿契约而可能出现的各类风险。

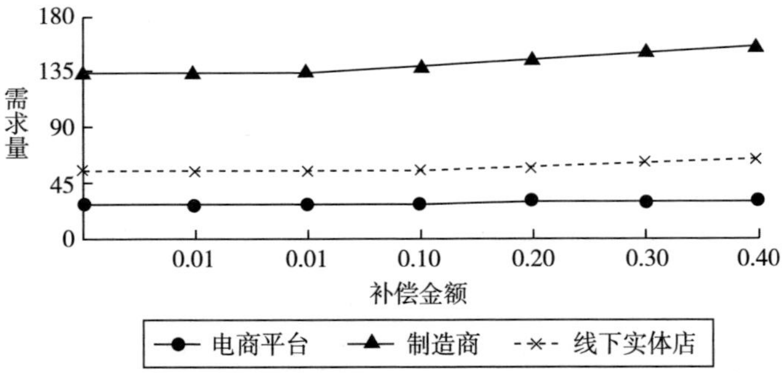

图 6. 30　需求量与补偿金额关系

综上所述，从企业的利益出发，为了提高企业竞争力，扩大市场占有率，制定和实施补偿契约能够发挥重要作用。与此同时，采取补偿契约也可能使得其他竞争企业存在“搭便车”行为，企业需要全面分析市场需求情况和竞争企业决策行为，判断是否可以实施补偿契约。

6. 补偿金额对企业和供应链绩效的影响

根据表 6. 6 可得图 6. 31。

由图 6. 31 可知，在补偿契约模型下，电商平台效用、制造商利润和线下实体店利润均随着补偿金额的增大而增大。这表明补偿契约在推动线上线下企业绩效提升方面可以发挥重要作用。补偿金额的力度越大，企业获得的绩效也越大，只有所有企业均能够在某种契约模式下获得收益增长，该契约模式才是有价值的。

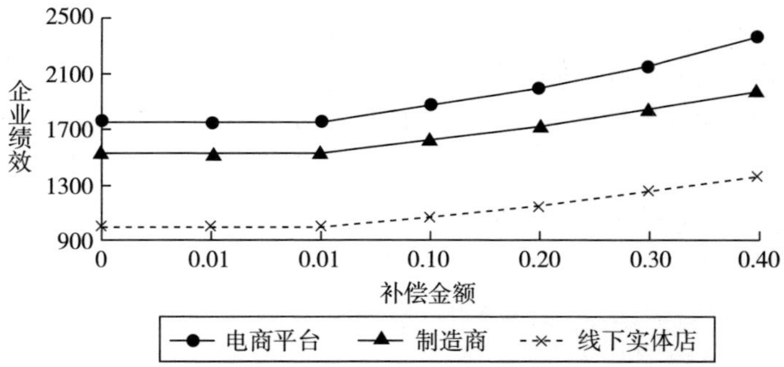

图 6.31　企业绩效与补偿金额关系

由图 6.31 可知，在补偿契约模型下，随着补偿金额的逐渐增大，电商平台效用递增的幅度最大，制造商利润递增的幅度次之，线下实体店利润递增的幅度最小。这表明补偿契约对提高电商平台自身收益产生的效果最大，制造商次之，线下实体店最小。尽管制造商作为生产企业，是所有线上线下企业销售产品的供应商，但其利润并不是最大的，而电商平台通过补偿契约的促销措施却在激烈的市场竞争中获得较高的收益，说明契约模式在供应链管理中扮演着重要的角色。

综上所述，从企业的利益出发，补偿契约能够提高所有线上线下企业的绩效水平，可以实现企业的互利共赢，充分发挥激励作用。与此同时，实施契约模式的企业也将承担一定的风险，以及面对其他竞争企业的“搭便车”行为，契约模式能否顺利落实，考验决策者的智慧和勇气。

根据表 6.6 可得图 6.32。

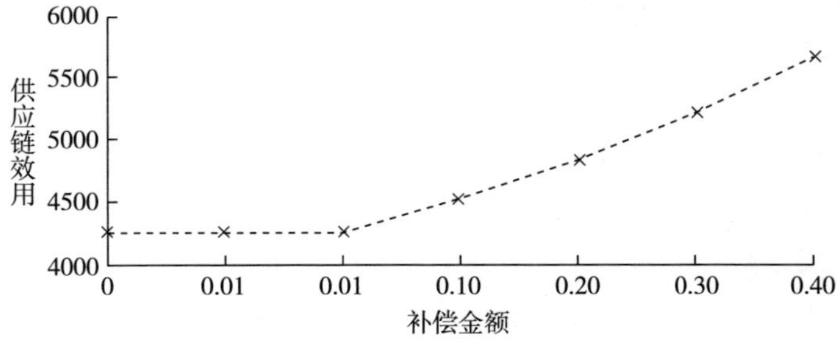

图 6.32　供应链效用与补偿金额关系

由图 6. 32 可知，在补偿契约模型下，供应链效用随着补偿金额的增大而逐渐提升，且补偿金额越大，供应链效用增加的幅度也越大。这表明补偿契约能够提高供应链的整体绩效，增加社会财富，是一种比较好的契约模式。与此同时，投入的补偿力度与供应链绩效的提升呈现正比例关系。

综上所述，从供应链的利益出发，补偿契约可以很好地发挥激励作用，不仅有利于企业，而且也有利于供应链，是博弈各方共赢的契约模式。与此同时，企业在制定和实施补偿契约时，往往是从自身利益最大化的视角考虑，面对补偿契约可能给企业带来的其他风险，企业是否能够真正落实补偿契约，成为提高供应链整体绩效的关键。

7. 退货产品残值对企业定价决策的影响

根据表 6. 7 可得图 6. 33。

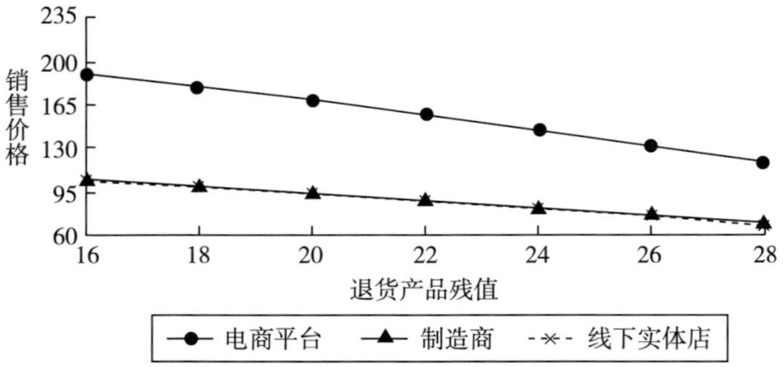

图 6. 33　销售价格与退货产品残值关系

由图 6. 33 可知，在退货契约模型下，电商平台网络销售价格、制造商网络销售价格和线下实体店线下销售价格均随着退货产品残值的增大而降低。所以，电商平台制定的退货契约不仅降低了自身企业的网络销售价格，而且还导致竞争对手制造商和线下实体店也降低了其产品销售价格。基于消费者的角度，随着退货产品残值的增大，退货契约促使企业降低销售价格，这在一定程度上降低了消费者的购买成本，有利于消费者提高消费意愿。但是本渠道的市场需求不仅受到本渠道消费者效用的影响，同时也受到其他销售渠道竞争企业销售价格的影响，如果其他销售渠道竞争企业的销售价格也出现大幅度下降，那么本渠道的市场需求也可能出现萎缩。

由图 6. 33 可知，在退货契约模型下，电商平台的网络销售价格最高，制造商的网络销售价格次之，线下实体店的线下销售价格最小。而且随着退货产品残值的逐渐增大，电商平台的网络销售价格与制造商的网络销售价格和线下实体店的线下销售价格的差距越来越小。这表明电商平台通过大幅度降低网络销售价格来规避退货契约可能给其带来的负面影响，当退货产品残值较大时，退货契约导致企业降低销售价格的影响程度会下降。

综上所述，从消费者的利益出发，若电商平台采取退货契约模式，则消费者可以考虑从线下实体店的销售渠道进行商品采购，以规避从电商平台采购而支出的较高购买成本。另外，消费者也可以考虑购买退货产品残值较高的产品，从而进一步降低采购成本。

8. 退货产品残值对需求量的影响

根据表 6.7 可得图 6.34。

由图 6.34 可知，在退货契约模型下，电商平台需求量、制造商需求量和线下实体店需求量均随着退货产品残值的增大而减少。所以，退化产品残值的增大导致退货契约不仅降低了电商平台的产品需求量，而且也降低了其他销售渠道竞争企业的市场需求量。这表明退货契约模式可能导致市场需求萎缩，没有起到促进市场需求增长的作用。

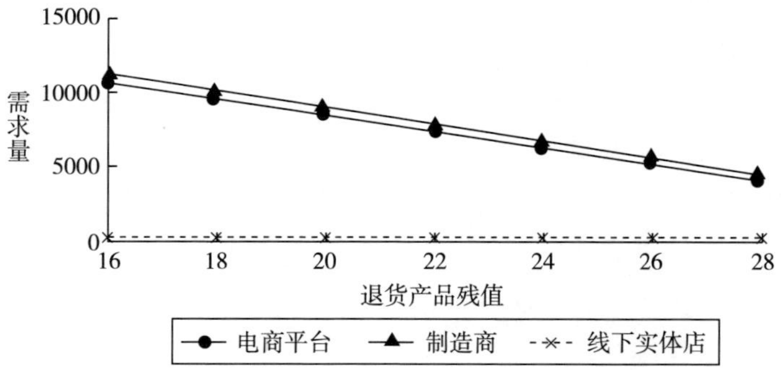

图 6.34 需求量与退货产品残值关系

由图 6.34 可知，在退货契约模型下，线下实体店需求量小于电商平台需求量，电商平台需求量小于制造商需求量，而且随着退货产品残值的逐渐增大，线下实体店需求量、电商平台需求量与制造商需求量的差距越来越小。这表明在退货契约模式下，制造商的需求量最大，电商平台的需求量次之，线下实体店的需求量最小。当退货产品残值较大时，退货契约在减少各个渠道产品需求量方面的影响程度越小。

综上所述，从企业的利益出发，实施退货契约对于企业提升市场占有率方面发挥的作用非常有限。当退货产品残值较大时，整个供应链的消费市场需求可能会出现更大幅度的下降。对于企业而言，退货契约模式可能并不是一个好的选项。

9. 退货产品残值对企业和供应链绩效的影响

根据表 6.7 可得图 6.35。

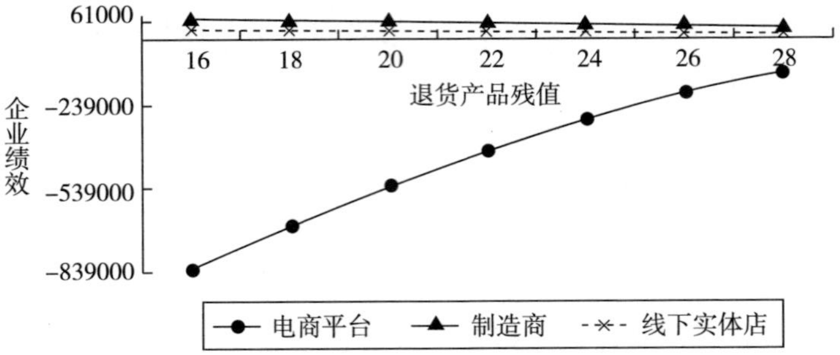

图 6.35　企业绩效与退货产品残值关系

由图 6.35 可知，在退货契约模型下，电商平台效用随着退货产品残值的增大而增大；制造商利润和线下实体店利润均随着退货产品残值的增大而减小。这表明在退货契约模式下，退货产品残值的增大导致电商平台绩效增大、制造商和线下实体店绩效减小。电商平台制定的退货契约给自身企业和其他竞争企业带来的绩效影响呈现相反的变化趋势。

由图 6.35 可知，在退货契约模型下，电商平台效用为负值，制造商和线下实体店利润为正值。这表明尽管退货契约能够对制造商和线下实体店绩效产生正面影响，但是不能对电商平台产生激励作用。从理性的角度分析，电商平台向消费者实施退货契约的可能性非常小。

综上所述，从企业的利益出发，退货契约不能够实现企业之间的互利共赢，因此无法发挥激励作用。只有当某个契约模式能够促使供应链所有主体的绩效均能改善和提高，该契约模式才是有价值的，才能在现实生活中得以推广。

根据表 6.7 可得图 6.36。

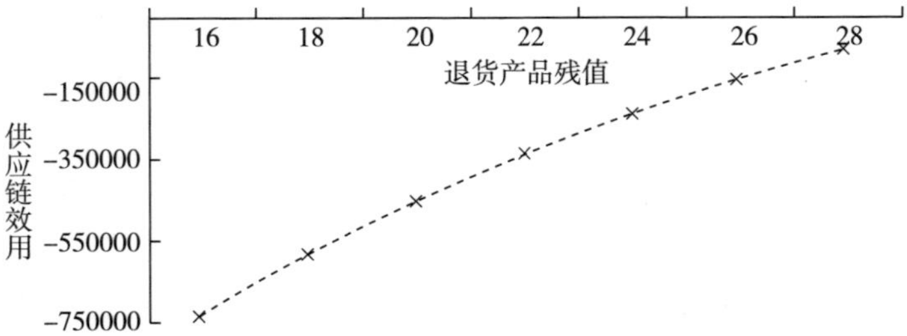

图 6.36　供应链效用与退货产品残值关系

由图 6.36 可知，在退货契约模型下，供应链效用随着退货产品残值的增大而逐渐增大，但是供应链效用为负值。这表明在退货契约模式下，退货产品残值的递增有利于供应链绩效改善，但是供应链绩效却是负资产，这给社会财富积累造成了负面影响，因此退货契约并不是一种有效的契约模式。

综上所述，从供应链的利益出发，退货契约不能改善供应链的整体绩效，因此无法有效发挥激励作用。实施某个契约模式是否有意义，不仅取决于该契约对制定和实施者有利，而且对于供应链上下游所有相关主体都能带来正面效果。所以，企业在制定契约时，需要全面考虑企业内外部环境的综合影响。

四、本章小结

本章节考虑将线下实体店引入，首先研究消费者的损失厌恶心理对制造商、电商平台、线下实体店的销售价格决策优化、市场需求、多渠道供应链绩效和补偿契约的影响。其次，研究电商平台的损失厌恶心理对制造商、电商平台、线下实体店的销售价格决策优化、市场需求、多渠道供应链绩效、补偿契约和退货契约的影响。得到主要结论如下：

（一）基于损失厌恶消费者的多渠道线上线下企业管理优化研究

（1）在基本模型和补偿契约模型下，电商平台网络销售价格均随着损失厌恶系数的增大而降低；在补偿契约模型下的电商平台网络销售价格高于在基本模型下的电商平台网络销售价格。

（2）在基本模型和补偿契约模型下，制造商网络销售价格均随着损失厌恶系数的增大而降低；在补偿契约模型下的制造商网络销售价格高于在基本模型下的制造商网络销售价格。

（3）在基本模型和补偿契约模型下，线下实体店线下销售价格均随着损失厌恶系数的增大而降低；在补偿契约模型下的线下实体店线下销售价格高于在基本模型下的线下实体店线下销售价格。

（4）在基本模型和补偿契约模型下，随着损失厌恶系数的增大，电商平台需求量均将减少；在补偿契约模型下的电商平台需求量高于在基本模型下的电商平台需求量。

（5）在基本模型和补偿契约模型下，随着损失厌恶系数的增大，线下实体店需求量均将减少；在补偿契约模型下的线下实体店需求量高于在基本模型下的线下实体店需求量。

（6）在基本模型和补偿契约模型下，随着损失厌恶系数的增大，制造商需求量均将减少；在补偿契约模型下的制造商需求量高于在基本模型下的制造商需求量。

（7）在基本模型和补偿契约模型下，随着损失厌恶系数的增大，电商平台利润均将降低；在补偿契约模型下的电商平台利润高于在基本模型下的电商平台利润。

（8）在基本模型和补偿契约模型下，随着损失厌恶系数的增大，制造商利润均将降低；在补偿契约模型下的制造商利润高于在基本模型下的制造商利润。

（9）在基本模型和补偿契约模型下，随着损失厌恶系数的增大，线下实体店利润均将降低；在补偿契约模型下的线下实体店利润高于在基本模型下的线下实体店利润。

（10）在基本模型和补偿契约模型下，随着损失厌恶系数的增大，供应链利润均将降低；在补偿契约模型下的供应链利润高于在基本模型下的供应链利润。

（11）在补偿契约模型下，电商平台网络销售价格、制造商网络销售价格和线下实体店线下销售价格均随着补偿金额的增大而提升；电商平台网络销售价格不仅高于制造商网络销售价格和线下实体店线下销售价格，而且随着补偿金额的逐渐增大，电商平台网络销售价格与制造商网络销售价格和线下实体店线下销售价格的差距也越来越大，制造商网络销售价格与线下实体店线下销售价格非常接近。

（12）在补偿契约模型下，电商平台需求量、制造商需求量和线下实体店需求量均随着补偿金额的增大而增大；在补偿契约模型下，线下实体店需求量小于电商平台需求量，电商平台需求量小于制造商需求量，而且随着补偿金额的逐渐增大，线下实体店需求量、电商平台需求量与制造商需求量的差距也越来越大。

（13）在补偿契约模型下，电商平台利润、制造商利润和线下实体店利润均随着补偿金额的增大而增大；在补偿契约模型下，随着补偿金额的逐渐增大，电商平台利润递增的幅度最大，制造商利润递增的幅度次之，线下实体店利润递增的幅度最小。

（14）在补偿契约模型下，供应链利润随着补偿金额的增大而逐渐增大，且补偿金额越大，供应链利润增加的幅度也越大。

（二）基于损失厌恶企业的多渠道线上线下企业管理优化研究

（1）在补偿契约模型下，电商平台网络销售价格随着损失厌恶系数的增大而增大；在退货契约模型下，电商平台网络销售价格随着损失厌恶系数的增大而减小；在补偿契约模型下的电商平台网络销售价格小于在退货契约模型下的电商平台网络销售价格。

（2）在补偿契约模型下，制造商网络销售价格随着损失厌恶系数的增大而增大；在退货契约模型下，制造商网络销售价格随着损失厌恶系数的增大而减小；在补偿契约模型下的制造商网络销售价格小于在退货契约模型下的制造商网络销售价格。

（3）在补偿契约模型下，线下实体店线下销售价格随着损失厌恶系数的增大而增大；在退货契约模型下，线下实体店线下销售价格随着损失厌恶系数的增大而减小；在补偿契约模型下的线下实体店线下销售价格低于在退货契约模型下的线下实体店线下销售价格。

（4）在补偿契约模型和退货契约模型下，随着损失厌恶系数的增大，电商平台需求量均将减小；在补偿契约模型下的电商平台需求量小于在退货契约模型下的电商平台需求量。

（5）在补偿契约模型下，随着损失厌恶系数的增大，线下实体店需求量将增大；在退货契约模型下，随着损失厌恶系数的增大，线下实体店需求量将减小；在补偿契约模型下的线下实体店需求量小于在退货契约模型下的线下实体店需求量。

（6）在补偿契约模型下，随着损失厌恶系数的增大，制造商需求量将增大；在退货契约模型下，随着损失厌恶系数的增大，制造商需求量将减小；在补偿契约模型下的制造商需求量小于在退货契约模型下的制造商需求量。

（7）在补偿契约模型和退货契约模型下，随着损失厌恶系数的增大，电商平台效用均将增大；在补偿契约模型下的电商平台效用高于在退货契约模型下的电商平台效用，且退货契约模型下的电商平台效用是负值。

（8）在补偿契约模型下，随着损失厌恶系数的增大，制造商利润将增大；在退货契约模型下，随着损失厌恶系数的增大，制造商利润将减小；在补偿契约模型下的制造商利润小于在退货契约模型下的制造商利润。

（9）在补偿契约模型下，随着损失厌恶系数的增大，线下实体店利润将逐渐增大；在退货契约模型下，随着损失厌恶系数的增大，线下实体店利润将逐渐减小；在补偿契约模型下的线下实体店利润小于在退货契约模型下的线下实体店利润。

（10）在补偿契约模型和退货契约模型下，随着损失厌恶系数的增大，供应链效用均将提升；在补偿契约模型下的供应链效用高于在退货契约模型下的供应链效用，且在退货契约模型下的供应链效用是负值。

（11）在补偿契约模型下，电商平台网络销售价格、制造商网络销售价格和线下实体店线下销售价格均随着补偿金额的增大而提升；在补偿契约模型下，电商平台的网络销售价格最高，制造商的网络销售价格次之，线下实体店的线下销售价格最低；而且随着补偿金额的逐渐增大，电商平台的网络销售价格与制造商的网络销售价格和线下实体店的线下销售价格的差距也越来越大。

（12）在补偿契约模型下，电商平台需求量、制造商需求量和线下实体店需求量均随着补偿金额的增大而增大；在补偿契约模型下，电商平台需求量小于线下实体店需求量，线下实体店需求量小于制造商需求量，而且随着补偿金额的逐渐增大，线下实体店需求量、电商平台需求量与制造商需求量的差距也越来越大。

（13）在补偿契约模型下，电商平台效用、制造商利润和线下实体店利润均随着补偿金额的增大而增大；在补偿契约模型下，随着补偿金额的逐渐增大，电商平台利润递增的幅度最大，制造商利润递增的幅度次之，线下实体店利润递增的幅度最小。

（14）在补偿契约模型下，供应链效用随着补偿金额的增大而逐渐增大，且补偿金额越大，供应链效用增加的幅度也越大。

（15）在退货契约模型下，电商平台网络销售价格、制造商网络销售价格和线下实体店线下销售价格均随着退货产品残值的增大而降低；在退货契约模型下，电商平台的网络销售价格最高，制造商的网络销售价格次之，线下实体店的线下销售价格最低；而且随着退货产品残值的逐渐增大，电商平台的网络销售价格与制造商的网络销售价格和线下实体店的线下销售价格的差距越来越小。

（16）在退货契约模型下，电商平台需求量、制造商需求量和线下实体店需求量均随着退货产品残值的增大而减小；在退货契约模型下，线下实体店需求量小于电商平台需求量，电商平台需求量小于制造商需求量，而且随着退货产品残值的逐渐增大，线下实体店需求量、电商平台需求量与制造商需求量的差距越来越小。

（17）在退货契约模型下，电商平台效用随着退货产品残值的增大而增大；制造商利润和线下实体店利润均随着退货产品残值的增大而减小；在退货契约模型下，电商平台效用为负值，制造商和线下实体店利润为正值。

（18）在退货契约模型下，供应链效用随着退货产品残值的增大而逐渐增大，但是供应链效用为负值。

接下来，将对绪论部分以及主要的研究内容进行归纳与总结，并阐述本书的主要研究结论。同时，对未来该领域的主要研究方向进行展望。

第七章　研究结论与研究展望

一、研究结论

损失厌恶心理是指人们对同等数量的“损失”比对同等数量的“收益”更加厌恶。损失厌恶作为“前景理论”的重要组成部分引发了学术界和企业界的广泛关注，并对包括多渠道供应链在内的许多行业领域产生了深刻影响。目前，已有研究文献主要关注基于损失厌恶的单渠道供应链管理，很少考虑基于损失厌恶的多渠道供应链管理，随着时代的变迁，网络销售与线下销售已经融入我们生活的方方面面，制造商、电商平台与实体店的竞争也进入白热化阶段，无论是消费者还是企业决策者，他们均普遍具有损失厌恶心理特征，该心理特征不仅对线上线下消费者的购买行为产生重大影响，也会影响整个消费市场的需求量和企业效用大小，进而给多渠道供应链上下游企业的决策方案和激励契约带来较大变化，企业和供应链的整体绩效水平可能发生重大调整。

本书在已有研究基础上，考虑消费者和企业存在损失厌恶心理，并在对该心理特征进行客观分析的基础上，运用前景理论的核心思想，创新损失厌恶消费者和损失厌恶企业的效用函数。通过多渠道供应链管理、博弈、决策优化、激励契约、公平关切和参照点等理论，建立制造商、电商平台、线下实体店企业定价决策优化模型和补偿契约、退货契约模型。在此基础上，通过公式推导、算例分析和案例分析开展管理优化策略的提出、验证研究，进一步丰富基于损失厌恶的多渠道供应链发展新技术和新模式。

本书主要从“基于损失厌恶的不同竞争环境下双渠道供应链管理优化研究”“基于损失厌恶企业的双渠道供应链管理优化研究”“基于损失厌恶参照点的双渠道供应链管理优化研究”“基于公平关切的损失厌恶双渠道供应链管理优化研究”“基于损失厌恶的多渠道线上线下企业管理优化研究”等方面开展具体分析，主要的研究结论如下：

（一）基于损失厌恶的不同竞争环境下双渠道供应链管理优化研究

首先，考虑双渠道供应链由一个电商平台和一个制造商组成，电商平台通过互联网进行销售，并根据市场需求情况向消费者制定定价决策。制造商存在两种销售渠道：一是根据电商平台的订单为其提供产品；二是通过自身的网络销售渠道进行销售。制造商根据两种销售渠道的需求情况向消费者制定定价决策。制造商存在网络销售效率问题，消费者存在损失厌恶心理。在此基础上，分析了Nash均衡博弈、制造商主导Stackelberg博弈、电商平台主导Stackelberg博弈与供应链集中四种环境下电商平台与制造商的定价决策优化问题，主要结论如下：

（1）从企业定价的角度，在Nash均衡博弈、制造商主导Stackelberg博弈与电商平台主导Stackelberg博弈三种环境下，随着制造商网络销售效率的逐渐提高，电商平台与制造商的网络销售价格均呈现上升趋势，且均在电商平台主导Stackelberg博弈下最大，均在制造商主导Stackelberg博弈下最小。在供应链集中环境下，随着制造商网络销售效率的逐渐提高，电商平台与制造商的网络销售价格分别呈现下降和上升的趋势。从企业收益的角度，在Nash均衡博弈、制造商主导Stackelberg博弈与电商平台主导Stackelberg博弈三种环境下，随着制造商网络销售效率的逐渐提高，电商平台收益与制造商收益分别呈现上升与下降的趋势；而在这四种环境下，随着制造商网络销售效率的逐渐提高，供应链收益均呈现下降趋势，且在供应链集中下的供应链收益最大，在电商平台主导Stackelberg博弈下的供应链收益最小。

（2）从企业定价的角度，在Nash均衡博弈、制造商主导Stackelberg博弈、电商平台主导Stackelberg博弈和供应链集中四种环境下，随着消费者损失厌恶系数的逐渐增加，电商平台和制造商的网络销售价格均呈现下降趋势。且电商平台网络销售价格在电商平台主导Stackelberg博弈下最大，在供应链集中下最小；制造商网络销售价格也是在电商平台主导Stackelberg博弈下最大，但在制造商主导Stackelberg博弈下最小。从企业收益的角度，在这四种环境下，随着消费者损失厌恶系数的逐渐增加，企业与供应链的收益均呈现下降趋势；电商平台的收益在电商平台主导Stackelberg博弈下最大，在制造商主导Stackelberg博弈下最小；制造商的收益在制造商主导Stackelberg博弈下最大，在电商平台主导Stackelberg博弈下最小；且在供应链集中下供应链的收益最大，在电商平台主导Stackelberg博弈下供应链的收益最小。

（3）基于消费者角度。尽管制造商的网络销售效率下降不利于降低消费者网购成本，但可能促使在供应链集中下消费者通过电商平台网购的成本下降；消费者的损失厌恶心理促使网络销售价格下降，且电商平台主导Stackelberg博弈下的网络销售价格最大，制造商主导 Stackelberg 博弈或供应链集中下的网络销售价格最小。所以，消费者在制造商的网络销售效率较高，且制造商与电商平台相互合作的环境中网购产品，并通过提高自己的损失厌恶心理来获取更大的收益。

（4）基于电商平台角度。制造商的网络销售效率下降促使电商平台收益提高；消费者的损失厌恶心理导致电商平台收益下降，且电商平台收益在制造商主导 Stackelberg 博弈下最小。所以，制造商较低的网络销售效率对电商平台是有利的，电商平台尽量规避在具有较强实力的制造商，以及损失厌恶型消费者主导的市场环境下经营。

（5）基于制造商角度。制造商的网络销售效率下降导致制造商收益下滑，消费者的损失厌恶心理进一步加剧了制造商收益下降，且制造商收益在电商平台主导 Stackelberg 博弈下最小。所以，制造商应当努力提高自身的网络销售效率，尽量规避在具有较强实力的电商平台，以及损失厌恶型消费者主导的市场环境下经营。

（6）基于供应链角度。制造商的网络销售效率下降导致供应链收益下滑，消费者的损失厌恶心理也将导致供应链收益下降，且供应链收益在供应链集中下最大，在电商平台主导 Stackelberg 博弈下最小。所以，通过提高制造商的网络销售效率，促进企业相互合作能够提升供应链收益，但电商平台具有较强的实力，以及损失厌恶型消费者主导的市场环境对供应链是不利的。

其次，考虑双渠道供应链由一个电商企业和一个生产企业构成。电商企业通过互联网平台为消费者提供产品，并根据市场消费状况采取相应的网络定价决策。生产企业拥有两条销售渠道：一是根据电商企业的订货为其提供相应的产品；二是通过自身企业的网络销售渠道开展网上销售。生产企业依据销售状况采取相应的网络定价决策。考虑消费者存在损失厌恶心理和参照点，在 Nash 均衡博弈、生产企业主导 Stackelberg 博弈、电商企业主导 Stackelberg 博弈与供应链集中四种环境下研究了电商企业与生产企业的网络销售价格决策优化问题。主要结论如下：

（1）从企业定价方面。在 Nash 均衡博弈、生产企业主导 Stackelberg 博弈与电商企业主导 Stackelberg 博弈三种环境下，随着参照点的逐渐增大，电商企业与生产企业的网络销售价格均呈现下降趋势，且均在电商企业主导 Stackelberg 博弈下最大，均在生产企业主导 Stackelberg 博弈下最小。在供应链集中环境下，随着参照点的逐渐增大，电商企业与生产企业的网络销售价格也均呈现下降趋势。从企业收益方面。在这四种环境下，随着参照点的逐渐增大，电商企业收益、生产企业收益与供应链收益均呈现下降的趋势；且在供应链集中下的供应链收益最大，在电商企业主导 Stackelberg 博弈下的供应链收益最小。

（2）从企业定价方面。在 Nash 均衡博弈、生产企业主导 Stackelberg 博弈、电商企业主导 Stackelberg 博弈三种环境下，随着消费者损失厌恶系数的逐渐增加，电商企业和生产企业的网络销售价格均减小，且电商企业和生产企业的网络销售价格均在电商企业主导 Stackelberg 博弈下最大，在生产企业主导 Stackelberg 博弈下最小。在供应链集中环境下，随着消费者损失厌恶系数的逐渐增大，电商企业与生产企业的网络销售价格也均呈现下降趋势。从企业收益方面。在这四种环境下，随着消费者损失厌恶系数的逐渐增加，企业与供应链收益均减少；电商企业收益在电商企业主导 Stackelberg 博弈下最大，在生产企业主导 Stackelberg 博弈下最小；生产企业收益在生产企业主导 Stackelberg 博弈下最大，在电商企业主导 Stackelberg 博弈下最小；且在供应链集中下供应链收益最大，在电商企业主导 Stackelberg 博弈下供应链收益最小。

（3）基于电商企业角度。消费者的损失厌恶心理及其参照点均导致电商企业收益减少，且电商企业收益在生产企业主导 Stackelberg 博弈下最小。所以，电商企业应当尽量规避在消费者的损失厌恶及其参照点较高的市场环境，以及生产企业具有较强实力的环境下经营。

（4）基于生产企业角度。消费者的损失厌恶心理及其参照点均导致生产企业收益减少，且生产企业收益在电商企业主导 Stackelberg 博弈下最小。所以，生产企业应当尽量规避在消费者的损失厌恶及其参照点较高的市场环境，以及电商企业具有较强实力的环境下经营。

（5）基于供应链角度。消费者的损失厌恶心理及其参照点均导致供应链收益减少，且供应链收益在电商企业主导 Stackelberg 博弈下最小，在供应链集中下最大。所以，企业之间的相互合作能够改善供应链收益，但消费者的损失厌恶及其参照点较高的市场环境，以及电商企业具有较强实力的环境对供应链是不利的。

（6）基于消费者角度。消费者的损失厌恶心理及其参照点均导致电商企业和生产企业的网络销售价格减少，生产企业主导 Stackelberg 博弈进一步减少该网购成本，但电商企业主导 Stackelberg 博弈导致该网购成本上升。所以，消费者在生产企业具有较强实力的环境中网购产品，并通过提高自己的损失厌恶心理及参照点来获得更高的收益。

（二）基于损失厌恶企业的双渠道供应链管理优化研究

首先，考虑双渠道供应链由一个损失厌恶电商平台和一个制造商组成。当消费者在消费过程中遭受损失时，电商平台根据补偿契约为消费者提供补偿，或者根据退货契约为消费者退货。制造商存在两种销售渠道：一是根据损失厌恶电商平台的订单为其提供产品；二是通过自身的网络销售渠道进行销售。分析电商平台的损失厌恶心理对电商平台和制造商网络销售价格决策、双渠道供应链绩效、补偿契约和退货契约的影响。主要结论如下：

（1）电商平台损失厌恶系数对网络销售价格的影响。在补偿契约模型和退货契约模型下，电商平台网络销售价格、制造商网络销售价格、制造商利润均随着电商平台损失厌恶系数的增大而增大，且补偿契约模型下的电商平台网络销售价格、制造商网络销售价格、制造商利润均分别小于退货契约模型下的电商平台网络销售价格、制造商网络销售价格、制造商利润；对于消费者而言，为了减少自身的消费支出，消费者倾向于电商平台提供补偿契约模式；也更愿意与损失厌恶程度相对较小的电商平台进行交易。

（2）电商平台损失厌恶系数对企业和供应链收益的影响。在补偿契约模型下，电商平台效用、供应链效用均为正值，且其均随着电商平台损失厌恶系数的增大而增大，然而，在退货契约模型下，电商平台效用、供应链效用均为负值，且其均随着电商平台损失厌恶系数的增大而减小；从理性的角度分析，电商平台针对消费者采取补偿契约模式的概率要高于采取退货契约模式的概率；补偿契约模式促使电商平台与制造商都能从网购市场中获得收益，从而形成相互竞争、彼此共赢的市场环境。

（3）补偿金额对网络销售价格、企业和供应链收益的影响。在补偿契约模型下，随着补偿金额的增大，电商平台网络销售价格、制造商网络销售价格、电商平台效用、制造商利润、供应链效用均将增大。基于消费者视角，消费者需要以客观理性的态度对待商家的相关契约政策，避免盲目过度的消费支出。从理性视角分析，在双渠道网购环境下，补偿契约有利于电商平台、制造商和整个供应链的绩效改善。

其次，考虑双渠道供应链由一个电商平台和一个损失厌恶制造商组成。电商平台通过互联网进行产品销售，损失厌恶制造商存在两种销售渠道：一是根据电商平台的订单为其提供产品；二是通过自身的网络销售渠道进行产品销售。如果消费者在消费过程中遭受损失，制造商根据补偿契约或退货契约为消费者提供补偿或退货；分析制造商的损失厌恶心理对电商平台和制造商的网络销售价格决策、双渠道供应链绩效的影响；并对补偿契约和退货契约进行比较分析。主要结论如下：

（1）制造商损失厌恶系数对网络销售价格的影响。在补偿契约模型和退货契约模型下，电商平台网络销售价格、制造商网络销售价格均随着制造商损失厌恶系数的增大而增大，且补偿契约模型下的电商平台网络销售价格、制造商网络销售价格均分别小于退货契约模型下的电商平台网络销售价格、制造商网络销售价格。对于消费者而言，消费者倾向于制造商提供补偿契约，也更希望制造商的损失厌恶程度相对较低。

（2）制造商损失厌恶系数对企业和供应链收益的影响。在补偿契约模型和退货契约模型下，电商平台利润随着制造商损失厌恶系数的增大而增大，且补偿契约模型下的电商平台利润小于退货契约模型下的电商平台利润；在补偿契约模型下，制造商效用、供应链效用均为正值，且其均随着制造商损失厌恶系数的增大而增大，然而，在退货契约模型下，制造商效用、供应链效用均为负值，且其均随着制造商损失厌恶系数的增大而减小。从理性的角度分析，制造商采取补偿契约模式优于退货契约模式；从社会效益的视角分析，相较于退货契约而言，制造商采取的补偿契约更有利于整个供应链的持续发展。

（3）补偿金额对网络销售价格、企业和供应链收益的影响。在补偿契约模型下，随着补偿金额的增大，电商平台网络销售价格、制造商网络销售价格、电商平台利润、制造商效用、供应链效用均将增大。基于消费者视角，消费者需要以客观理性的态度对待商家的相关契约政策，避免自身利益遭受损害。制造商凭借双渠道的销售方式降低了损失，提高了抗风险的能力，制造商比电商平台更有动力采取补偿契约模式。补偿契约成为应用范围广泛的经典契约模式之一，得益于补偿契约实现了企业和供应链的互利共赢，以及良好的可操作性。

（三）基于损失厌恶参照点的双渠道供应链管理优化研究

首先，考虑双渠道供应链由一个制造商和一个电商平台构成。电商平台通过互联网向消费者销售产品，当消费者遭遇损失时，电商平台根据补偿契约向消费者提供补偿；制造商存在两条销售渠道：一是根据电商平台的订单为其提供相应的产品；二是通过制造商自身的网络销售渠道开展网络销售。消费者在网购产品的过程中，依据其认为的某个参照点来评估自身的收益，以及可能遭受的损失，且对该损失存在厌恶心理，构建了消费者效用函数模型。在此基础上，建立了电商平台和制造商利润函数模型，得到电商平台和制造商的最优网络销售价格；研究了参照点对企业定价决策、市场需求、双渠道供应链绩效和补偿契约的影响。主要结论如下：

（1）损失厌恶参照点对企业定价决策的影响。在基本模型和补偿契约模型下，电商平台网络销售价格、制造商网络销售价格均随着损失厌恶参照点的增大而减小；在补偿契约模型下的电商平台网络销售价格、制造商网络销售价格均分别高于在基本模型下的电商平台网络销售价格、制造商网络销售价格。基于消费者视角，为了降低消费支出成本，可以增大自身的损失厌恶参照点；同时，避免盲目追随电商平台的相关契约政策，着重关注产品本身的质量及性价比。

（2）损失厌恶参照点对需求量的影响。在基本模型和补偿契约模型下，电商平台需求量、制造商需求量均随着损失厌恶参照点的增大而减小；在补偿契约模型下的电商平台需求量、制造商需求量均分别高于在基本模型下的电商平台需求量、制造商需求量。基于电商平台和制造商视角，应当采取适当措施，降低消费者的损失厌恶参照点。同时，补偿契约能够激励消费者的网购行为，进一步扩大网购市场消费需求。

（3）损失厌恶参照点对企业和供应链绩效的影响。在基本模型和补偿契约模型下，电商平台利润、制造商利润、供应链利润均随着损失厌恶参照点的增大而降低；在补偿契约模型下的电商平台利润、制造商利润、供应链利润均分别高于在基本模型下的电商平台利润、制造商利润、供应链利润。基于电商平台、制造商和供应链的视角，应当制订各种可能的方案，降低消费者的损失厌恶参照点。同时，可以采取补偿契约激励消费者增强消费意愿，进一步改善供应链企业的经济效益。

（4）补偿金额对企业定价决策的影响。在补偿契约模型下，电商平台网络销售价格和制造商网络销售价格均随着补偿金额的增大而提升；电商平台网络销售价格不仅高于制造商网络销售价格，而且随着补偿金额的增大，电商平台网络销售价格与制造商网络销售价格的差距也越来越大。基于消费者视角，为了降低消费支出成本，在电商平台采取补偿契约的前提下，消费者可以通过制造商的网络销售渠道进行网购。同时，消费者需要谨慎对待补偿力度较大的产品，注意商家是否已经对该产品进行了大幅度涨价。

（5）补偿金额对需求量的影响。在补偿契约模型下，电商平台需求量和制造商需求量均随着补偿金额的增大而增大；电商平台需求量不仅小于制造商需求量，而且随着补偿金额的增大，电商平台需求量与制造商需求量的差距也越大。基于企业视角，为了扩大消费需求，可以通过补偿契约实现市场需求增长，而实施补偿契约的企业也需要承担一定的损失风险，竞争企业有可能存在“搭便车”行为。

（6）补偿金额对企业和供应链利润的影响。在补偿契约模型下，电商平台利润和制造商利润均随着补偿金额的增大而增大；当补偿金额小于某个临界值时，电商平台利润小于制造商利润；当补偿金额大于某个临界值时，电商平台利润大于制造商利润；在补偿契约模型下，供应链利润随着补偿金额的增大而增大，且补偿金额越大，供应链利润增加的幅度也越大。基于企业和供应链视角，补偿契约可以提高上下游企业和供应链的收益水平，能够发挥较好的激励作用。同时，补偿金额大小存在某个平衡点，该平衡点可能影响各个企业的利润增长幅度。

其次，考虑双渠道供应链由一个损失厌恶电商平台和一个制造商组成。损失厌恶电商平台决策者心中存在某个参照点，并通过互联网进行产品销售，当消费者在网购过程中遭受损失时，电商平台根据补偿契约或退货契约为消费者提供补偿或退货；制造商存在两种销售渠道：一是根据损失厌恶电商平台的订单为其提供产品；二是通过制造商自身的网络销售渠道进行产品销售。在此基础上，建立了电商平台效用函数和制造商利润函数模型，得到了电商平台和制造商的最优网络销售价格；研究了参照点对企业定价决策、市场需求、双渠道供应链绩效、补偿契约和退货契约的影响。主要结论如下：

（1）电商平台损失厌恶参照点对网络销售价格的影响。在补偿契约模型和退货契约模型下，电商平台网络销售价格、制造商网络销售价格均随着电商平台损失厌恶参照点的增大而增大；补偿契约模型下的电商平台网络销售价格、制造商网络销售价格均分别小于退货契约模型下的电商平台网络销售价格、制造商网络销售价格。基于消费者视角，为了减少消费支出，消费者倾向于电商平台采取补偿契约。同时，消费者希望损失厌恶参照点较小的电商平台与制造商开展竞争博弈。

（2）电商平台损失厌恶参照点对需求量的影响。在补偿契约模型下，电商平台需求量、制造商需求量均随着电商平台损失厌恶参照点的增大而减小；在退货契约模型下，电商平台需求量、制造商需求量均随着电商平台损失厌恶参照点的增大而增大；补偿契约模型下的电商平台需求量、制造商需求量均分别小于退货契约模型下的电商平台需求量、制造商需求量；当电商平台损失厌恶参照点越大时，补偿契约和退货契约下制造商需求量之间的差距也将增大。基于电商平台和制造商的视角，与补偿契约相比较，退货契约可以大幅度提高市场需求。但是，从收益方面考虑，退货契约或许不是电商平台的理想契约模式。

（3）电商平台损失厌恶参照点对企业和供应链收益的影响。在补偿契约模型和退货契约模型下，电商平台效用、供应链效用均随着电商平台损失厌恶参照点的增大而减小；且电商平台损失厌恶参照点越大，补偿契约模型和退货契约模型下电商平台效用、供应链效用之间的差距也分别越来越大；在补偿契约模型下，电商平台效用、供应链效用是正值，在退货契约模型下，电商平台效用、供应链效用是负值；在补偿契约模型和退货契约模型下，制造商利润均随着电商平台损失厌恶参照点的增大而增大；补偿契约模型下的制造商利润小于退货契约模型下的制造商利润，且当电商平台的损失厌恶参照点越大时，补偿契约模型与退货契约模型下的制造商利润差距也越大。基于电商平台和供应链视角，应当降低电商平台的损失厌恶参照点，补偿契约模式优于退货契约模式。基于制造商视角，希望电商平台提高其损失厌恶参照点，退货契约模式优于补偿契约模式。

（4）补偿金额对网络销售价格的影响。在补偿契约模型下，电商平台网络销售价格和制造商网络销售价格均随着补偿金额的增大而增大。基于消费者视角，消费者在从电商平台补偿契约中获利的同时，也应当提防可能的产品涨价，避免盲目的消费支出，可以通过比较电商平台与制造商在网络销售渠道中的价格差异来选择满意的网购渠道。

（5）补偿金额对需求量的影响。在补偿契约模型下，制造商的需求量大于电商平台的需求量；随着补偿金额的逐渐增大，电商平台与制造商的需求量也逐渐增大，且制造商的增长幅度大于电商平台的增长幅度。电商平台制定的补偿契约能够促进双渠道网购市场需求量上升，且补偿力度越大，市场需求量的增长幅度也越大，相较于电商平台而言，补偿契约对制造商需求量的增长发挥更大的推动作用。

（6）补偿金额对企业和供应链收益的影响。在补偿契约模型下，电商平台效用、制造商利润、供应链效用均随着补偿金额的增大而增大；在补偿契约模型下，制造商利润大于电商平台效用，且补偿金额越大，相较于制造商而言，电商平台效用增大的幅度会更大。补偿契约有利于促进电商平台、制造商和供应链各方的绩效改善，补偿金额越大，其促进供应链绩效增长的作用也更加突出。

（四）基于公平关切的损失厌恶双渠道供应链管理优化研究

首先，考虑双渠道供应链由一个制造商和一个公平关切电商平台组成。公平关切电商平台通过互联网进行销售，当损失厌恶消费者在消费过程中遭受损失时，公平关切电商平台根据补偿契约为损失厌恶消费者提供补偿。制造商存在两种销售渠道：一是根据公平关切电商平台的订单为其提供产品；二是通过自建的网络销售渠道进行销售。研究公平关切心理对企业决策优化、市场需求量、双渠道供应链绩效和补偿契约产生的重要影响。主要结论如下：

（1）电商平台公平关切系数对网络销售价格的影响。在基本模型和补偿契约模型下，电商平台网络销售价格、制造商网络销售价格均随着电商平台公平关切系数的增大而增大；且补偿契约模型下的电商平台网络销售价格、制造商网络销售价格均分别大于基本模型下的电商平台网络销售价格、制造商网络销售价格。对于消费者来说，消费者倾向于电商平台提供基本模型模式，同时，希望电商平台的公平关切程度相对较小。

（2）电商平台公平关切系数对需求量的影响。在基本模型和补偿契约模型下，电商平台需求量、制造商需求量均随着电商平台公平关切系数的增大而减小；补偿契约模型下的电商平台需求量、制造商需求量均分别大于基本模型下的电商平台需求量、制造商需求量。从扩大市场需求的视角，与基本模型相比较，电商平台制定的补偿契约能够发挥更大作用。同时，电商平台的公平关切程度应当较低，这有利于增加整个网购市场的需求量。

（3）电商平台公平关切系数对企业和供应链收益的影响。在基本模型和补偿契约模型下，制造商利润、电商平台效用、供应链效用均随着电商平台公平关切系数的增大而减小；且补偿契约模型下的制造商利润大于基本模型下的制造商利润；补偿契约模型下的电商平台效用小于基本模型下的电商平台效用；当电商平台公平关切系数较大时，补偿契约模型和基本模型下的电商平台效用差距也增大；补偿契约模型下的供应链效用大于基本模型下的供应链效用；当电商平台公平关切系数较大时，补偿契约模型和基本模型下的供应链效用差距越小。基于制造商、电商平台和供应链的视角，电商平台应当降低其公平关切程度，补偿契约有利于提高制造商和供应链的绩效，但不利于电商平台。因此，企业之间需要开展合作，对电商平台给予合理的利益分配，才可能促使电商平台实施补偿契约。

（4）补偿金额对网络销售价格的影响。在补偿契约模型下，电商平台的网络销售价格大于制造商的网络销售价格；电商平台和制造商的网络销售价格均随着补偿金额的增大而增大；且当补偿金额较大时，电商平台和制造商的网络销售价格差距也越大。基于消费者视角，当电商平台采取补偿契约时，较低的补偿金额更有利于消费者，且制造商的网络销售价格对于消费者而言，更具有吸引力。

（5）补偿金额对需求量的影响。在补偿契约模型下，电商平台的需求量小于制造商的需求量；且电商平台和制造商的需求量均随着补偿金额的增大而增大。基于扩大网购消费市场需求的视角，补偿金额越大，扩大需求的效果也越明显。但是电商平台是否实施补偿契约，取决于电商平台的收益是否增长。

（6）补偿金额对企业和供应链收益的影响。在补偿契约模型下，电商平台效用随着补偿金额的增大而降低，制造商利润、供应链效用均随着补偿金额的增大而提升。电商平台制定的补偿契约可以提高供应链的整体效用，但对电商平台产生不利影响，如果在制造商与电商平台之间进行合理的利益分配，实现互利共赢，那么电商平台才可能实施补偿契约，从而带动供应链整体绩效的提升。

其次，考虑双渠道供应链由一个公平关切制造商和一个电商平台组成。电商平台通过互联网进行销售；公平关切制造商存在两种销售渠道：一是根据电商平台的订单为其提供产品；二是通过自建的网络销售渠道进行销售。当损失厌恶消费者在消费过程中遭受损失时，公平关切制造商根据补偿契约为损失厌恶消费者提供补偿。分析公平关切心理对企业决策优化、市场需求量、双渠道供应链绩效和补偿契约产生的重要影响。主要结论如下：

（1）制造商公平关切系数对网络销售价格的影响。在基本模型和补偿契约模型下，电商平台网络销售价格、制造商网络销售价格均随着制造商公平关切系数的增大而减小；且补偿契约模型下的电商平台网络销售价格、制造商网络销售价格均分别大于基本模型下的电商平台网络销售价格、制造商网络销售价格。基于消费者视角，为了减少消费支出，希望制造商提供基本模型模式。同时，制造商较大的公平关切程度对消费者更有利。

（2）制造商公平关切系数对需求量的影响。在基本模型和补偿契约模型下，电商平台需求量均随着制造商公平关切系数的增大而减小；补偿契约模型下的电商平台需求量大于基本模型下的电商平台需求量；制造商需求量均随着制造商公平关切系数的增大而增大；补偿契约模型下的制造商需求量大于基本模型下的制造商需求量。从扩大市场需求的视角，补偿契约能够促进消费需求增长。同时，较弱的制造商公平关切程度有助于提高电商平台的市场需求，较强的制造商公平关切程度有利于提高制造商的市场需求。

（3）制造商公平关切系数对企业和供应链收益的影响。在基本模型和补偿契约模型下，电商平台利润均随着制造商公平关切系数的增大而减小；制造商效用、供应链效用均随着制造商公平关切系数的增大而增大；且补偿契约模型下的电商平台利润、制造商效用、供应链效用均分别大于基本模型下的电商平台利润、制造商效用、供应链效用。基于电商平台、制造商和供应链的视角，补偿契约可以提高各方的绩效水平，制造商较弱的公平关切程度有利于电商平台，制造商较强的公平关切程度有利于制造商和供应链。

（4）补偿金额对网络销售价格的影响。在补偿契约模型下，电商平台的网络销售价格小于制造商的网络销售价格；电商平台和制造商的网络销售价格均随着补偿金额的增大而增大；且当补偿金额较大时，电商平台和制造商的网络销售价格差距也越大。基于消费者视角，较低的补偿金额有利于消费者减少消费支出，且电商平台的网络销售价格对于消费者更具有吸引力。

（5）补偿金额对需求量的影响。在补偿契约模型下，电商平台的需求量小于制造商的需求量；电商平台和制造商的需求量均随着补偿金额的增大而增大。基于扩大网购消费市场需求的视角，若制造商采取补偿契约，则补偿金额越大，扩大需求的效果也越明显。

（6）补偿金额对企业和供应链收益的影响。在补偿契约模型下，电商平台利润、制造商效用和供应链效用均随着补偿金额的增大而增大。补偿契约既能够提高制造商效用，也可以提升电商平台的绩效，实现企业互利共赢。所以，制造商有动力实施补偿契约，从而提高供应链的整体绩效。

（五）基于损失厌恶的多渠道线上线下企业管理优化研究

首先，考虑多渠道供应链由一个制造商、一个电商平台和一个线下实体店构成。电商平台通过互联网向消费者销售产品，线下实体店通过线下方式向消费者销售产品，制造商存在三条销售渠道：一是根据电商平台的订单为其提供相应的产品；二是根据线下实体店的订单为其提供相应的产品；三是通过制造商自建的网络销售渠道开展网络销售。消费者在购买产品的过程中，存在损失厌恶心理，基于前景理论，构建了消费者效用函数模型。在此基础上，建立了制造商、电商平台和线下实体店利润函数模型，得到了制造商、电商平台和线下实体店的最优销售价格；构建了损失厌恶消费者与电商平台之间的补偿契约模型；研究了损失厌恶对制造商、电商平台和线下实体店的决策优化、市场需求量、多渠道供应链绩效和补偿契约产生的影响。主要结论如下：

（1）损失厌恶对企业定价决策的影响。在基本模型和补偿契约模型下，电商平台网络销售价格、制造商网络销售价格、线下实体店线下销售价格均随着损失厌恶系数的增大而减小；在补偿契约模型下的电商平台网络销售价格、制造商网络销售价格、线下实体店线下销售价格均分别高于在基本模型下的电商平台网络销售价格、制造商网络销售价格、线下实体店线下销售价格。从消费者利益出发，可以通过增大消费者损失厌恶的方式降低消费支出成本。同时，消费者需要客观看待商家的促销模式，通过综合比较，选择合适的销售渠道购买产品。

（2）损失厌恶对需求量的影响。在基本模型和补偿契约模型下，随着损失厌恶系数的增大，电商平台需求量、线下实体店需求量、制造商需求量均将减小；在补偿契约模型下的电商平台需求量、线下实体店需求量、制造商需求量均分别高于在基本模型下的电商平台需求量、线下实体店需求量、制造商需求量。为了扩大电商平台、线下实体店、制造商的产品需求量，需要科学制订应对方案，降低消费者的损失厌恶程度。同时，补偿契约可以进一步扩大市场消费需求。

（3）损失厌恶对企业和供应链绩效的影响。在基本模型和补偿契约模型下，随着损失厌恶系数的增大，电商平台利润、制造商利润、线下实体店利润、供应链利润均将减小；在补偿契约模型下的电商平台利润、制造商利润、线下实体店利润、供应链利润均分别高于在基本模型下的电商平台利润、制造商利润、线下实体店利润、供应链利润。从电商平台、制造商、线下实体店和供应链的利益出发，应当加强供应链上下游企业之间的协调沟通，通过各种方式满足消费者需求，缓解消费者损失厌恶心理带来的不利影响。同时，制定补偿契约等模式，不断增强消费信心，提高供应链的整体绩效水平。

（4）补偿金额对企业定价决策的影响。在补偿契约模型下，电商平台网络销售价格、制造商网络销售价格和线下实体店线下销售价格均随着补偿金额的增大而提升；电商平台网络销售价格不仅高于制造商网络销售价格和线下实体店线下销售价格，而且随着补偿金额的逐渐增大，电商平台网络销售价格与制造商网络销售价格和线下实体店线下销售价格的差距也越来越大，制造商网络销售价格与线下实体店线下销售价格非常接近。从消费者的利益出发，若电商平台实施补偿契约，消费者可以通过制造商或线下实体店的销售渠道进行采购以降低消费支出成本。同时，针对商家的促销宣传，消费者应当通过对比判断商家的价格涨幅情况，以便作出更好的购买决策。

（5）补偿金额对需求量的影响。在补偿契约模型下，电商平台需求量、制造商需求量和线下实体店需求量均随着补偿金额的增大而增大；线下实体店需求量小于电商平台需求量，电商平台需求量小于制造商需求量，而且随着补偿金额的逐渐增大，线下实体店需求量、电商平台需求量与制造商需求量的差距也越来越大。为了提高市场占有率，企业可以通过补偿契约等模式扩大消费需求。与此同时，实施补偿契约等模式的企业也将承担相应的损失风险，而其他企业可能存在“搭便车”行为。

（6）补偿金额对企业和供应链利润的影响。在补偿契约模型下，随着补偿金额的逐渐增大，电商平台利润、制造商利润和线下实体店利润均将增大；电商平台利润递增的幅度最大，制造商利润递增的幅度次之，线下实体店利润递增的幅度最小；供应链利润随着补偿金额的增大而逐渐增大，且补偿金额越大，供应链利润增加的幅度也越大。从企业和供应链的利益出发，补偿契约可以实现不同企业的互利共赢，助力供应链绩效显著提升。同时，面对激烈竞争的市场，企业之间的合作可以降低实施契约的损失风险，保障契约的顺利实施。

其次，考虑多渠道供应链由一个制造商、一个损失厌恶电商平台和一个线下实体店共同组成。损失厌恶电商平台通过互联网渠道向消费者销售产品，如果消费者购买产品之后发生了损失，那么损失厌恶电商平台根据补偿契约或退货契约向消费者提供补偿或退货；线下实体店通过线下方式向消费者销售产品；制造商有三条销售渠道：一是根据损失厌恶电商平台的订单为其提供相应的产品；二是根据线下实体店的订单为其提供相应的产品；三是通过制造商自建的网络销售渠道向消费者销售产品。建立了损失厌恶电商平台效用函数模型、制造商利润函数模型和线下实体店利润函数模型，得到了损失厌恶电商平台、制造商和线下实体店的最优销售价格；研究了损失厌恶对制造商、电商平台和线下实体店决策优化、市场需求量、多渠道供应链绩效、补偿契约和退货契约产生的影响。主要结论如下：

（1）损失厌恶对企业定价决策的影响。在补偿契约模型下，电商平台网络销售价格、制造商网络销售价格、线下实体店线下销售价格均随着损失厌恶系数的增大而增大；在退货契约模型下，电商平台网络销售价格、制造商网络销售价格、线下实体店线下销售价格均随着损失厌恶系数的增大而减小；在补偿契约模型下的电商平台网络销售价格、制造商网络销售价格、线下实体店线下销售价格均分别小于在退货契约模型下的电商平台网络销售价格、制造商网络销售价格、线下实体店线下销售价格。从消费者利益出发，与补偿契约相比较，尽管退货契约给消费者提供了更宽松的权益保障，但是却给消费者带来了较大消费支出。因此，补偿契约对于消费者而言可能更好。

（2）损失厌恶对需求量的影响。在补偿契约模型和退货契约模型下，随着损失厌恶系数的增大，电商平台需求量均将减小；在补偿契约模型下，随着损失厌恶系数的增大，线下实体店需求量、制造商需求量均将增大；在退货契约模型下，随着损失厌恶系数的增大，线下实体店需求量、制造商需求量均将减小；在补偿契约模型下的电商平台需求量、线下实体店需求量、制造商需求量均分别小于在退货契约模型下的电商平台需求量、线下实体店需求量、制造商需求量。从电商平台利益出发，可以考虑实施退货契约。同时，降低自身的损失厌恶程度，从而改变定价决策策略，提高自建网络销售渠道的市场需求。从线下实体店利益出发，需要关注电商平台的损失厌恶心理。同时，电商平台制定的退货契约能够大幅度提高线下实体店的消费需求量。从制造商利益出发，需要根据订单量的变化情况进行科学分析，对不同渠道的订单充分协调，开展生产资源的有效配置，保障市场需求的正常供应。

（3）损失厌恶对企业和供应链绩效的影响。在补偿契约模型和退货契约模型下，随着损失厌恶系数的增大，电商平台效用、供应链效用均将增大；在补偿契约模型下的电商平台效用、供应链效用均分别高于在退货契约模型下的电商平台效用、供应链效用，且退货契约模型下的电商平台效用、供应链效用均为负值；在补偿契约模型下，随着损失厌恶系数的增大，制造商利润、线下实体店利润均将增大；在退货契约模型下，随着损失厌恶系数的增大，制造商利润、线下实体店利润均将减小；在补偿契约模型下的制造商利润、线下实体店利润均分别小于在退货契约模型下的制造商利润、线下实体店利润。从电商平台利益出发，可以向消费者提供补偿契约模式，同时，提高自身的损失厌恶程度，从而作出有利于自身企业的定价决策。从制造商利益出发，需要关注竞争企业的损失厌恶心理变化情况，根据市场需求及时调整定价策略。同时，竞争企业制定的退货契约比补偿契约给制造商带来的收益更加明显。从线下实体店利益出发，需要关注竞争企业的损失厌恶变化情况，根据竞争企业的不同契约模式，有针对性地调整定价策略，寻求最佳的盈利方式。从供应链利益出发，需要重视企业的损失厌恶心理特征对供应链绩效可能产生的积极影响。同时，关注企业制定的不同契约模式，有些契约可以发挥正面作用，而有些契约可能会给供应链带来负面影响。

（4）补偿金额对企业定价决策的影响。在补偿契约模型下，电商平台网络销售价格、制造商网络销售价格和线下实体店线下销售价格均随着补偿金额的增大而增大；电商平台网络销售价格最高，制造商网络销售价格次之，线下实体店线下销售价格最小；随着补偿金额的增大，电商平台网络销售价格与制造商网络销售价格和线下实体店线下销售价格的差距也越大。从消费者利益出发，如果电商平台采取补偿契约，那么消费者从线下实体店的销售渠道采购商品可能会进一步减少消费支出成本。消费者不要盲目跟随商家的促销宣传，通过对比来甄别可能的销售价格陷阱。

（5）补偿金额对需求量的影响。在补偿契约模型下，电商平台需求量、制造商需求量和线下实体店需求量均随着补偿金额的增大而增大；电商平台需求量小于线下实体店需求量，线下实体店需求量小于制造商需求量，随着补偿金额的增大，线下实体店需求量、电商平台需求量与制造商需求量的差距也越大。从企业利益出发，为了扩大市场占有率，企业实施补偿契约能够发挥重要作用，但其他竞争企业可能存在“搭便车”行为，企业需要全面分析市场需求情况和竞争企业决策行为，从而判断是否可以实施补偿契约。

（6）补偿金额对企业和供应链绩效的影响。在补偿契约模型下，随着补偿金额的增大，电商平台效用、制造商利润和线下实体店利润均将增大；电商平台效用递增的幅度最大，制造商利润递增的幅度次之，线下实体店利润递增的幅度最小；供应链效用随着补偿金额的增大而逐渐增大，且补偿金额越大，供应链效用增加的幅度也越大。从企业和供应链利益出发，补偿契约能够实现企业的互利共赢，充分发挥激励作用，但实施补偿契约的企业也将承担一定的风险，以及面对其他竞争企业的“搭便车”行为，企业是否能够真正落实补偿契约，成为提高供应链整体绩效的关键。

（7）退货产品残值对企业定价决策的影响。在退货契约模型下，电商平台网络销售价格、制造商网络销售价格和线下实体店线下销售价格均随着退货产品残值的增大而降低；电商平台的网络销售价格最高，制造商的网络销售价格次之，线下实体店的线下销售价格最低；随着退货产品残值的增大，电商平台的网络销售价格与制造商的网络销售价格和线下实体店的线下销售价格的差距越小。从消费者利益出发，若电商平台采取退货契约，则消费者可以从线下实体店的销售渠道进行商品采购以减少消费支出成本。同时，消费者也可以考虑购买退货产品残值较高的产品，从而进一步降低采购成本。

（8）退货产品残值对需求量的影响。在退货契约模型下，电商平台需求量、制造商需求量和线下实体店需求量均随着退货产品残值的增大而减小；线下实体店需求量小于电商平台需求量，电商平台需求量小于制造商需求量，随着退货产品残值的增大，线下实体店需求量、电商平台需求量与制造商需求量的差距越小。从企业利益出发，实施退货契约对于企业扩大市场占有率方面发挥的作用非常有限。当退货产品残值较大时，整个供应链的消费市场需求可能会出现更大幅度的下降。因此，退货契约模式可能并不是一个好的选项。

（9）退货产品残值对企业和供应链绩效的影响。在退货契约模型下，电商平台效用、供应链效用均随着退货产品残值的增大而增大；制造商利润和线下实体店利润均随着退货产品残值的增大而减小；电商平台效用、供应链效用均为负值，制造商和线下实体店利润均为正值。从企业和供应链利益出发，退货契约不能实现企业之间的互利共赢，不能改善供应链的整体绩效，因此无法发挥激励作用。只有当某个契约能够促使供应链所有成员的绩效均能改善和提高，该契约才是有价值的。所以，企业在制定契约的过程中，需要全面考虑企业内外部环境的综合影响。

二、研究展望

本书在损失厌恶消费者和损失厌恶企业基础上，研究了电商平台、制造商和线下实体店的定价决策优化与多渠道供应链契约问题，研究结论可以为多渠道供应链企业的决策优化和政府相关职能部门的政策制定提供理论依据和参考。与此同时，如果线上消费者和线下消费者分别对服务质量和销售价格存在损失厌恶心理，那么这些多个不同性质的损失厌恶心理的融合又会对多渠道供应链企业决策和供应链契约产生什么样的影响？如果线上线下企业采取数量弹性契约、价格折扣契约、回购契约和服务承诺契约等模式，那么企业的最优销售价格决策将会发生什么变化？消费者、企业与多渠道供应链的绩效与效用能否得到进一步改善？如果多渠道供应链上下游企业之间既存在竞争关系又存在合作关系，既存在风险厌恶心理又存在过度自信心理，并与不同阶层、不同类型的消费者交织在一起，形成一个关系错综复杂的网络系统，那么企业决策行为和供应链的整体绩效将会发生怎样的改变？是否存在某种规律？这一系列问题都值得进一步研究。

参考文献

［1］Kahneman D，Tversky A. Prospect theory：An analysis of decisions under risk［J］. Econometrica，1979，47（2）：263-292.

［2］Thaler R H. Toward a positive theory of consumer choice［J］. Journal of Economic Behavior and Organization，1980，1（8）：39-60.

［3］Benartzi S，Thaler R H. Myopic loss aversion and the equity premium puzzle［J］. Quarterly Journal of Economics，1995，110（5）：73-92.

［4］Samuelson W F，Zeckhauser R J. Status quo bias in decision making［J］. Journal of Risk and Uncertainty，1988，1（3）：7-59.

［5］Barberis N，Huang M. Mental accounting，loss aversion，and individual stock returns［J］. Journal of Finance，2001，56（6）：1247-1292.

［6］Gino F，Pisano G. Toward a theory of behavioral operations［J］. Manufacturing Service Operations Management，2008，10（4）：676-691.

［7］刘作仪，查勇．行为运作管理：一个正在显现的研究领域［J］．管理科学学报，2009，12（4）：64-74.

［8］刘咏梅，李立，刘洪莲．行为供应链研究综述［J］．中南大学学报（社会科学版），2011，17（1）：80-88.

［9］Schweitzer M E，Cachon G P. Decision bias in the newsvendor problem with a known demand distribution：experimental evidence［J］. Management Science，2000，46（3）：404-420.

［10］Wang C X. The loss-averse newsvendor game［J］. International Journal of Production Economics，2010，124（2）：448-452.

［11］Liu W，Song S，Wu C. Impact of loss aversion on the newsvendor game with product substitution［J］. International Journal of Production Economics，2013，141（1）：352-359.

［12］Baron O，Hu M，Najafi A S，et al. Newsvendor selling to loss-averse consumers with stochastic reference points［J］. Manufacturing & Service Operations Management, 2015, 17 (4): 456-469.

[13] Ma S, Lin J, Zhao X. Online store discount strategy in the presence of consumer loss aversion [J]. International Journal of Production Economics, 2016, 171 (1): 1-7.

[14] Vipin B, Amit R K. Loss aversion and rationality in the newsvendor problem under recourse option [J]. European Journal of Operational Research, 2017, 261 (2): 563-571.

[15] Wu M, Bai T, Zhu S X. A loss averse competitive newsvendor problem with anchoring [J]. Omega, 2018, 81 (12): 99-111.

[16] Liu W H, Wang M L, Zhu D L, et al. Service capacity procurement of logistics service supply chain with demand updating and loss - averse preference [J]. Applied Mathematical Modelling, 2019, 66 (2): 486-507.

[17] 马利军，葛羊亮，薛巍立，等．不确定环境下损失厌恶零售商的提前支付决策［J］．系统工程理论与实践，2015，35（2）：315-323.

[18] 胡劲松，朱太硕，王永波．损失概率厌恶和损失厌恶行为零售商的供应链网络均衡［J］．控制与决策，2016，31（7）：1296-1304.

[19] 李新军，康建群．前景理论框架下基于期望的损失厌恶报童博弈［J］．工业技术经济，2016，35（1）：36-45.

[20] 王利华．CVaR 准则下基于损失厌恶的零售商订货决策问题［J］．统计与决策，2016，32（19）：45-48.

[21] 黄文生，马会礼，文平．基于预期的损失厌恶的“报童式”推理［J］．数学的实践与认识，2017，47（23）：1-6.

[22] 马德青，胡劲松，姜伟，等．具有损失厌恶和损失概率厌恶的报童问题研究［J］．中国管理科学，2017，25（9）：188-196.

[23] 陈俊霖，贾传亮，武悠，等．考虑自信度与损失厌恶心理的两部门演化博弈分析［J］．系统工程，2018，36（4）：149-153.

[24] 王宣涛，周国林，张玉林．考虑策略型消费者损失厌恶下的新产品预售与退货策略研究［J］．系统工程理论与实践，2019，39（6）：1479-1486.

[25] 陈芝，李萍，刘小红，等．考虑损失厌恶和锚定效应的零售商订货研究［J］．工业技术经济，2019，38（5）：3-11.

[26] 曹兵兵，樊治平，尤天慧，等．考虑温度敏感需求及零售商损失规避行为的订货与广告联合决策［J］．系统管理学报，2019，28（6）：1178-1187.

[27] 余建军，朱丹，钟远光，等．双源供应下损失厌恶零售商的订货及补贴策略［J］．控制理论与应用，2019，36（9）：1545-1556.

［28］燕汝贞，邱启文，高伟，等．融资结构视角下损失厌恶零售商的订购策略研究［J］．系统工程学报，2021，36（5）：668-681.

［29］Wang C X，Webster S. Channel coordination for a supply chain with a risk-neutral manufacturer and a loss-averse retailer［J］. Decision Sciences，2007，38（3）：361-389.

［30］Chen X，Hao G，Li L. Channel coordination with a loss-averse retailer and option contracts［J］. International Journal of Production Economics，2014，150（4）：52-57.

［31］Zhang Y，Donohue K，Cui T H. Contract preferences and performance for the loss-averse supplier：Buyback vs revenue sharing［J］. Management Science，2015，62（6）：1734-1754.

［32］刘咏梅，成尚汶，谢虎．具有损失厌恶偏好零售商的供应链弹性数量契约［J］．控制与决策，2012，27（7）：975-982.

［33］刚号，唐小我，慕银平．延迟支付下损失厌恶型零售商参与的供应链运作及协调［J］．控制与决策，2013，28（7）：1023-1032.

［34］付红，马永开，唐小我．供应商损失厌恶情形下组装供应链协调［J］．控制与决策，2013，28（10）：1465-1472.

［35］张鹏，张杰，马俊．考虑期望损失厌恶的供应链契约与协调［J］．管理评论，2015，27（4）：177-186.

［36］申成霖，张新鑫．消费者策略行为和成员损失规避下的供应链协调［J］．软科学，2016，30（4）：114-119.

［37］张新，罗新星．损失厌恶型零售商参与的供应链商业信用与收益共享协同研究［J］．管理学报，2017，14（5）：759-766.

［38］张红，张凤武，周智雄．创新成本共担期权契约下损失厌恶型零售商主导的供应链协调研究［J］．工业技术经济，2018，37（4）：22-29.

［39］杜文意，刘晓婧，唐小我．基于融资需求的损失厌恶零售商订货策略及供应链协调［J］．中国管理科学，2019，27（3）：96-104.

［40］黄帅，樊治平．3PL企业融资服务模式下考虑损失规避零售商的供应链运营和协调策略［J］．中国管理科学，2019，27（11）：149-157.

［41］王道平，赵超，程延平．考虑质量控制和损失规避的供应链网络均衡研究［J］．运筹与管理，2019，28（8）：76-85.

［42］单汨源，胡媛媛，刘小红．随机需求下考虑质量控制与零售商损失规避的供应链协调契约模型［J］．华东经济管理，2019，33（2）：158-168.

［43］马超，钟婷，王建，等．损失规避下具有零售商努力效应的风险分散

契约［J］．管理工程学报，2020，34（1）：242-250.

［44］谭春桥，肖文志，冯中伟．损失厌恶型双渠道供应链定价与减排策略研究［J］．工业技术经济，2019，38（7）：119-128.

［45］陈芝，孙雅琪，李萍，等．考虑损失厌恶和锚定心理的供应链订货与协调［J］．计算机工程与应用，2021，57（16）：245-252.

［46］胡妤，王瑞梅，宋焕．产品品牌差异条件下多渠道供应链定价与决策分析［J］．西北工业大学学报（社会科学版），2017，37（4）：27-33.

［47］刘昊，王志平，李桃迎．基于多渠道供应链博弈的线上价格策略［J］．计算机工程与应用，2019，55（4）：248-254.

［48］罗美玲，李刚．多渠道供应链中的跨渠道退货服务策略研究［J］．运筹与管理，2019，28（2）：16-22.

［49］汪旻，张旭梅．多渠道供应链消费者跨渠道行为与渠道合作［J］．管理学报，2019，16（5）：765-774.

［50］陈书扬，许刚全，刘瑞强．多渠道供应链定价策略研究综述［J］．商业经济研究，2020，5（3）：69-73.

［51］梁喜，张典．多渠道供应链定价与零售商促销策略研究——考虑消费者搭便车行为等复杂因素影响［J］．价格理论与实践，2020，3（10）：127-130.

［52］易海燕，代念．多渠道供应链下易逝品定价策略研究［J］．供应链管理，2021，2（6）：31-45.

［53］Kahneman D，Knetsch J L，Thaler R. Fairness competition on profit seeking entitlements in the market［J］. American Economics Review，1986，76（4）：728-741.

［54］王磊，成克河，王世伟．考虑公平关切的双渠道供应链定价策略研究［J］．中国管理科学，2012，20（11）：563-568.

［55］李波，李宜楠，侯丽婷，等．具有公平关切的零售商对双渠道供应链决策影响分析［J］．控制与决策，2015，30（5）：955-960.

［56］何丽红，李政道．考虑零售商公平关切的双渠道供应链合作广告决策分析［J］．工业工程与管理，2017，22（4）：107-114.

［57］聂腾飞，何碧玉，杜少甫．考虑公平关切及其谈判破裂点的供应链运作［J］．管理科学学报，2017，20（10）：92-102.

［58］周义廷，刘丽文．考虑零售商公平关切的双渠道闭环供应链决策与协调研究［J］．系统科学与数学，2017，37（9）：1930-1948.

［59］陈建新，周永务．公平关切下需求依赖于价格的供应链运作策略研究［J］．运筹与管理，2017，26（8）：92-98.

［60］张旭，张庆．保鲜控制损耗下考虑公平关切的生鲜品供应链协调［J］．系统科学学报，2017，25（3）：112-116.

［61］陈志松，潘晶，方莉．联合库存管理模式下考虑公平关切的供应链协调研究［J］．河海大学学报（哲学社会科学版），2018，20（4）：75-84.

［62］邹清明，叶广宇．考虑公平关切的双向双渠道闭环供应链的定价决策［J］．系统管理学报，2018，27（2）：281-290.

［63］王玉燕，李璟．公平关切下基于网络平台销售、回收的E-闭环供应链的主导模式研究［J］．中国管理科学，2018，26（1）：139-151.

［64］周艳菊，胡凤英，周正龙．基于公平关切的零售商主导低碳供应链的最优决策研究［J］．科技管理研究，2018，2（13）：207-214.

［65］许芳，刘爽，徐国虎．"公司+农户"农产品供应链中农户公平关切分析［J］．当代经济，2018，5（10）：27-29.

［66］王超胜，周岩，刘京，郑英杰．考虑公平关切和质量的服务供应链网络均衡决策研究［J］．软科学，2018，32（5）：132-138.

［67］姚正，冯艳刚，李晓梅，等．考虑公平关切和过度自信下的低碳供应链决策研究［J］．黑龙江工业学院学报，2018，18（4）：87-93.

［68］刘京，周岩，郑英杰，等．考虑零售商公平关切和风险规避的绿色供应链最优决策［J］．山东大学学报（理学版），2018，53（5）：12-29.

［69］姚锋敏，刘珊，孙嘉轶，等．公平关切下具有广告效应的闭环供应链定价决策模型［J］．控制与决策，2018，33（8）：1505-1513.

［70］邱国斌，徐兵．不同竞争结构下损失厌恶及公平关切供应链决策优化研究［J］．软科学，2019，33（2）：112-117.

［71］邱国斌，徐兵．网络销售效率对不同权力模式下公平关切双渠道博弈影响分析［J］．统计与决策，2019，35（14）：56-60.

［72］窦晓乐，郭强，李增禄，等．基于公平关切的网络零售商店内推介策略研究［J］．运筹与管理，2020，29（12）：222-230.

［73］周永务，杨丽芳，曹彬，等．考虑公平关切行为下竞争零售商的最优联合购买策略研究［J］．中国管理科学，2021，29（11）：158-169.

［74］张涛，张玉豪．零售商公平关切对双回收渠道闭环供应链决策的影响［J］．同济大学学报（自然科学版），2021，49（10）：1494-1504.

［75］杜建国，王雅柔．考虑公平关切的低碳双渠道供应链决策研究［J］．工业工程，2021，24（5）：18-26.

［76］黄凌晨，黄宗盛．消费者公平关切行为对零售商退款保证策略的影响研究［J］．系统科学与数学，2021，41（9）：2520-2537.

[77] 王玉燕，吕灵雪，苏梅，等. 公平关切下闭环供应链的决策与创新投入 [J]. 系统管理学报，2021，30（2）：332-343.

[78] 卢超，王倩倩，张玲红. 公平关切下零售商促销的供应链决策与协调机制 [J]. 工业工程与管理，2021，26（6）：9-17.

[79] 徐鹏，王琦，刘铁群. 公平关切影响银行激励决策吗？——基于线上农产品供应链金融的分析 [J]. 财经理论与实践，2022，43（1）：9-16.

[80] Shalev J. Loss aversion equilibrium [J]. International Journal of Game Theory，2000，29（2）：269-287.

[81] Sugden R. Reference-dependent subjective expected utility [J]. Journal of Economic Theory，2003，111（2）：172-191.

[82] Koszegi B，Rabin M. A model of reference - dependent preferences [J]. Quarterly Journal of Economics，2006，121（4）：1133-1165.

[83] Schmidt U，Starmer C，Sugden R. Third - generation prospect theory [J]. Journal of Risk and Uncertainty，2008，36（3）：203-223.

[84] Hess S，Rose J M，Hensher D A. Asymmetric preference formation in willingness to pay estimates in discrete choice models [J]. Transportation Research Part E：Logistics and Transportation Review，2008，44（5）：847-863.

[85] Masiero L，Hensher D A. Analyzing loss aversion and diminishing sensitivity in a freight transport stated choice experiment [J]. Transportation Research Part A：Policy and Practice，2010，44（5）：349-358.

[86] Rose J M，Bliemer M C J，Hensher D A，Collins A T. Designing efficient stated choice experiments in the presence of reference alternatives [J]. Transportation Research Part B：Methodological，2008，42（4）：395-406.

[87] Rozen K. Foundations of intrinsic habit formation [J]. Econometrica，2010，78（4）：1341-1373.

[88] Arkes H R，Hirshleifer D，Jiang D，Lim S. Reference point adaptation：Tests in the domain of security trading [J]. Organizational Behavior and Human Decision Processes，2008，105（1）：67-81.

[89] Schwartz A，Goldberg J，Hazen G. Prospect theory，reference points，and health decisions [J]. Judgment and Decision Making，2008，3（2）：174-180.

[90] Jofre A，Moroni S，Repetto A. Dynamic contracts under loss aversion [R]. Working Paper，2011.

[91] 邹燕，郭菊娥. 对期望理论的两个重要推进——损失厌恶系数及参考点研究 [J]. 运筹与管理，2007，16（5）：87-89.

［92］邱国斌．考虑参照点的损失厌恶企业订货决策研究［J］．系统科学学报，2018，26（1）：115-125.

［93］曹志强，杨筝，刘放．基于折中决策值为参考点的报童订购行为研究［J］．管理评论，2019，31（1）：236-248.

［94］许燕红，管玲芝，尹楠．产品框架效应参考点下消费者冲动型特质对在线冲动性购买行为的影响［J］．现代商业，2020，15（28）：28-29.

［95］魏莹，熊思佳．竞争？或者合作？——基于报童决策的底线和现状利润双参照点研究［J］．系统工程理论与实践，2020，40（12）：3164-3180.

［96］刘古权，冯玉强，韩雪．SaaS 提升供应链竞争优势［J］．企业管理，2009，5（2）：102-104.

［97］雷星晖，陈萍．基于交通网络均衡方法的供应链竞争模型研究［J］．经济经纬，2009，10（3）：116-118.

［98］王莺．供应链竞争零售商的易逝品定价问题研究［J］．统计与决策，2009，12（15）：53-55.

［99］杨利军．供应链竞争优势来源的租金分析［J］．中国流通经济，2010，24（2）：38-41.

［100］胡引霞，滕春贤．供应链竞争优势来源的租金分析［J］．运筹与管理，2010，19（3）：41-46.

［101］李朝敏．供应链竞争中的企业跳链行为及规制研究［J］．统计与决策，2010，13（15）：181-183.

［102］陈远高，刘南．具有服务差异的双渠道供应链竞争策略［J］．计算机集成制造系统，2010，16（11）：2484-2489.

［103］张超，滕春贤，陈兆波．多供应链竞争背景下的重组应对成本干扰［J］．系统工程理论与实践，2011，31（3）：404-410.

［104］陈兆波，滕春贤，李永华，等．资源优化配置下的供应链竞争模型研究［J］．运筹与管理，2013，22（1）：97-105.

［105］郭捷．顾客选择偏好下的供应链竞争的随机用户均衡模型［J］．运筹与管理，2013，22（6）：105-109.

［106］杨晓艳，陈杰．两条供应链竞争下的知识流协调策略及其影响因素［J］．系统工程，2014，32（10）：71-77.

［107］高尚，滕春贤，孙嘉轶．混合式结构多供应链竞争研究［J］．系统工程学报，2015，30（2）：218-224.

［108］王志亮，白少布，王云霞．供应链竞争下产品族定制规划博弈模型及分析［J］．数学的实践与认识，2016，46（21）：53-63.

［109］高攀，丁雪峰．考虑二手产品专利保护的闭环供应链竞争策略［J］．计算机集成制造系统，2017，23（9）：2028-2039.

［110］蔡建湖，邓丽丽，黄卫来，等．产出不确定环境下供应链竞争与协调研究综述［J］．系统工程学报，2017，32（4）：547-556.

［111］侯文华，杨丹丹．基于医保规制和消费者效用的双渠道医药供应链竞争策略［J］．运筹与管理，2019，28（2）：8-15.

［112］孙浩，王磊，李晨，等．回收模式相异的零售商主导型闭环供应链竞争模型研究［J］．中国管理科学，2020，28（4）：86-98.

［113］林贵华，冯文秀，杨振平．回收商参与的多阶段绿色闭环供应链竞争模型［J］．中国管理科学，2021，29（6）：136-148.

附　录

典型案例分析

在现实生活中，我们经常面临多渠道供应链消费环境，身边也经常出现关于消费者和企业损失厌恶的真实案例，作为消费者和多渠道供应链线上线下企业都需要理性面对可能存在的利益冲突，以积极的态度和合作的精神，努力站在对方的角度思考对方的收益与损失，通过细致分析与充分协调，最终做出合理的判断和科学的决策，实现各方互利共赢。

【案例一】电视机厂家的售后服务投诉

2016 年底，北京市大兴区的郑女士花了 12000 元购买某品牌的电视机，2021 年初，郑女士发现看了几个小时电视后，屏幕显示蓝、红、白等纯色，可以听到声音，需要关机一小时左右，再开机才可以继续看一段时间。2021 年 7 月 11 日，郑女士拨打了该品牌电视机厂家售后服务电话，维修人员上门查看后说需要返厂维修并取走了电视机。经过郑女士多次打电话催促，终于在 2021 年 8 月 18 日，厂家告知电视机无法维修，原样送回。而且之前还可以看几小时，现在连一小时也看不成，只能选择报废了。于是，郑女士又拨打了售后服务电话，希望能提供维修方案或者解决办法，但是无人响应。该电视机是大品牌，但是出现问题却无法维修，使用四年时间就报废，实在让人无法接受！郑女士要求厂家提供切实可行的维修或解决方案，或者折价回收。（案例来源：http：//www. tousu315. com. cn/a/tousujubao/jiayongdianqi/dianshitousu/TCLdianshi/2021/0818/445322. html）

案例一分析：郑女士的遭遇可能并不是个案，不少消费者都曾经历过类似事情，由于产品的质量问题、商家的售后服务都无法让消费者获得满意的结果，消费者对自身遭受的损失将采取维权行动，最终可能将产品退回商家。如果整个消费市场存在较多的类似问题，那么消费者的购物信心将大打折扣，这无疑会对市场需求带来不利影响，商家也会遭受损失，进而对整个多渠道供应链造成伤害。因此，商家在面对损失厌恶型消费者时，可以通过补偿契约或退货契约模式与消费者进行协商，比较不同契约模式对缓解消费者不满情绪，促进消费方面发挥的不同作用。

【案例二】洗碗机不合格，产品坑害消费者的投诉

浙江省杭州市的詹先生花 2 万元购买了某品牌集成水槽洗碗机，自从产品到家，集成水槽洗碗机一直没有使用。大半年过后，使用时却发现水抽不出去，一个月后进行了疏通，原因是设计缺陷，导致通水不畅，一直向商家投诉水排不出去，积水发臭。后来由于回老家大半年，直到 2021 年 3 月，詹先生回到杭州发现集成水槽洗碗机的指示灯又不亮了，再次向商家报维修，但是商家一直没有派人来维修。2021 年 8 月 18 日再次打电话，售后服务人员说已过保修期不来修了！（案例来源：http：//www. tousu315. com. cn/a/tousujubao/jiayongdianqi/chuweitousu/qita-chuweit/2021/0819/445335. html）

案例二分析：詹先生的投诉是消费者的损失厌恶参照点发生变化的典型事件。消费者从商家购买产品之后，消费者对于产品价值的判断随着损失厌恶参照点的变化而发生改变。作为商家，需要及时发现和适应消费者损失厌恶参照点的变化，认真处理好消费者投诉，努力提高产品质量，通过补偿契约等模式，合理制定价格策略，充分保障消费者的合法权益，建立良性互动的供需关系。否则将导致消费者对商家产品的不信任，从而给整个多渠道供应链市场带来不利影响。

【案例三】汽车顿挫抖动，反馈不处理的投诉

2021 年 6 月，许先生在福州某 4S 店购买了某品牌小汽车，7 月 3 日提车，10 月 31 日，许先生在开山路下长坡时车子第一次出现故障，之后在平地上行驶油门有严重的顿挫感，车子加速的时候有抖动的现象。许先生将车子开到 4S 店检测，被告知车子要跑高速，之后许先生尝试跑高速后再开山路，仍然出现同样的问题。2021 年 12 月 12 日，许先生去 4S 店检测，被告知是油路问题已处理。12 月 18 日，许先生开山路下长坡后仍然提示驱动力不足，4S 店检测后的结论是需要更换过滤器。

2022 年 1 月 15 日，许先生去 4S 店更换过滤器后马上又去开了一趟山路，下长坡依然提示驱动力故障，当天 4S 店检测后升级了颗粒捕捉器。1 月 17 日，4S 店负责人建议将车辆放在店里检测一周，许先生于 1 月 17 日晚将车辆开到 4S 店，直到 1 月 23 日，4S 店负责人告知车辆检测没有问题，当天中午许先生到店内取车后开山路，下长坡时屏幕跳出驱动力不足的图标，踩油门有顿挫感车身抖动。根据三包法条例，新车在质保期内出现同一质量问题达四次没有解决，应免费给顾客退换车辆。该诉求投诉厂家始终没有得以解决，4S 店以维修不足四次为由不让退换车。（案例来源：http：//www. 315tech. com/web/articledetail/3e562a94bbf74293969d53dfb305a91d）

案例三分析：许先生遭遇的汽车质量问题不仅反映了消费者的损失厌恶心理，同时也体现了消费者的公平关切心理。作为强势的 4S 店应当对弱势消费者的公平关切和正当权益予以合理的解决。三番五次的汽车修理让许先生疲惫不堪，汽车质量问题不但没有解决，反而对消费者的正当要求无理拒绝，4S 店需要着眼企业的长远利益，认真反思在处理消费者诉求方面的一些做法，重视消费者的公平关切心理，通过补偿契约等模式，保障消费者的切身利益。否则，消费者可能会吐槽商家的做法，不利于企业树立良好的品牌形象，从而在激烈的竞争市场中失去优势地位。

【案例四】中国摩托车行业竞争梯队

我国摩托车行业相比西方发达国家尽管起步晚，但后期发展较快。目前，我国已经是摩托车产销大国，诞生了一批优秀的国产摩托车品牌。从品牌知名度和摩托车技术来看，我国摩托车行业品牌可以分为三大梯队。第一梯队包括：哈雷戴维森、雅马哈、川崎和宝马等西方老牌摩托车知名品牌，它们具有悠久的发展历史和良好的口碑；第二梯队包括：宗申摩托、隆鑫摩托等为主的国产知名品牌，目前我国摩托车技术不断进步，国产品牌知名度也不断提升，但国产摩托车品牌主要还是集中在中低端摩托车领域，旨在解决刚性交通出行需求，与第一梯队的高端品牌相比仍存在一定差距；第三梯队则是国内外其他中低端摩托车品牌（见附图 1）。

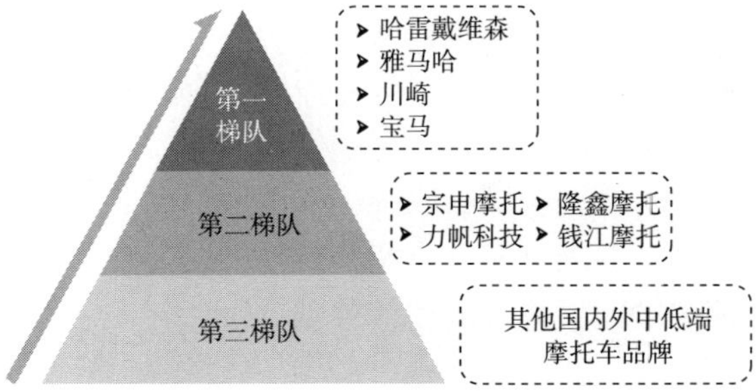

附图 1 中国摩托车品牌竞争梯队

资料来源：前瞻产业研究院整理。

2021 年 1~11 月，根据中国摩托车商会统计数据显示，全行业完成摩托车销量 1844.45 万辆，同比增长 14.08%。市场份额占比较大的品牌有大长江集团、宗申集团和隆鑫集团，2021 年前 11 月的销量分别为 211.23 万辆、124.98 万辆和 117.92 万辆，占全行业销量的比重均超过 5%（见附图 2）。（案例来源：https：//www.163.com/dy/article/GUAULN9U051480KF.html）

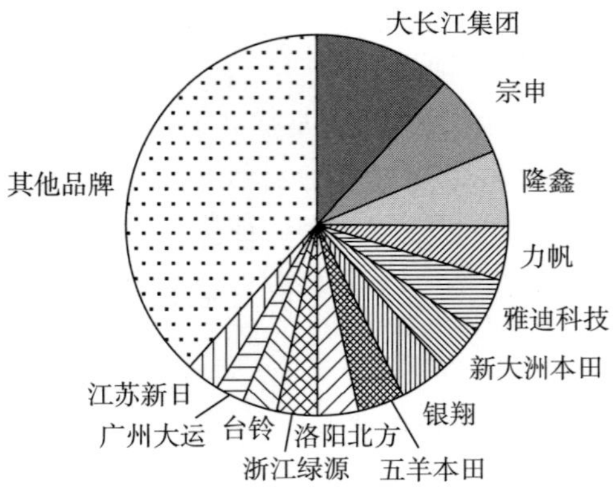

附图 2　2021 年中国摩托车行业市场份额

资料来源：中国摩托车商会前瞻产业研究院整理。

案例四分析：中国摩托车行业竞争的现状告诉我们，多渠道供应链的企业竞争是非常激烈的，各种类型的 Nash 均衡博弈、不同企业主导的 Stackelberg 博弈普遍存在。商家要在不同竞争环境下接受其他企业的挑战，要不断开拓各种销售渠道。如何发挥线上销售渠道的优势，进一步开拓网络销售市场，已经成为很多线下实体店的战略决策，线上线下渠道融合发展的态势正在显现。同时，商家也要对不同渠道市场中消费者的损失厌恶心理具有准确的判断力，在广泛认同的行业规则下，有针对性地对不同程度的损失厌恶消费者开展个性化服务，通过补偿契约等模式化解与消费者之间的利益纠纷。另外，也需要对消费者心中可能存在的参照点因素予以高度重视，消费者心中的参照点越大，越可能影响消费者的购买决策，从而给企业带来较大的市场风险，商家应当提前运筹帷幄，做好战略布局和决策优化，对各类资源进行充分协调和有效配置，提升市场占有率和企业赢利水平，进一步改善多渠道供应链的整体效益。